戦国期権力佐竹氏の研究

佐々木倫朗著

思文閣出版

戦国期権力佐竹氏の研究◆目次

【図表一覧】

戦国期権力佐竹氏の研究

序章

本書は、常陸国佐竹氏に対する考察を行い、東国に存在した戦国期の政治権力の特質を明らかにすることを目的とする。

戦国期における領主権力についての研究は、一九七〇年代までは主に大名領国制論の立場から行われる研究が中心的な位置を占めていた。そこでは、領主権力の研究が戦国期自体の研究に代位される状況にあった。その中で、永原慶二氏は、大名領国制を追求しながら戦国大名領国を在地領主制の発展段階に位置づけている(1)。八〇年代に入ると、「国人」論・惣国一揆論などの戦国大名以外の地域的権力の研究が進展すると共に、村落論、都市・流通論などの戦国期の在地社会論も大きく進展した。これによって、戦国大名研究自体も戦国期社会の構成要素の一つとしての相対化が行われるのであった。勝俣鎮夫氏は、戦国法の法理の研究や戦国期検地の政策的な指向の検討から、戦国大名権力を統一政権につながる新しい権力体としてとらえられるとし、その領国を「戦国大名『国家』」として位置づけた(2)。しかし、戦国期権力が近世へ継続する社会体制を創出したとする所論を支持する研究者も多いが、反面、その国家論の基礎とした個別な論拠には史料的な実証性を批判する見解もあり、立論自体に再検証が必要な段階に至りつつあるように思われる。

そのような中で、戦国期の政治権力研究の一つの大きなフィールドとなっているのが、北条氏を中心とする東国の諸権力の研究である。

東国における室町後期から戦国期にかけての争乱が本格的に研究対象とされたのは、一九六〇年代前半の峰岸純夫氏の一連の研究であった。(3) 峰岸氏は、足利成氏によって関東管領上杉憲忠が殺害されたことに始まる東国の十五世紀後半の内乱を、応仁・文明の乱に匹敵する戦国時代への扉を開いた内乱と評価し、その内乱を「享徳の乱」と名付けた。(4)

また東国の地域的性格として、領主制の存在形態が利根川を境に二分されることを指摘した。利根川の北側のA地域とは、東上野・下野・常陸・下総・上総・安房であり、鎌倉期以来の伝統的豪族層が割拠する地域であるとした。南側のB地域に関しては、得宗権力の基盤となった地域で中小の国人層が一揆を形成する地域であるとしてその歴史的性格を指摘している。(5)

そして、争乱の展開によって領主制が動揺し、主家・惣領への求心性が強まった結果、一円的な支配領域である「領」が形成されることを主張した。(6)「領」とは、地域的・排他的・一円的な領域であり、その「領」を支配する存在を「地域的領主」として定義した。峰岸氏の研究は、永原慶二氏の土豪層の被官化を通じて「地域的封建制」が形成されるという「惣領制解体」の議論を基本的に継承するものであったが、(7) 東国の歴史的特質を踏まえて展開されたという意味で、東国戦国史研究のみならず東国史研究の出発点として評価できるものであった。

しかし、一九六〇年から七〇年代前半にかけての東国戦国史の研究は、北条氏を中心として展開され、一部には農民闘争論等がみられるものの、主に北条氏が検地・貫高制に基づく統一的知行・軍役体系・収取体系を打ち立てたことを明らかにした戦国大名論が展開されたのであった。その中で、公儀としての性格に基づく支配が析出され、北条氏を「典型的戦国大名」として評価がなされる等、東国の歴史的特質に基づく峰岸氏の視角とは乖離して研究が行われていた。峰岸氏の視角を継承して研究が行われたのは、むしろ一九七〇年代後半から八〇年代前半であり、それは、佐藤博信氏の古河公方研究と市村高男氏の諸領主研究と都市論であった。

佐藤博信氏の研究(8)は、永享の乱から享徳の乱・戦国時代を通じての鎌倉公方の後継者古河公方足利氏の政治的軌跡を明らかにするものであった。その中で、諸領主・関東管領上杉氏やそれを継承する北条氏との政治関係の継続を明らかにし、戦国期における東国武家社会の室町期的社会秩序の残存・規定性を検出した。また北条氏は自らを関東管領に位置づけることによって古河公方権力の権威に接近・吸収、大名領国制の公儀化によって「関八州国家体制」を構築し、その「国王」の座に就くという視点を提示するものであり、北条氏の領国支配にとっても重要な視点を示している。また越後の上杉謙信は、古河公方権力を中心とする秩序を継承する公方―管領体制に依拠して関東進出を図り(9)、上杉氏と北条氏の間で結ばれる越相同盟の成立によってその体制が止揚されることを指摘し、東国における政治秩序の画期を示した。

これに対して、市村高男氏は、峰岸氏が指摘した利根川以北に存在するA地域の伝統的豪族層とした領主層を中心として研究を行った(10)。その中で、市村氏は、「洞」という領主層によって用いられる文言に注目して、「洞」という文言は、彼らの結合原理を示すものであり、その結合原理とは、地縁結合的性格を持った擬制的な族縁集団の性格を持つものであることを明らかにした。そして、族縁結合的性格を持った結合を根底に持つ諸領主と北条氏とは、その権力的性格には区別される必要性を主張し、北条氏を「地域的統一権力」、北関東の領主層を「地域領主」と規定した(11)。

佐藤氏の研究は、戦国期においても古河公方を中心とする武家社会秩序が東国に存在したことを明らかにし、個別分散された領主層の動向分析のみでは、東国の戦国期権力論が提示できないことを示した意義は大きい。古河公方の権威の継承・吸収によって北条氏の権力が確立をみる展望を行った点は、北条氏研究の中で高い評価は受けていないものの、北条氏の公儀の確立過程において重要な示唆を行ったと評価できる。東国における戦国期権力を考察していく上で、古河公方権力の権威との関わりに注目することは継承されなければならない視角である。また市村氏も、A地域に蟠踞していた豪族層の結合形態の特質を明らかにし、北条氏との権力的性格の異質性を指摘したことは、戦国期の権力の構造において、権力の規模の大小については発展段階差としてとらえられる一方、その権力的性格の違いは自明なものとしてとらえられてきたことに疑問を呈するものであり、戦国期の領主権力全体に対する問題を提起していた。

市村氏に前後して、今岡典和・川岡勉・矢田俊文の三氏によって一般に「戦国大名」としてとらえられてきた戦国期の権力を「戦国期守護」として把握すべきではないかという議論[12]が提起されていた。中でも、甲斐国武田氏を分析した矢田俊文氏は、武田氏を「戦国期守護」と、穴山・小山田氏を「戦国領主[13]」と定義し、東国にもその概念が適用できることを示していた。そのことも相まって市村氏の提起した議論は、戦国期権力の研究全体に対する大きな問題提起となった。

これに対して、とくに市村氏の問題提起に対する回答的性格を持って一九九〇年代に展開されたのが、黒田基樹氏の一連の研究である。黒田氏の研究は、旺盛な研究意識に支えられ、北条氏に関する研究から市村氏が族縁的性格の濃い結合原理を持つとしたA地域の豪族層に至るまでを網羅するものであった。その中で、黒田氏は、峰岸氏が提起した「領」を支配する「地域的領主」概念を継承しながら、「領」を支配する領主層を「国衆」として把握し、その自立性や完結性から、「国衆」を自身の支配領域においては一つの公権力として位置づけられる「本質的には戦国大名と同質の地域権力」であると規定した。黒田氏の「国衆」論に対して、市村高男氏は、基本概念が曖昧で本質がとらえにくいと批判しているが[14]、黒田氏の研究の視点としては、市村氏が主たる研究の対象としたA地域の豪族層に加えて、B地域の中小の国人層をも包括して「国衆」としてとらえ、彼らの自立性や完結性を認めながら「戦国大名」北条氏との関係をとらえることであったと考えられる。

しかし、市村氏が提起した北条氏と北関東の領主層の異質性を、段階差や多様性の問題としてとらえようとしない。

たことは、黒田氏の研究のねらいに反して、中小の国人層や領主層と「戦国大名」との権力的な性格の違い、ひいては戦国期権力全般の性格をとらえ直すことへの視角自体を捨象するものであるように、私には思われてならない。[15]

また久保健一郎氏は、戦国期の公儀を追究する中で、北条氏を中心にその公儀としての諸側面を明らかにした。[16]久保氏は、その研究の中で佐藤氏が展開した北条氏が古河公方を上位に戴き、自らを関東管領に位置づける体制を止揚して北条氏の公儀である「大途」が確立することを明らかにしている。そして、止揚の画期としては、佐藤氏の主張した越相同盟の成立ととらえるべきことを支持している。[17]久保氏は、佐藤・市村両氏は古河公方の権威を高く評価しすぎる傾向があると指摘して、過度の古河公方権力の重視に再検討の余地があるとしているが、北条氏を中心とした分析を行いながらも戦国期の東国における政治的枠組みとして、依然として古河公方権力を中心とする秩序が機能していたことを認めている。

以上のような東国戦国期の領主権力研究の現状において、佐藤氏が提起した古河公方権力の関わりに注目して権力の形成過程をとらえ、市村氏が指摘した北条氏との権力的性格の異質性に着目して考察を行うことは、なお視角的に有効なものと考える。その視角において追究されなければならない研究対象が、北条氏と対立する勢力圏を形成し、市村氏が北条氏との権力的性格の異質性を指摘する分析を行った佐竹氏権力である。

佐竹氏は、峰岸氏によって指摘された北関東の伝統的豪族層であり、豪族層を糾合して独自の勢力圏を形成して北条氏に対抗し、北関東において、黒田氏が提起するところの「国衆」を統合する存在となった権力である。一般的には、佐竹氏の権力は「戦国大名」北条氏と伊達氏に挟み込まれて包摂される危機に瀕していた権力というイメージが強い。しかし伊達氏の急速な勢力拡大は、天正十七年（一五八九）六月の磨上原の戦いの敗北によって蘆名氏権力が自壊現象を起こしたことに伴って、それまでの佐竹氏の勢威への反発を含めて、連鎖的に伊達氏に南奥の諸勢力が帰属した一面を持つものである。そして、そのまま翌年の秀吉の東国出兵に至った結果、伊達氏が南奥に強力な領国を構築したイメージを残したのであり、伊達氏の領主層掌握については、今後慎重な検討が必要である。むしろ佐竹氏は、織田氏と早期に関係を持ち、武田氏との和睦交渉を取り持とうとした事実等から考えても、北関東の領主層を統合する権力として侮りがたい実力を保持していたことがわかる。また宇都宮・小山氏等の江戸時代以降大名として存続しなかった権力に比べて、佐竹氏は、秋田に移封されたとはいえ常陸以来の家臣を中心とした家臣団を維持できた関係から、研究対象として比較的史料にも恵まれた状態にある。

そして、また興味深いことは、たとえば、北条氏が古河公方、伊達氏が陸奥守護というように中世的な権威に接近することを通じて領主層を統合する権力の創出を図ったのに対し、佐竹氏は、そのような権威に接近することなく権力を形成した存在である点である。その意味で権威との結びつきに着目すれば、佐竹氏を分析することを通じて、戦国期の権力がなぜ中世的な権威との結びつきを必要とし、どのように利用したのかを、逆説的に明らかにすることができると思われる。そのため、佐竹氏を中心に研究を行うことは、統合される国人層・「国衆」と戦国期権力の関係を考える上で示唆に富む問題を提起すると思われる。このような意味において、本書では佐竹氏を中心に分析を行う。

戦国期の佐竹氏に関する研究は、福島正義氏(18)の研究を出発点としている。福島氏の視角は、東国における封建制度の発達の一つの具体例として佐竹氏の戦国大名化を分析するものであった。基本的な史料を収載した史料集等が公刊されていない中で、東京大学史料編纂所の影写本を中心として分析を行った労作であり、福島氏は、南北朝期における守護職獲得から守護大名権力の形成を論じ、その後一族内紛を克服して戦国大名領を形成することを論じている。

これに対して、市町村史ではあるが、藤木久志氏は『水戸市史(19)』で、佐竹氏は「佐竹の乱」と呼ばれる戦国初頭に起きた一族争乱を、陸奥国岩城氏の助力によって克服するものの一族や有力な国人層の様々な動きの中で領国内部の割拠状態を克服できず、佐竹氏が権力基盤の確立に苦心する姿を描き出している。藤木氏の主張は、その後を受けた統一政権期の城下町水戸の建設、朝鮮侵略に代表される軍役負担、太閤検地に伴う知行制の改革等の一連の権力構造の変革によって佐竹氏が豊臣大名化を遂げるという主張[20]とも相まって、室町期の守護大名から戦国大名に成長するという、それまでの佐竹氏への評価を大きく改めるものであった。藤木氏の主張は、戦国大名研究全体に大きな影響を与えると共に、以後の佐竹氏に対する評価に大きな影響を与え、藤木氏の主張を出発点として研究が展開されるのであった。また藤木氏も、影写本に依りながら史料発掘に努め、「和光院過去帳」等の水戸周辺の戦国期史料の発掘を行って大きな成果を収めた。

領国内部の割拠状態を克服できない佐竹氏の権力構造に対する藤木氏の主張を受けて、その特質に考察を加えたのが市村高男氏の研究[21]であった。一九八〇年代に入ってなお、佐竹氏に関する史料群の大部分は刊行されておらず、市村氏は、佐竹氏が近世に転封された秋田で史料調査を行い、秋田県立図書館（のち秋田県公文書館）に所蔵される東京大学史料編纂所影写本の原本にあたり、丹念に史料の発掘に努めた。市村氏は、先に触れたように、戦国期の権力には、北条等の国規模の権力と一郡規模の権力には、領国の「量」的な差異にとどまらない「質」的な差異が存在したのではないかという疑問から、関東の東北部地域に蟠踞する鎌倉時代以来の「旧族領主」の独自の領域支配のあり方を明らかにしようと試みた。市村は分析の方法として、「旧族領主」層や東国の領主層が用いていた「洞」という語に注目して彼らの権力としての結合原理を考察し、その結果、「洞」とは擬制的な惣庶関係によって結ばれた「族縁的地縁集団」であり、「国」的な統合原理を持つ権力と結合原理に大きな差異が存在していることを明らかにした。市村氏のこの主張は、北条氏を典型的戦国大名と評価する研究に対する批判を含むものであったため、戦国期の権力全般の性格をとらえる上で大きな影響を与えるものであった。

市村氏の研究は、一九六〇年代以降停滞していた佐竹氏研究を前進させるものであり、その意味で高く評価されなければならない。しかし、その研究は、戦国期権力としての佐竹氏の展開過程の展望を行いつつも、個別事項について基礎的な考察を行って、その考察を積み上げた上で展開されたものとはいい難い側面があり、その所論の可否も含めて実証的な考察を行う余地が残されている。

一九九〇年代に入ると、常陸から佐竹氏に随行して秋田に移った藩士の家蔵文書を秋田藩が編纂して収録した秋田藩家蔵文書が、『茨城県史料』中世編Ⅳ・Ⅴに収められて刊行された。また茨城県周辺の市町村史も盛んに行われ、それに伴って関係史料の公刊化が大きく進んだ。そして、『新潟県史』『小田原市史』『戦国遺文』といった佐竹氏以外の領主権力の史料の公刊化も進み、東国の戦国期権力を研究する史料的環境も飛躍的に向上した。これによって、佐竹氏をめぐる研究状況は大きく改善され、筆者を含めて今泉徹氏等の研究が活発に行われるようになってきた。

市村氏の研究に対して、今泉徹氏は、佐竹氏の領国支配を明らかにする視点から、佐竹氏の地域支配体制を上杉・北条領国で地域支配の単位となっていた「領」支配になぞらえてとらえようと試みている[22]。今泉氏の主張については、詳しくは第三章第三節で触れるが、地域支配の実態から市村氏の主張をとらえ直そうとした試みとして重要なものと思われる。

また市村氏は「戦国期常陸佐竹氏の領域支配とその特質[23]」において、戦国期の佐竹氏の権力構造や領域支配に関して前期と後期に分けて考察を行い、それぞれの時期に佐竹氏が抱えていた問題やその性格を明らかにし、佐竹氏を分析する上での基本的な枠組みを示している。

このような佐竹氏に関する研究の最大の課題として、室町期より戦国期に至る佐竹氏の転換過程が十分に明らかとなっていないことがあげられる。どのような過程をへて佐竹氏が戦国期の政治権力として成立したのかは、権力としての特質を究明するためにも必須の課題である。室町期から戦国期を通じて佐竹氏をとらえた研究としては、先に触れた福島氏の研究があるが、東国において室町期に畿内近国型の守護領国制が展開されなかったことは、佐藤進一氏[24]・松本一夫氏[25]・新田英治氏[26]の研究によって明らかにされており、守護領国制から佐竹氏の戦国大名化への転換を論ずること自体の再検討が行われなければならない段階にある。とくに東国においては、すでに触れた佐藤博信氏の研究によって鎌倉府を中心とする政治体制の存在が明らかにされており、室町期における守護の存在形態自体の検討が必要とされている状況である。そのため、佐竹氏の権力分析を行う上で、室町期から戦国期にかけてどのような過程をへて権力形成を行うのかという、基礎的な考察が求められているのである。

その課題を明らかにするために、本研究の第一章では、佐竹氏の権力形成の問題を扱うこととする。そして、とくに権力形成を佐竹氏単独の視点から描くのではなく、古河公方権力との関わりや周辺の諸勢力の動向と結びつけて考察することに力点を置く。佐藤博信氏が明らかにしてきたように、戦国期、とくに戦国前期の東国は、幕府との対立を解消したとはいえ古河公方権力による父子の対立や、周辺の支持勢力をも巻き込んだ争乱が様々な局面で展開されており、どのような領主層も少なからずこの争乱に組み込まれ、独自の路線を歩めた勢力は皆無であるといっても過言ではない。そのため、古河公方との関わりを捨象して権力形成の過程を明らかにすることは、その解明を不十分なものとしてしまうと思われる。その考えに基づき、佐竹氏の権力内部の内在的な要因ばかりでなく、外部の要因をも含めて佐竹氏の権力形成の問題を考えていく。

次に第二章では、佐竹氏の三家と呼ばれた一族衆の活動の分析を行う。戦国期から統一政権期にかけて佐竹氏では、東家の義久に代表される佐竹の名字を名乗る一族衆の活動が顕著であったことが、藤木氏らによってすでに明らかにされている。市村氏が主張する族縁的な結合原理を佐竹氏が持つことを前提に考えれば、彼らの活動は、佐竹氏の権力構造を明らかにするためには見過ごすことはできないものである。その活動の位置づけを行っていくことを通じて、佐竹氏の権力編成のあり方を明らかにすることを試みたい。

第三章では、佐竹氏と地域社会との関わりや地域編成の問題を論ずる。まず第一節において佐竹氏が支配下においた領国の性格について考察を加え、その地域編成の状況を明らかにする。その考察を受けて第二節では戦国後期に進出を行った南奥の問題を扱う。南奥は、唯一といってよいほど、戦国期佐竹氏が進出を成し遂げ支配を安定的に展開することができた地域である。そのため、彼らの統一政権期にかけての南奥支配のあり方を考察することを通じて、当該期に佐竹氏がどのような形で地域社会と関わっていたのか、政策的な方向性を浮き彫りにできるものと思われる。

また、第三節では、進出を受ける側の領主層への考察を行い、彼らと佐竹氏との間の主従結合の性格を明らかにすることを試みる。本研究を通して、とくに心がけることとしては、佐竹氏が従属する存在に発給する知行充行状の意味をとらえ直すことである。戦国期の権力がその従属下に入った領主層に対して知行充行、とくに本領安堵を与えることによって、両者の間に主従関係が結ばれ、「封建的主従制」が成立すると考えるとらえ方は研究史において支配的なものである。また、戦国期において最も結合度が希薄な他国の領主層との関係にもそれは適用される傾向にある[27]。確かに、戦国期権力が、従属下に入る存在に対して、知行安堵・充行を契機として主従契約を結ぶことは、否定することはできないものと思われる。

しかし、室町期を中心とする研究の中で明らかにされているように、中世において文書の多くが受益者の要請によって作成される場合が多いことにも注目が必要である。室町期の守護遵行において、たとえ宛所が異なっても遵行関係文書の実際の受取者は受益者であった。受益者は、受けた文書を根拠として諸方に働きかけを行って使節遵行を実現するのであり、その意味で使節遵行の達成は受益者の努力＝自力の成果であった[28]ということができる。そして、守護による当知行安堵自体も「当知行が脅かされた際に守護の後援を得るための支証として獲得・保存されたという側面」[29]を持つという評価を受けている。守護の側も、自らの目的実現のために受益者側の「合力」を獲得・維持する必要があり、そのために受益者の要請に応えていくことが求められたのである。[30]

戦国期において、所領の充行や安堵が被充行者＝受益者にとってどのような意味を持っていたのかを考えてみると、戦国期は、不断に領主層の当知行が侵犯される可能性に脅かされた時代である。所領の維持・発展を図る立場からみれば、知行をどのように維持するか、あるいはどの権力の保護・支援を得て維持・発展を実現するかの切実な選択を迫られた時代であった。そのことを考えると、充行関係文書の中には室町期にみられた受益者側の要請によって発給された文書が含まれている側面も否定できないものと考えられる。そして、その側面からうかがえる戦国期権力と従属下の領主層との間の主従結合の性格は、戦国期の権力の基礎をなすものであったと思われる。

佐竹氏の領国内において、佐竹氏の本拠地太田よりも南に位置する地域（茨城県那珂市。以下、茨城県内の現地名については、市町村名のみ表記）を本拠とする額田小野崎氏は、天正十八年（一五九〇）正月十日に伊達政宗から水戸城（水戸市）周辺を所領とする江戸氏の所領「一跡」の充行を約束される判物を受けている。[31]この政宗の充行は、発給時の段階では実効性のないものであったと考えることができるが、そこには、充行の約束を行うことによって「合力」を獲得しようとする政宗＝戦国期の権力の姿をうかがうことができる。[32]充行を受けた小野崎氏も、速やかな約束の実現は求めておらず、将来的な伊達氏の常陸進出と自らの江戸氏所領への当知行実現が、その約束の履行を実現に近づけるととらえていたものと思われる。現実には小野崎氏は、佐竹氏との関係を悪化させながらも、以後も決定的な対立に発展させることなく、統一政権下に入ることになる。

極端な事例を掲げたが、知行充行状について、発給する側、知行充行をもって権力編成を行っていく側の視点ばかりでは把握しきれない性格をそこにみることができる。その点を考えれば、自らの所領の維持・拡大を行おうとする充行・安堵の文書を受給する側、受益者側の視点を踏まえてとらえ直す必要があるように思われてならない。主従契約が、多くの場合で知行関係を根幹として結ばれるものである以上、充行・安堵を受ける側が何を権力に求めたのか、それに対して、権力がどのように応えようとしていたのか、その相互の関係を問わずして、権力の実像を描き出すことはできないものと思われる。その意味で、権力に統合されていく存在・編成されていく存在が権力に求める要請に注目して主従結合をとらえ直すことを、第三節で試みたい。

また佐竹氏を研究する上で留意しなければならないことは、史料の残存の問題から秋田藩家蔵文書を中心として分析を行わなければならないことである。秋田藩家蔵文書は、江戸時代初頭に常陸から出羽に転封となった佐竹氏が家譜編纂を行う過程で編纂された文書群である(33)。家蔵文書については、編纂にあたって、家臣より提出された文書に対する慎重な検討の上で、文書の筆跡や行配りへの配慮がみられる等の厳密な筆写作業が行われて編纂されたことがすでに指摘されている。そのため、史料の内容に関しては、信頼するに足る史料群であると考えることができる。しかし、家譜編纂事業の中で、家の歴史にまつわる文書や系図等の史料の原本または写の提出を求められたことは、藩士層にとって、文書や系図が示す自らの家の歴史と、佐竹氏と自らの家の関係をも明らかにすることを求められていたことを意味する。そして、また元禄期に開始された家譜編纂事業は、近世的な藩内の主従制的秩序を再編するために利用されるものでもあった。そのことを考慮すれば、藩士層より提出された文書群は、佐竹氏と藩士の家の関係を示す文書が提出される傾向があったものと思われる。伊藤勝美氏は、秋田藩家蔵文書の中に、自らの家が所持する文書が記録されることが、藩士の家が藩内に位置づけられることを意味したとしている(34)。そのことを考えれば、秋田藩家蔵文書には、佐竹氏との一族関係や主従関係の密度の濃淡を示す文書が多く収められているという性格が、想定できるのである。

そのように考えれば、これまでの佐竹氏に関する擬制的な血縁集団的結合論理を持つとする分析は、秋田藩家蔵文書という史料群の性格に規定されたものという側面も持つことになる。しかし、家蔵文書の性格を考慮しても、本論文で分析の対象とする、戦国期をはじめとする中世から近世初頭にかけての武家権力は、私的な家をその存続基盤とする在地領主制に根ざしたものである。そのため、武家権力は、必然的に「家」を結合の母体とするのであり、その属性として擬制的な族縁集団としての結合原理を保持していたものと考えられる。逆にいえば、秋田藩家蔵文書は、その側面をある意味強調して抜き出した性格の強いものと考えることができるのである。そのことを考えれば、たとえば村をも対象として多くの印判状の発給を行い、史料が豊富に残存している北条氏のような場合でも、家臣層や従属下にある国衆層との主従結合に関する考察は、必ずしも多くはない。むしろ豊富に残る印判状の分析を通じた郷村や村に対する統合原理や政策的な指向に多くの分析が集中しているのであり、戦国期権力による家臣層や国衆層の権力編成への考察は不十分なように思われてならない(35)。その意味で、秋田藩家蔵文書の分析を通じた佐竹氏の分析は、従来捨象されがちであった戦国期の権力編成を浮き彫りにするものであると考える。

また本論文の題目にも使われている「戦国期権力」という語について触れておくこととする。先に触れたように、現在戦国期の武家権力を示す概念としては、一国以上の規模の権力に対しては「戦国大名」をはじめ「地域的統一権力(36)」「戦国期守護(37)」「戦国期大名権力(38)」等があり、またそれよりも規模の小さな一郡規模程度の権力に対しては、「国衆(39)」をはじめ「地域領主」「戦国領主」等の概念がある。いずれの概念とも、それぞれの研究者が概念規定を行って用いている用語である。佐竹氏は、規模でいえば一郡規模以上の権力基盤を持ち、常陸一国を完全には支配下に置いてはいないながら、常陸中部から北部、さらには陸奥南部から下野東部にかけて優に一国を超える範囲を勢力下に置いており、十分に「戦国大名」を含む前者の概念の範疇に属する領主権力である(40)。しかし、本書においては、佐竹氏権力の形成過程の分析とその権力編成の分析を主に視角を設定しており、概念が適用できるのかを含めて佐竹氏の権力の姿を明らかにすることを目的としている。そのため、「戦国大名」概念の早急な適用をせず、広く戦国期の領主権力全般に適用できる「戦国期権力」として佐竹氏の権力のあり方を追求していくこととしたい。

(1) 永原慶二「大名領国制の史的位置」(『歴史評論』三〇〇号、一九七五年)・「大名領国制の構造」(『岩波講座　日本の歴史』中世四所収、一九七六年)。
(2) 勝俣鎮夫「一五―一六世紀の日本」(『岩波講座　日本通史』中世四所収、岩波書店、一九九四年、のち『戦国時代論』所収、岩波書店、一九九六年)。
(3) のちに『中世の東国――地域と権力――』(東京大学出版会、一九八九年)に収載されている。
(4) 峰岸純夫「東国における十五世紀後半の内乱の意義」(『地方史研究』六六号、一九六三年)。
(5) 峰岸純夫「上州一揆と上杉氏守護領国体制」(『歴史学研究』二八四号、一九六四年)。
(6) 峰岸純夫「室町時代東国における領主の存在形態――上野国新田庄の岩松氏の場合――」(『史学』三四巻三・四合併号、一九六二年)・同「戦国時代の『領』と領国――上野国新田領と後北条氏――」(慶應義塾志木高等学校『研究紀要』第一輯、一九六九年)。
(7) 永原慶二「東国における惣領制の解体過程」(『史学雑誌』六一編三号、一九五二年、のちに『日本封建制成立過程の研究』岩波書店、一九六一年に収載)。
(8) 佐藤博信『古河公方足利氏の研究』(校倉書房、一九八九年)・同『中世東国の支配構造』(思文閣出版、一九八九年)・同『続中世東国の支配構造』(思文閣出版、一九九六年)・同『中世東国　足利・北条氏の研究』(岩田書院、二〇〇六年)。
(9) この点については、井上鋭夫『上杉謙信』(人物往来社)がすでに指摘している。
(10) 『戦国期東国の都市と権力』(思文閣出版、一九九四年)。
(11) 市村高男「東国における戦国期在地領主の結合形態」(『歴史学研究』四九九号、一九八一年)。
(12) 今岡典和・川岡勉・矢田俊文「戦国期研究の課題と展望」(『日本史研究』二七八号、一九八五年)。

(13)　矢田俊文「戦国期甲斐国の権力構造」(同右二〇一号、一九七九年)。
(14)　市村高男「戦国期の地域権力と『国家』・『日本国』」(同右五一九号、二〇〇五年)。
(15)　黒田氏は、戦国大名の「統一的知行・軍役体系、収取体系、領国の国家的性格」というものが戦国期の社会状況の中で構築され、戦国大名の統合によって近世統一政権が成立するという視角に立って、この論を展開している(「序論　戦国期東国の大名と国衆」『戦国期東国の大名と国衆』所収、岩田書院、二〇〇一年)。しかし、その視角的前提に基づきすぎるように思われてならない。
(16)　久保健一郎『戦国大名と公儀』(校倉書房、二〇〇一年)。
(17)　「大途論」(同右所収)。
(18)　福島正義「東国における戦国大名領の成立過程」(『史潮』七一号、一九六〇年)・『佐竹義重』(人物往来社、一九六六年)。また江原忠昭も基本的には同様の視点から研究を行っている(『中世東国大名常陸国佐竹氏』私家版、一九七〇年)。
(19)　藤木久志「佐竹氏の領国統一」(『水戸市史』上巻、第一一章)。
(20)　藤木氏の統一政権期に関する所論は、「豊臣期大名論序説」(『歴史学研究』二八七号、一九六四年)で再度発表されている(のち『戦国大名の権力構造』に所収。吉川弘文館、一九八七年)。
(21)　「東国における戦国期在地領主の存在形態」(『歴史学研究』四九九号、一九八一年、のち前掲『戦国期東国の都市と権力』所収)。
(22)　今泉徹「戦国大名佐竹氏の地域支配体制」(『国史学』一五七号、一九九五年)。
(23)　前掲市村『戦国期東国の都市と権力』所収(一九九四年、思文閣出版)。
(24)　「常陸」(『室町幕府守護制度の研究』上所収、東京大学出版会、一九六七年)。
(25)　「常陸国における守護及び旧族領主の存在形態」(『国史学』一四〇号、一九九〇年)。
(26)　「中世後期の東国守護をめぐる二・三の問題」(『学習院大学文学部研究年報』四〇輯、一九九四年)。
(27)　たとえば黒田基樹「戦国大名北条氏の他国衆統制(一)」(『戦国大名領国の支配構造』所収、岩田書院、一九九七年)。
(28)　斎藤慎一「遵行状・打渡状の獲得と相伝」(『今日の古文書学』三所収、雄山閣出版、二〇〇〇年)・外岡慎一郎「使節遵行に関する覚書」（鶴賀女子短期大学紀要『鶴賀論叢』第七号、一九九二年）。
(29) 外岡慎一郎「将軍・御家人・奉公衆」（『今日の古文書学』三所収、雄山閣出版、二〇〇〇年）。
(30) 同右。
(31) 伊達政宗判物写（「額田小野崎文書」所収）。
(32) 同様な事例は、「百万石の御墨付き」＝伊達政宗に宛てた慶長五年八月二十二日付の徳川家康の判物（仙台市博物館蔵）に代表されるように数多残されている。
(33) 市村高男「いわゆる『秋田藩家蔵文書』についての覚書」（『小山市史研究』第三号）・根岸茂夫「元禄期秋田藩の修史事業」（『栃木史学』第五号）・伊藤勝美「『秋田藩家蔵文書』の成立の過程」（『秋田公文書館研究紀要』第三号）参照。
(34) 前掲伊藤論文参照。
(35) 少ないながらも、黒田基樹は、その著書の中で分析を試みている。『戦国大名北条氏の領国支配』（岩田書院、一九九五年）・『戦国大名と外様国衆』（文献出版、一九九七年）・前掲『戦国大名領国の支配構造』参照。
(36) 「地域領主」と共に、前掲市村「東国における戦国期在地領主の結合形態」。
(37) 「戦国領主」と共に、前掲矢田論文。
(38) 他に長谷川博史は、「戦国期西国の大名権力と東アジア」（『日本史研究』五一九号、二〇〇五年）で、この立場の権力を表現するために便宜的に「戦国期大名権力」という語を用いている。
(39) 前掲黒田『戦国大名と外様国衆』終章。
(40) 黒田基樹も、「天正期以降の」という限定をつけながらも、佐竹氏に「戦国大名」概念を適用できるという見解に立っている。

第一章　戦国期権力佐竹氏の成立過程

はじめに

本章では、佐竹氏の戦国期権力化への過程を明らかにすることとする。考察を行うために、第一節では、佐竹氏が十五世紀から十六世紀にかけて経験した、いわゆる「佐竹の乱」という一族の内紛(1)を中心に考察を行うこととする。戦国期権力としての佐竹氏が「佐竹の乱」の克服によって導き出されたものである以上、「佐竹の乱」は戦国期の佐竹氏を大きく規定したと考えられ、その克服の過程を明らかにすることは重要な意味を持つものと思われる。そしてまた、佐竹氏が内紛を克服していく過程を、佐竹氏のみの考察にとどめるのではなく、上部権力や周辺の諸勢力との関連に留意しながら明らかにしたいと考える。

次に第二節では、「佐竹の乱」を克服し太田城（常陸太田市）に復帰を果たして以降に佐竹義舜が行った下野国への出兵を取り扱う。義舜が当主として活動した時期は、古河公方を中心とする東国の政治秩序が古河公方家の数度にわたる相克・分裂によって動揺し、変容していく時期にあたる。そして、その動揺をへて、東国社会は、戦国期を迎えるに至る。そのため義舜期の佐竹氏を分析することは、戦国期の佐竹氏自身を考察していく上で大きな意味を持つと共に、結びついて展開していた関東や南奥羽の地域の戦国期にかけての政治情勢の分析にとっても意味を持つものである。そこで、義舜期に行われた数度にわたる下野への出兵に注目して検討を行い、その出兵がどのような経緯で行われ、佐竹氏にとってどのような意義を持っていたのかを明らかにすることによって、義舜期の佐竹氏、ひいては東国社会全体が抱えていた矛盾を明確にしたいと考える。

その後佐竹氏は、義舜以降、義篤・義昭に継承されていく。義舜が太田城復帰によって宗家の地位を確立するものの、佐竹氏内部では、依然として一族や国衆の自立性は高く、いまだ戦国期権力としての体制を確立する状況にはなかった。そのため、佐竹氏は、義篤期の天文期に「部垂の乱」という再度の一族内紛を経験する。(2) この乱に勝利した佐竹宗家は、これに前後する時期に、有力一族小場氏や国衆の江戸氏等への影響力を強めることに成功した。これにより常陸北部における権威は確立されたのだが、いまだ一国規模の権威を確立できてはいなかった。戦国期の佐竹氏の常陸国内における軍事行動をみた時、その最大といってよいものが、小田城(つくば市)に対する軍事行動であった。小田城攻撃に関しては、常陸南部の常陸大掾氏や真壁氏といった勢力や、国外からも軍事行動に参加する勢力を確認できる。そのため、小田城攻撃＝小田氏攻撃の問題は、佐竹氏の常陸国内に対する権威の確立、あるいは国内に限らない周辺勢力への影響力の確立を考える上での考察に欠くことのできないものと思われる。そのため、第三節では、小田城攻略に関する分析を行う。

第一章で、佐竹氏の戦国期権力化への展開を通史的に扱う理由としては、佐竹氏の研究において、権力化への分析をとらえた研究自体が、見通しを述べた市村高男氏の研究を除いて先行研究として存在しておらず、基礎的な事実の確認も求められているのが現状であることがあげられる。そのため、佐竹氏権力の特質を明らかにするためにも、佐竹氏の戦国期権力化への展開を段階を追いながら明らかにすることとする。

第一節　佐竹義舜の太田城復帰と「佐竹の乱」

ここでは義舜期段階の分析を行っていくために、その前提となる、いわゆる「佐竹の乱」について整理を行い、その特質を考えていくこととする。

[一]「佐竹の乱」の特質

Ⓐ山入氏との対立

南北朝期に内乱の中で常陸国守護職を獲得した佐竹氏は、一族内部の対立・抗争を経験することになる。一族の山入氏との抗争は、その最初のものと位置づけることができ、かつ基本的には義舜期までその対立は継続する。その意味で山入氏との対立が「佐竹の乱」に占めた位置は大きいと思われる。

ここで山入氏について触れておくと、山入氏は、佐竹氏の有力な一族で、南北朝期に常陸国守護を足利氏より得た佐竹貞義の七男師義によりその家系が始まる。師義は父貞義・兄義篤に従って戦うと共に、尊氏に近仕して奉公し、尊氏の九州落ちに際しては、兄義篤が常陸に帰国したのに対して尊氏と行を共にしている。その後も在京を続けていたと考えられ、康永四年（一三四五）八月二十九日の相国寺供養の際には、その随兵の中に美濃に分流していた佐竹和泉守義長と並んで師義の名が確認できる(3)。そのため、佐竹氏の中でも幕府と密接な関係を持っていたといわれ、直接掌握を受ける京都扶持衆と呼ばれる処遇を受けていた(4)。山入氏は、所領としては常陸国の国安・高柿・松平・小田野・小里郷（常陸太田市）、陸奥国依上保（大子町）を知行していたとされる(5)。山入氏の所領は、師義の兄佐竹義篤が遺した譲状(6)に記載がみられず、そのことから類推すれば、貞義から義篤に至る相続段階で師義に所領を分割されるか、幕府から直接師義に与えられていたものと考えることができる。そして、山入氏は、その所領において、自らの所領をその庶子に分割しており、自らを中心とする惣領制を展開していた。そ

佐竹氏略系図

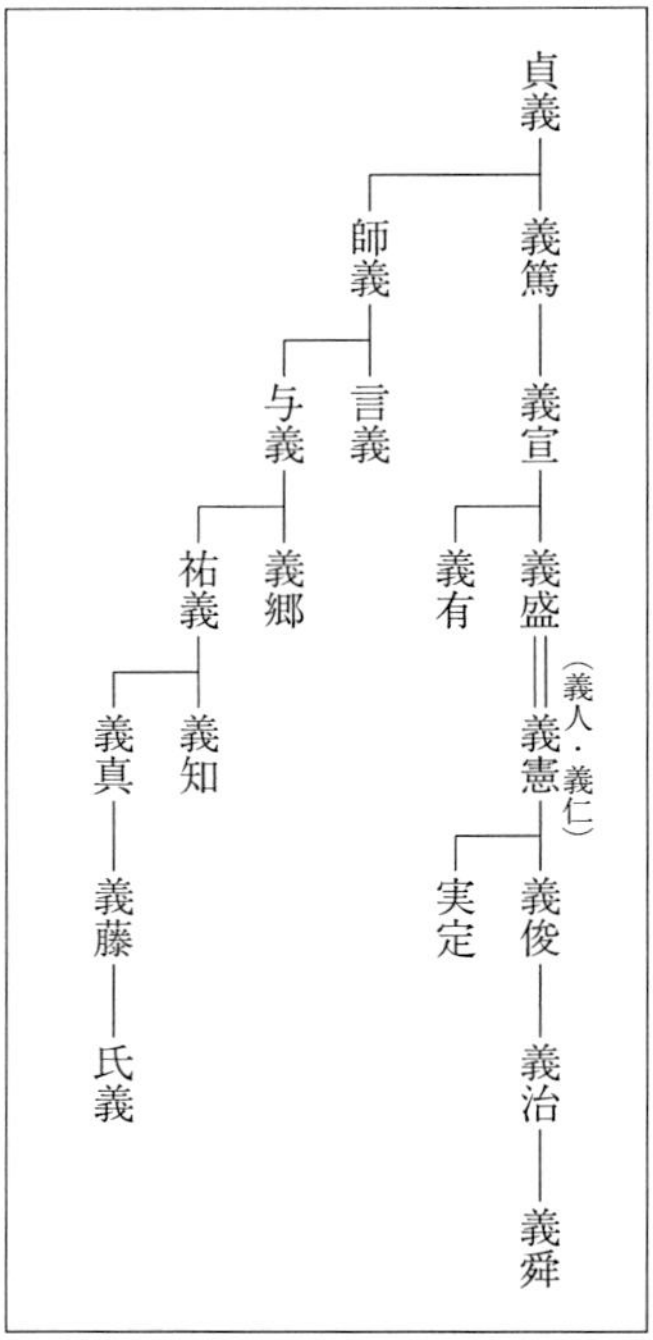

のことからも、山入氏が、自らの所領を宗家からは自立して相承していたことがうかがえる。従って、山入氏は、佐竹氏の一族でありながらも佐竹宗家より自立して一定度の距離を保って存在していたことを想定できるのである。

そのような山入氏と佐竹宗家との対立の発端となったのが、佐竹義篤の孫義盛の継嗣問題であった。佐竹義盛は応永十四年（一四〇七）に死去するのだが、関東管領山内上杉憲定の次男竜保丸（義憲）と義盛弟がその後継者の候補となった。二人の後継者候補が登場する背景には、義憲を家督に推す小野崎・江戸といった国人層の動きに対して、義盛弟の義有を推す山入氏をはじめとする庶子家というそれぞれの支持基盤が存在していたと考えられている[7]。そこには東国に蟠踞する有力豪族に対して統制を強化しようとする鎌倉府の意向が反映しており、鎌倉府と結ぶ国人層とその姿勢に批判的な庶子家との対立が存在していたのである。その結果、上杉氏からの入嗣に反発し、次第に鎌倉府との対立を深めた庶子家に、鎌倉府より討伐軍が派遣される。討伐軍と山入氏他の庶子家の戦いは、庶子家の籠もる長倉城（常陸大宮市）の攻防戦として展開したが[8]、結局庶子家が義憲の家督相続を承認することを承諾して開城した。そして、これをもって義憲（義人・義仁）の家督相続が確定したことになった[9]。

その後、対立は沈静化したのであるが、応永二十三年の上杉禅秀の乱を契機に、対立は再度表面化した。禅秀の乱は、前関東管領であった犬懸上杉禅秀が、鎌倉公方足利持氏に反発し、持氏の叔父満隆と結んで反乱を起こしたものである。この禅秀の動きに対して、縁戚関係等を通じてこれに与した関東の豪族層も多かったが、その中には「持氏による公方専制確立の動き」[10]と評価される、統制強化を指向する鎌倉府の動きに対しての反発から参加する者も多かったと考えられている。室町幕府の支援もあって、この乱を克服する足利持氏であった[11]が、乱後も禅秀与党への追求の手をゆるめず、討伐軍を各地に派遣し、それがまた新たな波紋を呼んでいくのである。

禅秀の乱時には、山入氏は、宗家への強引な入嗣に直面し、鎌倉府の統制の強化を目の当たりにしていたこともあり、禅秀方に加わっていた[12]。このため、再び鎌倉公方と山入氏をはじめとする佐竹庶子家との関係は、緊張が高まり、翌応永二十四年四月には、鎌倉府の軍勢が、常陸に派遣されている。

【史料1】

岩城飯野式部大輔入道光清申軍忠事

右、佐竹凶徒可令退治旨、岩城・岩崎江下預御教書候之間、両郡一族等、今月十日國於罷立、同十五日依苽連参陣仕候、長倉常陸介降参仕候訖、又與類山縣三河入道城馳向、同廿四日致抜骨責候之間、光清家子人数輩被疵候、此段小野崎安芸方所見分明也、所詮此段達上聞、御感御判下給、備後證存者也、若此条、偽申候者八幡大菩御罰於可罷蒙候、仍目安言上如件

応永廿四年卯月廿六日

承了（花押）[13]

この文書は、鎌倉府の催促を受けた岩城（福島県いわき市）の飯野光隆（光清）が、「佐竹凶徒」退治のために常陸に出陣した際の軍忠を記したものである。光隆は、鎌倉府の軍勢催促を受けて出陣し、瓜連（城里町）で参陣して佐竹庶子家の長倉氏を降伏させた後、その与党山縣氏の城を攻撃している。この中で注目できるのが、光隆の軍忠を同陣して確認しているのが小野崎安芸守であることである。小野崎安芸守は、義憲入嗣に動いた国人小野崎

氏であり、そのため、鎌倉府から派遣された軍勢に佐竹宗家の軍勢が加わっていたことがわかる。禅秀与党の庶子家に対して佐竹宗家は鎌倉府側の立場から討伐軍に加わり、軍忠を確認する等の重要な役割を果たしていたのである。禅秀与党討伐の形を借りながら、以前から伏在していた佐竹宗家とそれに反発する庶子家の対立が表面化したことをうかがわせる。

庶子家の降伏によって、事態は再び沈静化したものと思われるが、応永二十九年閏十月には、鎌倉で山入与義が足利持氏から兵を向けられて自害する事件が起きる。(14)この事件については、「佐竹家譜」に宗家家督の事を与義が公方持氏に訴えたために事件に発展したことが記されているが、渡辺世祐氏は、持氏の調停を与義が拒否したためとしている。(15)直後に与義の子息以下討伐に向かった状況を記す烟田幹胤軍忠状写(16)には、「佐竹上総入道常元陰謀」という文言があり、(17)検討を要するが、しかし、前後の事情を考えれば、鎌倉府と結ぶ佐竹宗家に反発する山入与義を持氏が処分したと考えて大筋で誤りがないものと思われる。与義の死後その子祐義やこれに同調する庶子家の稲木氏等は、常陸の自領で鎌倉府に反抗する姿勢を示し、十一月には鎌倉府の命を受けた佐竹氏以下の軍勢に攻撃を受けている。(18)

それに加えて公方持氏は、禅秀与党追討を継続・拡大化していき、常陸では小栗・真壁氏等も追討の対象となった。この鎌倉府の強引な動きに対して、追討の対象となった諸氏からの種々の要請を受けた室町幕府との対立も次第に厳しさを増していった。

それを示すのが、「満済准后日記」の応永三十年六月五日条(19)の記載である。

【史料2】

五日天晴、今日於相國寺雲頂院、太清和尚卅三年遠忌云々。御所様為御丁聞渡御、還御時分可被仰子細在之、可参申入旨、以赤松越後守奉書申送之間、則出京、参申入、御所御対面、仰云、関東之儀毎事物忩歟、剰武蔵國へ可有進発由其聞有也、随而去年以来関東使者正續院院主學海和尚及當年未無御対面、今日已被帰国了、次宇都宮不可随関東成敗由可被下御内書、相副予状、忩可下遣［之由］被仰之、其後畠山修理大夫自足利庄代官神保方注進トテ持参、予同一見之、五月廿五日八日間必為常陸小栗以下悪党対治、武蔵辺マテ可有御発向、此由内々可被注進申旨、長尾尾張守書状於神保《シンホウ》方へ遣之、其状案文ヲ相副注進之了、今日常陸国守護職佐竹刑部大輔佐義ニ被宛行、御判被出之。甲斐国竹田守護職拝領、御判同前。此両国先々関東進止也。依鎌倉殿去年佐竹上総入道京都異他御扶持処、不事向(問カ)遣大勢被切腹了。其後重畳関東御振舞不儀之間、如此御計云々

（傍線は筆者）

この記載の中で注目したいのは後半の傍線部であるが、前半部分では、関東の使者として去年から上洛していた學海和尚が義持と対面することなく帰国したことや、宇都宮氏に対して鎌倉府の意向に従わないよう指示が出されていたりする等、幕府の鎌倉府に対する厳しい姿勢を確認することができる。それを受けて佐竹氏・山入氏に関わることに触れているのが、傍線部である。すなわち「佐竹上総入道京都異他御扶持処」を問責もせずに切腹に追い込んでしまったこと[20]や、重ね重ねの関東の不儀の振る舞いに対して本来関東進止である常陸国と甲斐国の守護職を義持が幕府より補任する決断を下したことを記している。その中で、山入祐義と考えられる「佐竹刑部大輔佐義」が、常陸国守護職に補任されている。ここで満済は、山入与義と考えられる「佐竹上総入道」が「京都」＝幕府に対して「他」に「異」なる「御扶持」を受ける存在であることをはっきりと記している。これは山入氏が関東にありながら幕府から直接掌握される「京都扶持衆」であって、鎌倉府に奉仕する佐竹宗家と異なる立場を保持していたことを明確に示す事実である。そして、幕府は、山入氏の幕府との関わりを無視して処分に及んだ鎌倉府の行動への対抗措置として山入祐義の常陸守護補任を強行したのであった。本来は、佐竹宗家と山入氏にとって家督をめぐる問題が、鎌倉府と幕府の対立と結びついて事態が発展しているのがわかる。

この幕府による常陸守護補任に関して注目できるのが、これに先んずる「満済准后日記」の応永二十五年十月十二日条[21]の記載である。

【史料3】

十二日　戊子　天晴、関東使節僧花宗和尚明日下向之間、為暇請来臨、一昨日十日御返事被下云々、今度三ヶ条□内、一ヶ条宇都宮上総國守護職事、無相違御領掌、相残二□□□房州跡中分事、常陸守護佐竹上□□□□□□入□此両条難儀可有御免由云々、但□□畢、□□□□

残念ながら欠字が多く解釈が困難であるが、大意としては、幕府より鎌倉府に申し入れられた三ヶ条の要求に対して、鎌倉府の使者花宗和尚は、宇都宮持綱の上総守護補任問題へは了承の意向を示したものの、他の「□□□房州跡中分事」と「常陸守護佐竹上□□□」のことについては、受け入れがたい旨を表明したことが記されている。常陸守護職について記されている個所の「佐竹上□□□」という人物を佐竹上総入道与義と考えることができれば、与義の自害以前の段階で、幕府と鎌倉府の間で、山入氏の守護職補任が問題となっていたことを読み取ることができる。この山入氏の常陸守護職補任問題について、同様に次の史料を掲げることができる。

【史料4】

就昇進事、太刀一腰（金）・馬三匹（青鴾毛・糖毛駮）給候、喜入候、太刀一振（鮫綵）・金襴一端・盆一枚進之候、次甲州事、申付武田三郎入道之間、悉属無為候処、被下両使之由其聞候、実太不可然候、早々被召返候者可目出候、又常陸国守護職事、可被申付佐竹上総入道之由雖度々申候、未無其儀候、無心元、所詮早速被仰付彼候者可為本意候、委細事者仰含氏範之状如件

卯月廿八日

左兵衛督[22]殿

　この文書は、将軍義持から公方持氏に宛てられたもので、持氏からの従三位への昇進の御礼への返礼にあたる文書であり、鎌倉よりの使節として木戸氏範が上洛していることから応永二十八年に出された御内書とわかる。内容としては、昇進御礼への返礼を贈ることの他に甲斐と常陸の守護職問題が触れられている。常陸守護については、山入与義を補任することを度々申し入れているにも関わらず補任が行われないことに、義持は、不信感をあらわにしている。このことから、応永二十五年以降も幕府から山入氏に常陸守護職を与えることが再三にわたって申し入れられていることがわかる。鎌倉府側の頑なな抵抗によって実現はしなかったが、山入氏が佐竹宗家を差し置いて守護職補任を受ける動きをしていたことが明白な事実であったことがわかり、山入与義が足利持氏によって自害に追い込まれた背景の一つに、この常陸守護をめぐる問題があったことは疑いないものと思われる。そして、応永三十年の山入祐義への常陸守護補任は、決して突発的に行われた訳ではなく、先にみた与義の代からの状況を受けて行われたものとわかる。山入氏が、京都の幕府との関係に依拠して、宗家の義憲に対抗しようとしていた状況をうかがうことができる。

　しかし、幕府のこの処置にも関わらず鎌倉府の強硬な姿勢は変わらなかった。鎌倉府の攻勢に対し、常陸の京都扶持衆は、小栗満重の小栗城（筑西市）において抵抗した。幕府は、これを支援するために、関東の幕府方に京都扶持衆支援の文書を発給している[23]。しかし、伏見宮貞成が記した「看聞日記」応永三十年八月二十日条に「関東事今月二日夜討有合戦、佐竹・小栗・桃井京方打負、小栗・桃井討死、佐竹ハ腹切云々。但没落両説未定也[24]」という記載がある。現実に山入氏が、小栗城で小栗・真壁氏等と共に鎌倉府からの討伐軍と戦闘を交えていることがわかる。この情報を受けてからと思われるのだが、幕府は、山入氏に次の文書を発給している。

【史料5】

一、小栗退散事無是非候、但依之不可有退屈、弥固可踏国、差下旗於桃井左馬権頭入道上杉五郎両人候、上杉五郎伊豆国

可打越候、信州勢共差遣上野国候、此趣可有存知、関東者共大略申御請候間、目出候也

応永丗

八月十八日　　御判

佐竹刑部大輔殿[25]

小栗城が八月二日に落城し、城を脱出した山入祐義に対して、幕府が、桃井宣義と上杉禅秀の子憲秋に軍旗を与えた上で憲秋を伊豆に差し遣わすこと、信州勢を上野へ派遣すること等、支援の状況を伝えた文書である。「看聞日記」の「佐竹ハ腹切」＝山入祐義の自害した情報は誤報であったことが、この文書から確認できる。自らの城を落とされた訳ではないが、山入氏が苦境にあったことをうかがうことができる。

そのような鎌倉府と対立する山入氏、それを支援しようとする幕府の動きの中で、上杉氏より佐竹宗家に養子に入った義憲は、鎌倉府の中での地位を確かなものとしていた。義憲は、禅秀の乱時には駿河まで持氏に供奉した後、越後より兄上杉憲基と共に軍勢を組織して禅秀方を討ち破る等の戦功をあげる。乱後その功を賞されて、鎌倉府の「評定ノ頭人」に任ぜられる[26]。実家の上杉氏と結びつき鎌倉府内における地位を固めている義憲の動きが、入嗣段階から反発の姿勢を示す山入氏を刺激して対立を深めていたのである。

山入氏と鎌倉府の緊張状態は、戦闘を交えながら以後も継続される。幕府と鎌倉府では、交渉が行われ、翌応永三十一年二月には、幕府へ持氏から罰文提出による謝罪が行われる。幕府から二月七日付でこのことの連絡が山入氏に通知されている[27]。しかし、このような状況の変化にも関わらず、四月には、次のような御教書が、足利持氏によって発給されている。

【史料6】

常陸国小佐都郷佐竹尾張守跡同國町田郷佐竹刑部大輔跡等事、充行也者、早守先例可致沙汰之状如件

応永卅一年四月廿六日　（足利持氏花押）
小峯三河守殿[28]

この文書は、小田野義広の所領小佐《（小里）》都郷（常陸太田市）と山入祐義の町田郷（同）が白川氏の一族小峯朝親に与えられたことを示す文書である。小里・町田郷は、山入氏にとって本領であったと想定できる所領であり、実力によって山入氏が以後も確保していたものと思われるが、本領部分にあたる所領を給付されてしまうほどに山入氏が常陸で追いつめられている状況が読み取れる。他の所領でも、依上保（大子町）も前年の応永三十年九月三十日付で白川氏朝に料所として預けられている[29]。この状況を打破していくためにも、山入氏は幕府との関係に依拠せざるを得なかった。

その後幕府・鎌倉府間は関係修復に向かう。そのため、幕府の支援により戦いを継続してきた山入氏の問題も、両者の間の交渉で応永三十二年閏六月から七月にかけて取り上げられている[30]。そして、戦いの渦中で、幕府と鎌倉府がそれぞれ補任した常陸国守護職の問題も取沙汰されるのだが、結局、幕府の推す佐竹（山入）刑部大輔佐義、鎌倉府の推す佐竹左馬助義憲の両者を半国守護に補任するという折衷案によって妥協が図られる。しかし、交渉中も前年より鎌倉府から派遣された追討軍（里見）が常陸に止まる等[31]、現実的には山入氏と佐竹宗家（鎌倉府の動きを含めて）の対立は継続されていたものと考えることができる。そして、それ以後も持氏の指示による山入氏に対する軍事行動は断続的に行われている[32]。

結果として、佐竹宗家と山入氏の対立は、義憲の家督継承問題に端を発して始まり、上杉禅秀の乱やその後の禅秀与党討伐の間も終結することなく継続していく。これは、対立が鎌倉府による有力豪族に対する統制の強化と結びついて始まり、それに対する反発が室町幕府と結びつくことによって展開された事情に反映されたものと思われる。逆にいえば、宗家と山入氏の対立は、幕府と鎌倉府の双方の支援を通じて継続する状況だったのであり、同時にそれは幕府・鎌倉府間の対立終結なくして終息し得ない状況になりつつあったのである。幕府と鎌倉府の対立は、将軍義教の登場によりさらに激化することとなる。それに伴って、佐竹宗家と山入氏の対立も、以後の永享の乱・結城合戦という京都と鎌倉の対立という高度な政治的激動を通じて継続し、事態は更に混迷化を深めることとなる。[33]

Ⓑ義俊・実定合戦

鎌倉府をめぐる状況は、永享十年（一四三八）に起きた永享の乱によって大きく展開する。それまで将軍義教と対立していた公方足利持氏は、関東管領上杉憲実とも対立して抗争する。その結果、持氏は、憲実を支援する幕府の軍勢に敗れて、翌年鎌倉の永安寺で自害させられてしまう。しかし、持氏の血筋による鎌倉府の再建を望む声も強く、その翌年の永享十二年には、結城氏朝らが、持氏の遺児春王丸・安王丸を擁して結城城（結城市）で兵を挙げて結城合戦が発生する。しかし、幕府方の軍勢に攻められた結城城は、翌嘉吉元年に落城してしまう。その結果、結城方に加わった領主層に対して、幕府は攻撃を続行する姿勢を続けるが、同年に起きた嘉吉の変による将軍足利義教の殺害によって態度は軟化して、持氏の遺児成氏による鎌倉府再建が行われることになる。[34]

足利持氏の下で公方専制体制を強化し自立性を高めていた鎌倉府と幕府が衝突した訳だが、永享の乱以前では東国の領主層の中では持氏支持が大勢を占めていたものと思われる。佐竹宗家を継承した義憲（義人）は、当初より山入氏らの庶子家との対立において、鎌倉府と結びつく中で有利な立場を得ていた。そのため、不安定な政情の中でも、義憲は、親鎌倉府・親持氏の立場を貫いていたと考えられる。それを示すのが、次の史料である。

【史料7】

長々在陣雖為不便、就佐竹右京大夫対治事、常州・野州間於可然陣所、可相待左右、委曲持之可申之也

（押紙）「永享十三」

五月二日　（足利義教花押）

長尾因幡守とのへ[35]

この文書は、将軍義教が越後長尾氏の長尾実景に対して佐竹義憲討伐のために常陸・下野のしかるべき陣所において待機すべきことを命じた文書である。文言から明らかなように、この文書は、佐竹義憲討伐が永享十三年＝嘉吉元年五月段階で準備に入っていることを示しており、結城氏を支援した義憲が討伐の対象となっていたことがわかる。先に触れたように、将軍義教は、この文書が発給されてから一ヶ月半後の六月二十四日に赤松満祐によって殺害される。しかし、義教の死を伝える六月二十六日付の管領細川持之書状には、「佐竹事不相替被致忠節候者目出候」という文言がみえ[36]、山入氏等に対して義教の死後も攻撃は続行すべきことが指示されており、義教の死後も義憲攻撃は続行されたことがわかる。その後の義憲討伐に関することが確認できるのが、次の二つの史料である。

【史料8】

御注進之趣謹承候了、抑関東無為之由蒙仰候、目出候、弥静謐之様房州連々御談合肝要候、兼又奥方事無心元存候、佐竹下総守未能注進候、如何候哉、御上洛事者自是御左右可申入候、条々委細可被申候、恐惶謹言

八月十日

等持院

侍者御中

御報[37]

【史料9】

普廣院殿御事先度御□□了、抑赤松大膳大夫入道事、去十日、於播州城山城討捕候、彼頸既到来候、目出候、

就中佐竹左京大夫事、其後如何様候哉、一途落居念願候、巨細説談和尚可被仰候、恐々謹言

九月廿二日　　　　右（細川持之）

謹上　上杉殿　千葉殿　上杉兵庫助殿

宇津宮右馬頭殿　上杉修理大夫殿

小山小四郎殿(38)

二通の文書は、二通とも細川持之が東国に宛てて出した書状である。史料8は、持之が東国滞在中の等持院住持柏心に関東が無為となる情報を受けて祝意を表すと共に、上杉憲実との相談の上での行動を求めている。注目できるのが後半部分で、奥州の情勢への危惧の念を表すと共に、佐竹下総守＝山入祐義との連絡が途絶えていることを懸念する意志を持之は示している。これに対して史料9は、将軍義教殺害の張本人である赤松満祐を討ち取ったことを東国の領主層に連絡した文書であり、加えて佐竹義憲討伐に関しては、どのような状況であるのかを問い合わせる内容となっている。

史料8・9の史料に共通しているのは、嘉吉の変後、佐竹氏問題が東国問題で重要な課題として残されていることを示している。史料8で示されている「関東無為」＝東国における戦闘の停止を実現する上で、開始されつつあった佐竹義憲討伐の中止が欠かせないものであったが、そのためには山入氏の戦闘停止承諾が必須であった。山入氏にとって永享の乱以降の情勢は、長期間にわたって強いられてきた鎌倉府の圧力が排除されたことを意味したため、義教存命時に発せられた佐竹義憲討伐の続行を望んでいたものと思われる。その意向を推測した持之は、史料8で山入祐義の連絡なきことを危惧したのである。史料9が示すように、持之の危惧通り、長期間にわたって争われてきていた佐竹宗家と山入氏の抗争停止は、調整が困難であったのであり、翌月の九月下旬になっていても調整が難航していたのである。そのために幕府管領細川持之は、「一途落居念願候」として調整の落着

を願っているのであった。落着の詳しい流れはわからないながら、その後の状況より山入氏も持氏の遺児成氏の鎌倉公方就任という情勢の変化の流れに対応せざるを得ず、義憲は赦免を受け入れたものと思われる。

義憲討伐軍が派遣されたことからわかるように、この時期の東国の領主層を考える上で鎌倉府と幕府の対立の状況がその動向に大きく影響を与えている。義憲は、鎌倉府と結びつくことによって庶子家に有利な立場を保持していたが、持氏が自害させられて幕府側が有利な状況になると、討伐軍を差し向けられる等、一転して義憲にとって不利な状況になっている。逆にみると、山入氏等の庶子家にとっても同様な状況であった。それは、鎌倉府と幕府の二つの権威の影響下に宗家と庶子家の対立が置かれていたことを示している。

そのような状況の中で、永享の乱・結城合戦後、鎌倉公方となった足利成氏は、次第に関東管領上杉氏との対立を深め、ついに成氏は、享徳三年（一四五四）に山内上杉憲忠を謀殺してしまう。上杉氏はこれに反発して成氏と抗争を続けると共に幕府に支援を求め、幕府もこれに応えて支援を与える。そのため、東国は、広範囲にわたる領主層を巻き込み、成氏支持派と上杉氏・幕府支持派が長期間にわたって抗争を続ける享徳の乱に突入した。前述のような佐竹宗家と庶子家の対立を抱える佐竹氏も、乱に深く関わっていくことになる。

またこのような中で、義憲は、持氏が打倒された永享の乱後に義人に改名しており、その影響をうかがうことができる(39)。義憲は、前述のように山内上杉氏の出身であり、そのためもあって、その次男実定を山内上杉憲実の養子に入れる(40)等、実家の山内上杉氏との接触も持ち続けていた。そのことが永享の乱から享徳の乱に至る過程の中で、義憲の動向に大きな影響を与えることになった。

実定の入嗣については、自らの子による山内上杉氏継承を望まない憲実の意向によったものといわれ、家督継承を前提にしたものであったことが、百瀬今朝雄氏によって明らかにされている(41)。しかし、結果的に実定の養子化は、山内上杉氏の老臣長尾景仲らの憲実の子憲忠擁立によって失敗してしまう。この事態によって常陸に戻った実定であるが、その後も「上杉様」の花押を用い続ける等、山内上杉氏との関わりを強く意識していたものと思われる(42)。その後実定は、享徳元年に兄である義憲の長子義俊を追い、太田城を占拠してしまう事態を引き起こす(43)。実定の太田占拠とは、義憲の実定支持によるものであると共に(44)、国人の江戸氏等の支持によるものと考えることができる。そのことを示すのが、次の二通の史料である。

【史料10】

同

関東時宜於于今不事行之条、早速運籌略抽戦功者可有勧賞之、如今者近日難落居被思召候、取分致忠節者可為本意候也

同日　　同　御判

佐竹常陸とのへ　実定(45)

【史料11】

成氏刑罰事、于今令遅々条、堅被仰付実定訖、弥加諷諫、早速落居之様可運籌計者、可被行忠賞也

同日　　同　御判

江戸但馬入道とのへ　実定佐竹上総介事也(46)

この二通の文書は、共に「御内書案」に所収された文書で、便宜的に分けて史料番号を付したが、史料10の後史料11が続けて載せられている。そして前後の文言から寛正五年（一四六四）八月十七日に足利義政によって発せられた御内書であることがわかる。史料10と11が連続して「御内書案」に記されていることから、史料10の「関東時宜」とは、直接的には史料11に「成氏刑罰事」とある古河公方足利成氏討伐を指すものである。当時東国

では、鎌倉公方に就任した足利成氏と関東管領山内上杉氏が対立した享徳の乱に突入しており、成氏討伐を指示する将軍家の御内書は、その過程で度々出されている。そして、史料11に「堅被仰付実定訖」とある文言は、「関東時宜」の実現へ忠節を求めた史料10を受けていると考えられることから、史料10と11は、連動して発給されたものとわかる。そのため、史料10と11から、佐竹実定と江戸但馬入道が、室町幕府方として活動しており、成氏討伐の意を受けていたことがわかる。かつ史料11で、義政が但馬入道から実定へ諷諫を加えることを求めているように、両者が一体となって活動していたことを示している。実定は、江戸氏らと兄義俊を追放すると共に、幕府方として行動していたのである。

そして、この実定の活動は、彼の花押型に示される政治的意向や山内上杉氏家督候補としての過去から考えて、関東管領山内上杉氏と通じての行動であったと推測することは難しくない。上杉氏は、享徳の乱の中で成氏と対立しているのだが、幕府の支援を常に受けて抗争を続けていた。史料10や11にみられる幕府と佐竹実定との結びつきは、以前からの実定と上杉氏の関係を通じて結ばれた可能性が極めて高いものと思われる。上杉氏として、根強く抵抗する成氏を打倒するために、東国における自勢力の糾合が必要であり、実定との連携を図っていたものと思われる。

実定の活動は、父義憲の意向を受けて江戸氏と結ぶのみにとどまるものではなかった。そのことを示すのが、次の史料である。

【史料12】

寛正三壬午九月十二、太田上野介有来臨奉也

成氏対治事、早速可令出羽奥州両国軍勢等出陣之旨、被仰遣之訖、諸篇加談合白川修理大夫、抽戦功者可被行勧賞、委曲猶貞親可申下也

御判出事同前
御判

十月廿一日

佐竹左京大夫殿[48]

この文書は、寛正三年（一四六二）十月に将軍足利義政から実定に宛てて出された文書である。その中で、足利義政は、「成氏対治」のために出羽・陸奥両国に対して軍勢催促を行ったことを伝えると共に、実定に白川修理大夫と談合しての戦功勧賞を求めている。これは、この軍事行動に対して幕府から軍事指揮を行う存在を派遣しなかったことを考えると、実定に白川氏と共に出陣してくる諸氏に対する指揮を委ねたことを意味している。また実際に、実定が長禄三年（一四五九）の信太庄合戦に際しては黒田・長沼・結城氏等の軍功注進を幕府に行っている事例も確認できる[49]。軍功注進を行っていることから考える限り、幕府は実定を常陸周辺の幕府方の中心的人物として位置づけている。兄義俊との対立は継続しているものの、この段階で実定は佐竹氏家督として活動していると考えた方が理解しやすい状況である。

これに対して義俊は、実定の太田占拠の間、一族の大山氏を頼って那珂郡に逃亡して、失地回復に努めていた。幕府方に属した実定に対して、義俊は、成氏方として行動していたことが、佐藤博信氏によって明らかにされている[50]。

ここで、この「佐竹五郎・六郎合戦[51]」といわれた義俊と実定という二人の子の対立の中で、父の義憲がどのような立場をとったのかを確認しておきたい。義憲は、享徳元年に義俊が佐竹氏の本拠である太田城を出城して以降も在城していた。その在城は、寛正六年に実定が死去してからも続き、応仁元年十二月に死去するまで継続していた。また義憲の死後に、実定の子義実は、それまで在城していた太田城を出て水戸城に入っている。このことを考えれば、義憲（義人）が、義俊と実定の対立において実定を支持する立場に立ったことは明らかである。実定支持は、幕府方に属する立場を支持していたことを示すのであり、成氏方の立場をとる義俊とは一線を画していたものと思われる。

そのように考えると、義憲の子義俊・実定の対立の要因には、上杉氏・幕府支持と成氏支持という問題が存在していたことがうかがえる。永享の乱以前において鎌倉府支持の立場をとっていた佐竹宗家が、享徳の乱において分裂し、上杉氏を通じて実定・義憲は幕府と結び、義俊は成氏支持の立場をとるのであった。結城合戦以降も幕府との交渉を持ち続けていた山入氏も幕府方の立場をとり続けたものと思われる。

また義舜期との関わりの中で注目できることは、義俊（後にはその息義治も共に）の太田城への帰還への動きである。義俊は、最初一族の大山氏の居城である孫根城（桂村）に逃亡したのだが、復帰直前には太田城の北にあたる大門城に入り、実定（義実）派への圧力を強化して、最後には太田城に復帰することとなる。この義俊のとったルートとは後に孫の義舜が辿ったルートとほぼ一致しているのであり、このことから考えれば、義俊・実定の対立は、形としては宗家より分裂した幕府方・古河公方方の対立をとっているのだが、後の義舜と山入氏の対立の構図と、その支持基盤等の内実をほぼ同じくしていたとも考えることができ、その意味で、義舜の太田復帰の問題を解きほぐしていく上で大きな意味を持つものと思われるのである。

Ⓒ「佐竹の乱」の特質

以上、佐竹の乱について概観してきたが、その乱において注目できることは、宗家と庶子家の対立あるいは宗家自身の分裂という一族内部の問題が、当該期の京都の室町幕府と鎌倉の鎌倉府の対立という高度の政治的な対立と結びつく形で発生し展開している点である。それは、山入氏の上杉系の宗家に対する抵抗が、幕府の支援なくしておそらく継続できなかったことを意味すると共に、対立の発生の根本となる家督の認定自身に京・鎌倉という二つの権力・権威が存在することが大きく関わっていたことを示している。その意味で、文亀期の義舜の太田復帰・山入氏の滅亡という問題にも、常陸周辺の問題のみならず、この京・鎌倉の二つの権力の存在が大きく影響を与えたと考えざるを得ないのであり、次節以降もこの問題に注目しながら、分析を行っていくこととする。

また、この時期の家督の分裂をめぐる問題としては、家督自身の器用を問う一族・被官・国人層をめぐる問題を想定することができる。佐竹氏についても視野に入れて検討する必要があるが、宗家と山入氏、義俊と実定の対立等、課題が多岐にわたるため、その検討については今後の課題としたい。

〔二〕 明応の和議

Ⓐ山入氏の太田城奪取

ここでは、義舜の太田城復帰を考えていく前に、それに至る義舜の延徳～永正にかけての対山入氏抗争を必要の限りで検討してみたい。

まず義舜と山入氏との抗争は、延徳二年（一四九〇）に義舜の父義治の死を契機として、山入氏義・義藤父子が太田城を急襲することから始まる。それに対して義舜は太田城を脱出すると共に天神林氏を頼るのだが、支援を拒否され、結局一族の大山氏を頼って現在の常陸大宮市の孫根城に逃亡する。[52] その後、太田復帰を果たせずに孫根城に長きにわたって在城を続けることになる。

ここで注目できるのが、すでに触れた祖父義俊の実定との抗争との類似点である。義俊も実定に太田城を追われ、大山氏を頼り、十年余の在城の後に太田復帰を果たす（後に義舜も大門の近在の金砂に移動する）。太田を追われた後に大山氏を頼って抗争を継続し、更には太田城の北に位置する大門・金砂に入ることによって、圧迫を強化し、それによって太田復帰を実現するという一つの構図が両者に共通するところであり、二つの抗争が異なる形をとるにしろ、その支持基盤や対立の図式に多くの共通部分を持っていたものを予想させるものである。その共通部分とは、義俊と実定・義憲、義舜と山入氏を支えた勢力基盤であったと思われ、その意味で二つの抗争は結びつけて考えなければならない点が多いと思われる。

また両者の抗争の間に発生した延徳元年（一四八九）の白川氏等の連合勢力による佐竹氏攻撃に注目する必要があるように思われる。この攻撃が行われた背景等については史料の残存の問題もあって不明な点が多いのだが、江戸時代に作成された石神小野崎氏の由緒書によれば[53]、佐竹義治が在城する太田城（常陸太田市）を「伊達・會津・白川・小山・結城一同」が攻撃を加え、小野崎通綱が義治の身代わりとして自害するという計略によって、佐竹氏はこの攻撃を撃退したと伝えている。この戦いについては、他の史料で確認することはできないため、伝承として分析を行わなければならないが、当該期の諸勢力の連合による軍事行動には、多くの場合に幕府や鎌倉府等の上部権力の上意を前提とすることが多い。その意味で、延徳初年段階に佐竹宗家が、他勢力より孤立した存在、あるいは上部権力より孤立した存在としてあったことはやはり注目しなければならない事実である。佐竹宗家が上部権力や周辺の勢力から孤立した状況の中で、延徳期の山入氏の攻勢は行われたと考えるべきものと思われる。

延徳二年以降対立を続ける義舜と山入氏に対して、明応に入ると、岩城氏が仲介に入り和睦交渉が行われるようになる[54]。その交渉は、明応二年（一四九三）十月に一応の和睦が成立[55]して、一旦は両者妥協をみた。その和睦の条件等の詳細については不明ながら、前後の状況を考えると、山入氏の太田在城を認める形の和睦であったと思われる。この和睦交渉については、佐竹義舜と山入氏との和睦という性格のものではなく、山入氏に加担して義舜と戦った江戸氏や山尾小野崎氏との関係を含めたものであり、「小野崎山城一類幷江戸但馬守一類永代相捨、義舜幷岩城同心可加退治候[56]」と江戸・山尾小野崎氏との関係断絶を前提としたものだったことがわかる。先に触れたように義俊と実定の抗争では、江戸氏は、幕府と結び義俊と対立する立場をとっていた。江戸氏が、義舜と

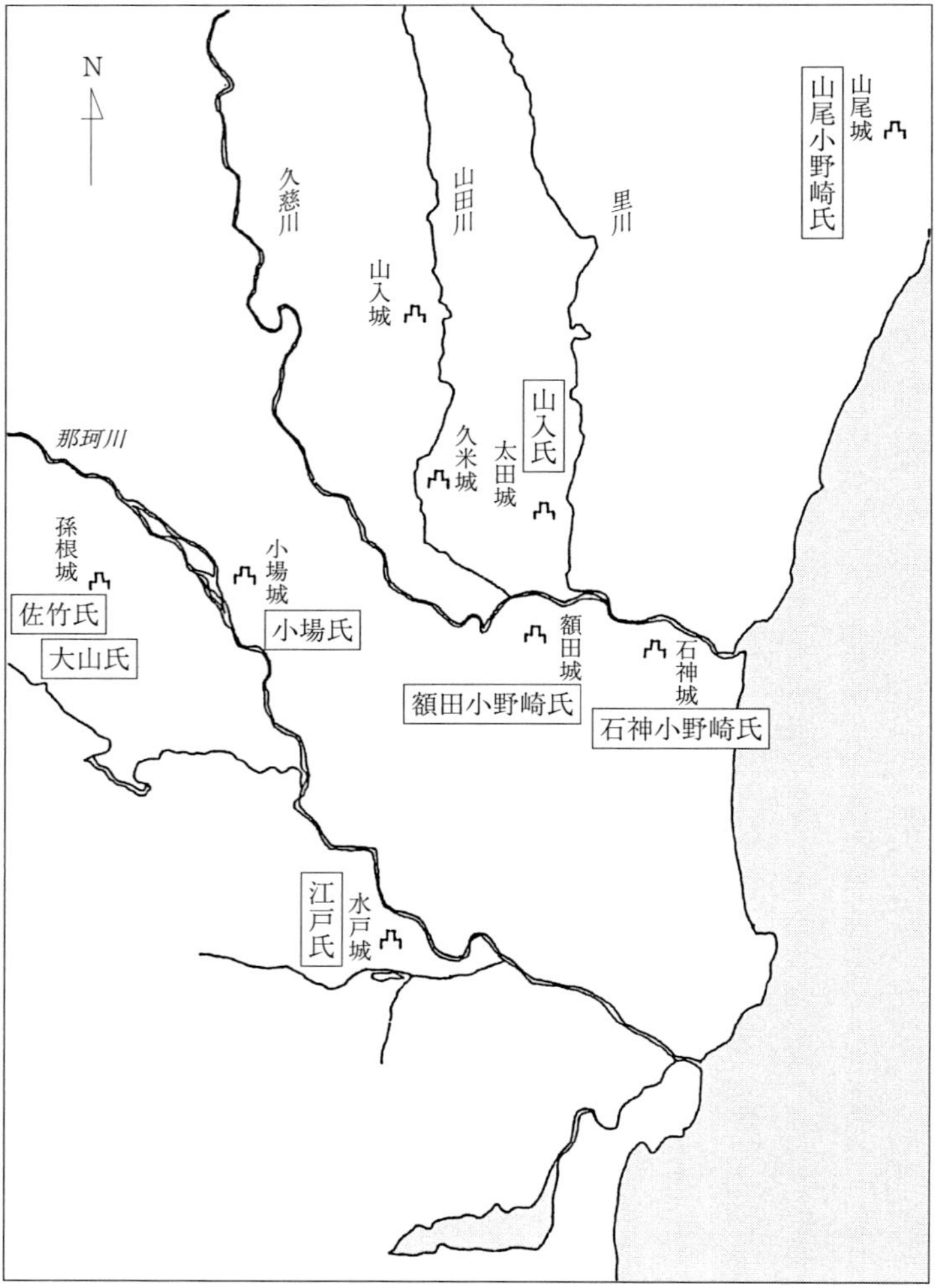

図1　「佐竹の乱」関係地図

山入氏の抗争で、どのような立場をとったのかは不明ながら、対立する両者から独自の立場をとっていたことを読み取ることができる。翌年八月には、江戸・山尾小野崎両氏からも岩城氏宛に起請文が提出されている(57)。

交渉の成立と共に問題化したのが、乱中に対立勢力によって侵犯された所領であった。そのため和睦の仲介をした岩城氏が侵犯所領の調査を行うことになり、その際に作られたのが「当乱相違地」関係文書であった。従って、この史料群は佐竹氏の内紛下の常陸北部の状況を考える上で重要な意味を持つと思われ、史料の性格の基本的な検討を通じての分析を行っていくこととする。

Ⓑ「当乱相違地」関係文書の再検討

この節では、まず「当乱相違地」関係文書についての基礎的な検討を行いたいと考える。そのため、煩雑とはなるが関係文書を掲げると、次の通りである。

【史料13】〈A〉…図2に対応（以下同）

「領知違乱書付」

当乱相違地返付又違乱

一　すき　をのさき下野三郎違乱
一　かゐしやう寺　同治部少輔違□
一　いそへくるま方　同下野三郎
一　うりつら矢野方　同下野三郎
一　あかすのむら　小野崎山城□
一　小田野屋敷　天神林
一　天神林六供　同
一　中根方入野　江戸
一　八木源左衛門尉所帯　いそへ小野崎山城
あふつ両所
一　山縣越後守知行あくつ　下野三郎

一　小祝知行北酒出之内　同下野三郎
一　たかつき　同下野三郎
一　うりつら熊野堂　小場違乱
一　あかす弥六屋敷　小野崎山城違乱
一　同兵部かゝい候とうさい寺方　同小野崎山城違乱
一　村松塩竃　まさき違乱
一　まめかゐ大泉所帯　小野崎山城違乱
一　うりつら佛眼寺塔中方　小野崎治部少輔違乱
一　中里内山縣越後守知行　小野崎下野三郎違乱
一　をきつ小野崎筑前守知行　小野崎山城違乱
一　ちのね小貫式部大輔所帯　同違乱
一　礒邊之内とうさひ寺方　同違乱
一　田谷近所与野之内白石方　江戸違乱
一　しま　当乱中迄知行
一　小嶋　同
一　いそへ　同
一　ましゐ　同
一　福田人足等　江戸違乱
一　花ふさ無為之以後　利員之山縣美濃守違乱

一　太山知行下国井在家二間　江戸違乱
一　高場額田知行人足等　江戸違乱
一　三村小田野方乱中迄所務　無為以後自利員違乱
　以上三十二ヶ所

【史料14】〈B〉

「前ニ同」
　太田ニ御せいはい
一　ふかおき　此地八氏義(山入)成敗、返されす候
一　小野ゝくまのたう　同名あき　せいはい　同越前
　以上

【史料15】〈C〉

「前ニ同」
　料所
一、那賀　江戸かゝへ候
一、ときは　同
一、戸村阿久津　同
一、いの中根方 八木方　同　なかね方の事、竹隠ニ申子細候
一、なかのさゐ　同　并しものむら、戸村かゝへ候
一、おしまの中の村　小野崎かゝへ候

一 稲木　同

一 あくつ八木方　同　八木方之事ハ、竹隠ニ申子細候

一 たかぬき赤須方　同　同あかす方、竹隠ニ申子細候

一 静　小貫佐渡守かゝへ候

一 白片　寺家・社家・船方 小野崎越前守かゝへ候

一 杉　小野崎下野三郎かゝへ候

【史料16】〈D〉

「前ニ同」

近習知行

一 中里　山縣方　小野崎下野三郎かゝへ候

一 あ久津　山縣方　同

一 かゝへ　久賀谷方　同

一 酒出　小祝方　同

一 まめかひ　大泉方　同

一 ひきた　箭野方　小場かゝへ候

一 つほひ　酒巻方　同

一 いのつほい　藤井方　江戸かゝへ候

一 いの　小祝方　同

一 増井　小祝方　同

一　またくま　小祝方、此地ハ同当乱已前より江戸かゝへ候間のそく
一　みむら　小田野方、としかすかゝへ候
一　小鶴　同
一　みつき　船方、是ハ氏義成敗、返申されす候
一　おうはし　豊田方、大くほかゝへ候
一　かし村　上ハ小貫佐渡かゝへ候下ハ小場かゝへ候
一　三ヶ尻
一　天神林かゝへ候小田野屋敷
一　同六く
一　いの　いその方、同はま野方江戸かゝへ候
一　小沢　久賀谷方　小野崎越前かゝへ候
一　いそへ下の村　八木方　小野崎兵庫かゝへ候
一　赤須此地ハ筑前ニ可致談合子細候　小野崎かゝへ候
右衛門佐知行
一　小野　庶子方　小野崎安芸かゝへ候
一　畑　小野崎かゝへ候
山入之面々知行之所者、氏義太田在城之間、可閣之由約束候

【史料17】〈E〉
「前ニ同」

右衛門佐料所

一　つねすみ　　江戸かゝへ候

一　小野　庶子方　小野崎安芸守かゝへ候

一　畑　　小野崎かゝへ候

【史料18】〈F〉

「前ニ同」

一　たかく屋しき　此地ハ、太田中ノ田屋しき傍輩中被返候者、可為同前候

一　うんちやう屋しき　小野崎山城ニか所かゝひ候

一　小野崎しやうけん屋しき　小野崎あきニか所かゝひ候

一　まき屋しき

一　十二神　小野崎ゑちせん

一　いしかハ屋しき　なかね彦四郎

一　とうさひ寺《あかすひやうふ》かた、おなしく田屋しき

【史料19】〈G〉

「前ニ同」

同名山城守相かゝへ申候所

一　おきつ　此地ハ、禅通元来之知行候

一　さとのミや

一　ねもと

一　たわたり
一　おのゝ田屋しき
一　太田之田屋しき　此地ハ、太田中の田屋敷ハ傍輩中かへし付られ候ハ、彼地も可為同前候
一　すいりう　寺家
一　小野ゝにしの内ひら之内たかた
以上八ヶ所
小野崎筑前守

【史料20】〈H〉
「前ニ同」
同名下野三郎相かゝへ之所
一　ほんことく
一　みやことく
一　きたかうや
一　たはたけ
一　にしの村
一　ふし田　ゆわふちかた
一　おしま　たけしかた
一　いそへ　つしまかた幷なんくかた
一　いそへ　こうこく寺方

一ヽ 同ミかうかた
一ヽ 同ほんちかた
一ヽ 同こしかきめん
一ヽ かまた
一ヽ しのさきたわたり之田丁之内
一ヽ ねもとの内ふかつ田内
一ヽ おさわ
一ヽ 大もり
一ヽ はたなつくかた
一ヽ あくつ寺かた
一ヽ りうさきかた

以上廿ヶ所

小野崎筑前守

【史料21】〈I〉

「前ニ同」

知行分之ちうもん

一 ほんことく　三十貫
一 ミやことく　廿貫
一 きたかうや　廿五貫

一　おさわ　四十貫
一　大もり　卅貫
一　おきつ　卅五貫
一　たわたり　廿貫
一　たかはたけ　十五貫
一　にしの村　廿貫
一　ふし田いわふちかた・たけしかた両かた　十貫
一　いそへゐんくかた　三貫
一　同ミうらかた　廿貫
一　同ほつちかた　十五貫
一　同こうこく寺かた　十貫
一　同つしまかた
一　かまた　十五貫
一　そたなんくかた　五貫
一　あくつ寺かた　十五貫
一　同りうさき　十五貫
一　ねもと　四貫
一　さとのミや　十二貫　此外御神りやう
一　ふかをき　廿貫

一　太田の田屋しき
一　おの丶田屋しき

【史料22】〈J〉
「前ニ同」
知行分之注文
一ヽ　あかけ
一ヽ　ちのね此地ハ、筑前に可申談子細候
　　小野崎下野三郎相か丶への在所
一ヽ　かう屋
一ヽ　すわま
一ヽ　おかま
一ヽ　あわはら
一ヽ　たきかハら
一ヽ　上中里　少所
一ヽ　うりつら西方　少所
一ヽ　しらかた　少所
一ヽ　藤田　少所
一ヽ　しま　少所
一ヽ　なかせ屋敷　少所　此地ハ、太田中ノ田屋敷ハ傍輩中被返付候者、彼地も可為同前候

一　しのさき　少所
　　小野崎安芸守か、への在所
一　かわ之内
一　いのしり内
一　いその屋敷
　　　小貫式部大輔(58)

（a）文書の性格の検討

これらの文書は、従来の検討では文書的な性格を同じくする一連の文書として扱われてきた。しかし、文書の一点一点についてみていくと、その内容からこの史料群はおおよそ三グループに分けられる。

まず最初のグループは史料13の一点で、「違乱」という文言が史料群中で唯一使用されている文書で、内容的にも史料14～22と重なる部分が存在することから、他の文書と異なる文書として仮に一つの文書のみのグループ①とした。

次のグループ②は史料14～18の五点で、それぞれ「太田ニ御せいはい」「料所」「近習知行」「右衛門佐知行」「右衛門佐料所」といった端書にみえるように、侵犯された知行者の人物・性格別に所領の侵犯状況を記したものである。18はとくに端書はないのだが、内容的にみて太田周辺の屋敷に関する侵犯をまとめ書きしたものと思われるためにこのグループに入れることとした。

次に史料19～22では、史料19は小野崎山城守が抱えている知行に関する小野崎筑前守による書上、史料20は同様に小野崎下野三郎が抱えている知行に関する書上、史料21は小野崎筑前守と推測される者の知行分の注文、史料22は小貫式部大輔の知行注文というように、必ずしも同じ形式の文書群とはいうことはできない。とくに史料

21は史料19・20と記載を比べると、19と20を合わせたものと記載の地名がほぼ一致しており、小野崎筑前守の所領の注文と推測することができるので、史料19～21の史料は三通でひと揃いの性格であると思われる。史料22についても、史料19～21でひと揃いと考えた同様の文書群の一部分と考えることができるので、19～21と史料的な性格を同じくするものと思われる。従って、史料19～22は、グループ①②と比べて文書の性格を異にすると思われるため、一つのグループ③と分類することができる。

このように、文書の内容から従来一連の文書とされてきた文書群は、三つのグループに分けることができると思われるのだが、その文言をみていくと、史料13に対して②③のグループの記載が重なるかと思われる事例があることがわかる。たとえば史料13に「一すき　をのさき下野三郎違乱」とあるのに対しては史料15に「一杉　小野崎下野三郎かゝへ候」と、あるいは史料13の「をきつ小野崎筑前守知行　小野崎山城違乱」に対しては史料19に同名の山城守が抱えている所領の書立の中に「一おきつ　此地ハ、禅通元来之知行候」とある(59)。従来では、文書群が一連のものとして考えられてきたため、こういった重複部分については注目されず、「違乱」と「かゝへ」は意味的に異なるものと解釈されてきた(60)。しかし、すでに触れてきたように文書群は均質的な内容のものではなく、性格の異なる文書がそのまま江戸期に岡本家に伝存して筆写されたと思われること、またこの一連の文書が同時期に作成されたものと思われること等から、重複部分が一つの所領に対する同一の事態を指すものと素直に解釈してよいように思われる。

また史料13に対して他の史料の記載が重なりを持ち、かつ②③のグループ双方にその重なりがあって双方以外にも侵犯地の記載がみられる等、史料13は②③のグループよりも、より広範囲の侵犯の事態を掌握した上で書かれていることが指摘できる。そして、所領に対する侵犯の表現が「違乱」という他の史料と異なる表現で、改められるべきものと明確に認識された表現を史料13は用いているのであり、このように考えると、史料13は所領還付問題解決のための還付地確定の際に他の史料群②③のグループと段階を異にして作成されたことが考えられるのである。

そのことを考える上で重要な意味を持つと思われるのが、次の史料である。

【史料23】

「草案」

就此時宜、今朝以御代河内雖令申候、尚以令啓候、御料所・御一家中・宿老知行分、当乱中相替候計可注給候、以前之御注文之内ニ、自前々相違之地共被書加候、不可然候、幾度申候と、当乱以前替之地之事、於旦方不可及調法候、恐々

竹隠軒

佐竹殿へ参

「右古キ草案ナリ」(61)

この文書は、実際に所領還付問題を調査・調整していた岡本妙誉から佐竹氏に宛てて書かれたものの草案の写と思われる。岡本妙誉は文中で「御料所・御一家中・宿老知行分」について「当乱中」においてのみ侵犯が行われた地ばかりを自分宛に伝達することを求めており、「当乱」以前の侵犯には関知しないことを確認したものである。その中で注目できるのが、以前に提出された注文には「当乱」よりも以前の侵犯をも含まれて書かれてあったことを指摘して「当乱」のみの侵犯地の申請を求めていることである。これは、すなわち侵犯地を確定していく上で、何段階かにわたる侵犯地申請および審査が行われたことを意味し、その上で侵犯地が確定されたことを示している。従って、すでに触れてきた関係文書にみられるグループ毎に異なる性格とは、それらの史料の作成された段階と目的に起因したものと思われ、様々な段階や目的で作成された文書が一括して伝存したことからこのような混在を生んだかと思われるのである。

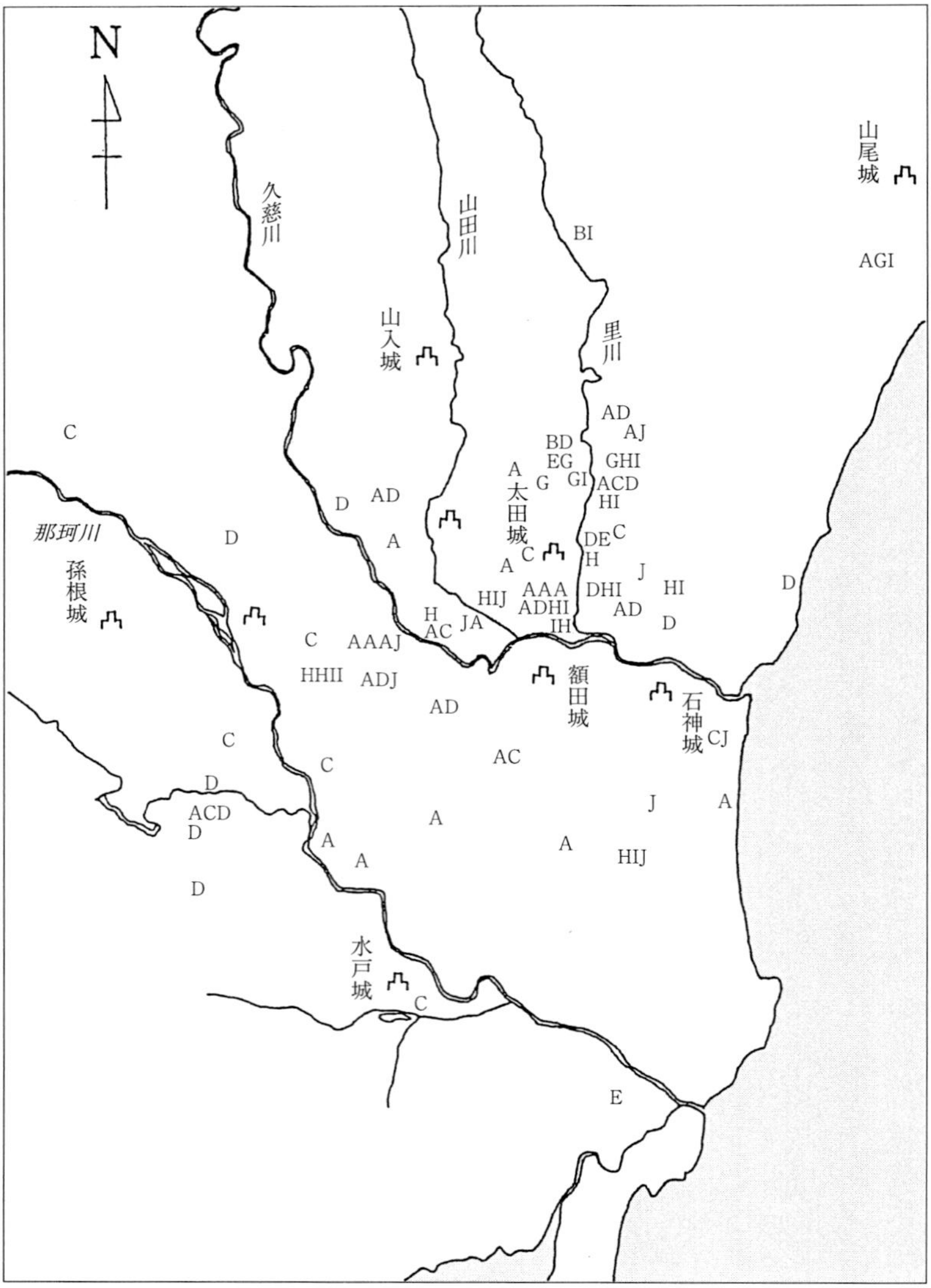

図2　「当乱相違地」関係文書比定図

図中の記号Ａ～Ｊは、それぞれ史料〈Ａ〉～〈Ｊ〉の記載に対応する

それでは、様々な調査をへて確定された当乱における侵犯地とは、この史料群の中でどの史料にあたるのかが問題となってくる。結論から先にいえば、侵犯地と認定されたものに一番近い状態にあたると思われる文書は史料13である。すでに触れたように、史料13は、還付地確定の際に他の史料群②と③のグループと段階を異にして作成されたことが考えられ、そして、所領に対する侵犯の表現が「違乱」という他の史料と異なる表現で記されている。「違乱」という表現は、本来の状態とは異なった状況にあり、改められるべきものとして認識された表現であるので、侵犯に対しての一定の尺度での認定を終えた上で作成されたものと思われる。端書の「当乱相違地」とはその確定がなされてから書かれたものと思われるのである。

従って、従来「当乱相違地」関係文書として一括して扱われてきた史料群は、「当乱相違地」として返付されるべきものを確定する作業の中で最終段階で作成された史料13と、それを確定していくために作成された、大きく二つに性格の分けられる文書によって構成されていることがわかる。[62]

（b）　記載内容の分析

次にそういった史料群の性格を考慮しながら、従来の研究で侵犯を表現するとされてきた「違乱」と「か、へ」という二つの表現の解釈を行いたい。「違乱」あるいは「当乱相違」と「か丶へ」に対する解釈の代表的なものとして「各知行地ごとに『違乱』と『かかへ』と両様の注記を行って変動の実態を二つに区別」するものとされてきたが、すでに指摘した「違乱」と「か丶へ」という記載が重複する部分が存在することから考えれば、両者をもって侵犯の性質を二つに区別したとは考えることができないと思われる。むしろ史料群の性格を考えれば、「違乱」については他氏の所領を侵食して当知行を行い、それが他から「違」や「乱」と認識されるものであって、この場合には和議によって正式に返付すべきものとされたことを表現したものと思われる。また「か丶へ」については、史料13に侵犯された知行を記載する際にこの表現が用いられていたり、更には佐竹氏の充行状の表現と[63]

して「……抱」という表現が広くみられることから、「違乱」とは異なって、知行している、あるいは知行されるべきものと認識されている際に使われる、一般的な表現と考えた方がよいと思われる。

また所領の形態について注目してみていくと、同一の地域が複数の知行者によって知行されることを示すような記載がかなりみられることがわかる。たとえば磯部（常陸太田市磯部町に比定）については「車方」「とうさい寺方」「下の村」「つしまかた・なんくかた」等、実に誤記あるいは誤写と思われるものを除いても八例確認でき、同様の事例は「あくつ」についても四例、「入野」についても四例、「小野」については三例確認できる。このことは、当該期の常陸北部において佐竹宗家も含めて領主層の所領の構造は必ずしも一円的な構造を持ってはいなかったことを示すのであり、複合あるいは重複するような所職のあり方・知行の相違が存在したことを想定することができるのである。そして、そういった複数の領主によって知行されるような形で存在していた所領が単一の存在によって侵犯されることとは、侵犯を通じての一円的な所領支配への方向性を読み取ることができるのであり、十五世紀末の常陸北部においても複雑な所職体系に基づく知行構造に対して一円化の方向性を確認することができる。

所領を侵犯した存在について検討していくと、すでに『水戸市史』で指摘されていることだが、山尾小野崎氏（小野崎山城守）・額田小野崎氏（小野崎下野守系と考えられる小野崎下野三郎）・江戸氏が突出していることが確認できる。彼らは、佐竹の乱の発端となった義憲の入嗣の主体であったと伝えられることや、またすでに触れたように、江戸氏や額田小野崎氏は義俊と実定との抗争の際にも将軍からの実定宛の御教書にその名がみられる等、活発に実定を支援したものと思われる。そのため、彼らは、山入氏と共に「佐竹の乱」において重要な役割を果たしていた。それを示すように、調査段階での侵犯地の申請（史料14〜22）の中には違乱地に特定されなかった侵犯地の記載が多くみられ、「当乱」以前にも彼らが他氏の所領に侵犯を行っていることがわかる。三者の侵犯について

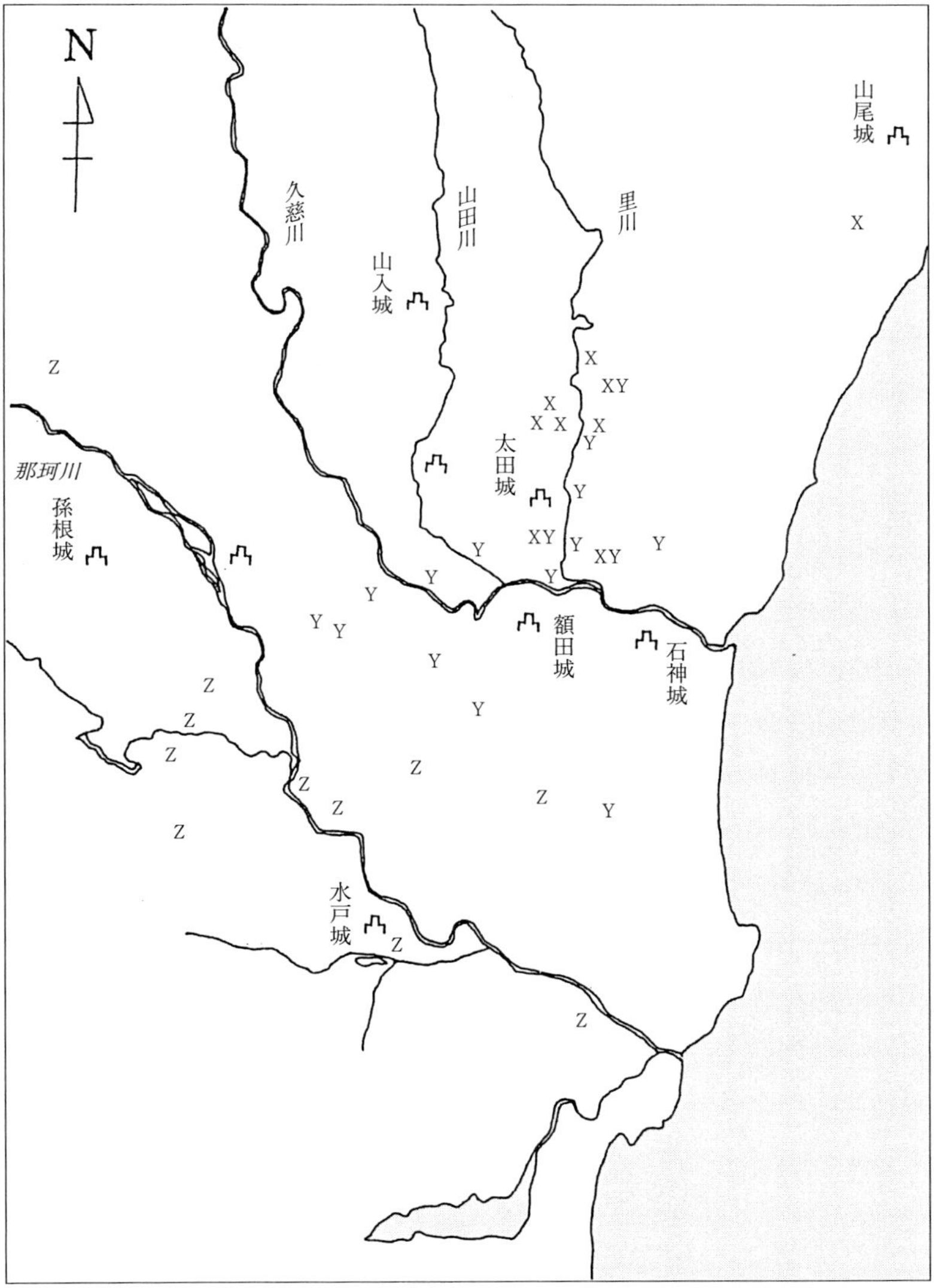

図３　江戸・山尾小野崎・額田小野崎氏の侵犯地
X…山尾小野崎氏の侵犯地　Y…額田小野崎氏の侵犯地　Z…江戸氏の侵犯地

示したのが図3で、文書群すべてにみられる侵犯について記載したものである。侵犯地の分布をみていくと、山尾小野崎氏が里川中流域、額田小野崎氏が久慈川下流域から里川下流域、江戸氏が那珂川流域に多く分布していることがわかる。山尾小野崎氏の本貫が常陸太田市小野周辺であったことを考えれば、その侵犯はいずれも諸氏の本拠地近くであり、小野崎氏や江戸氏等の国人層が、乱の過程で本拠地を中心に大きく勢力拡大を果たしていることをうかがうことができる。

また侵犯問題の中で注目できることとして、山入氏とその一族の侵犯について触れられていないことである。史料16に「山入之面々知行之所者、氏義太田在城之間、可閣之由約束候」とあるように、山入氏の侵犯に関しては還付が行われないことが確認されており、山入氏の太田在城を認めたことにより留保されたと考えられる。しかし、調査段階をも含んだ文書の中にほとんど侵犯の記載がみられないことは、逆にみれば、この所領還付の交渉が主に江戸・額田・山尾小野崎氏その他との義舜との関係修復、すなわち江戸氏等の侵犯地確定に主眼が置かれていたことを示すと思われる。従って、先に触れた江戸氏や小野崎氏の起請文の文言も含めて考えれば、この明応に行われた和睦交渉自身が、『水戸市史』の指摘にあるように、山入氏の孤立化を目的としたものであり、この侵犯地調査もそれに規定されていたものと思われるのである。

以上、「当乱相違地」関係文書について分析を行ってきたのだが、そこで確認できたことをまとめておくと、まずこの関係文書は従来取り扱われてきたような並列的に扱えるものではなく、「当乱相違地」として侵犯した所領を還付しなければならないと認定された所領について記載した史料13と、その史料13を確定していくための何段階かの調査史料によって成り立っていること、またその記載の中に山入氏がほぼみられないことから、むしろこの調査自身が江戸・額田・山尾小野崎氏等と義舜との関係修復を直接の目的として行われたことに、それが反映されていることを確認できた。

〔三〕　義舜の太田復帰の意義

Ⓐ明応の和議と岩城氏

ここでは、前節でみたような義舜と江戸・額田小野崎氏の関係修復、山入氏の孤立化に力点を置いた明応の和議が行われた背景について考えてみたい。岩城氏がこの和議を仲介したのは明らかであるが、その背景については従来の研究ではあまり重視されてこなかった。もちろん周辺領主が「近所之儀」[64]によって関係改善を図ったことも和議における重要な要素であると思われるが、佐竹の乱は京・鎌倉の上部権力の対立と密接に結びつく中で発生していたことをその特質としていた。そのことを考えると、ここでは佐竹氏や山入氏をめぐる政治状況の変化を重視して考えたい。明応の和議が行われた当時の政治状況を考えると、両者をめぐる状況が大きく変化していることを指摘することができる。

まず第一に両者の関係のあり方に大きな影響を与えた背景として、佐竹の乱の発火点ともなった京と鎌倉（古河公方）の関係がついに打開し、文明十四年（一四八二）十一月に都鄙和睦が成立したことがあげられる。また義俊・実定抗争の際に実定の活動に大きく影響を与えたと思われる山内上杉氏については、すでに古河公方との間に文明九年十二月に和睦が成立しており、これは佐竹氏と山入氏の対立を支えていた大きな外部的要因が一つ消滅したことを意味する。和睦以前だが、文明十年と考えられる古河公方足利成氏の意を受けて行われた「佐竹上総介（山入義知に比定）」の久米城・太田城攻撃など[65]も、このような政治状況の変化によって引き起こされた新たな状況であったものと思われる。那須氏の参加を確認できることから単なる山入氏単独の軍事行動ではなく、古河公方の意を受けての行動であったと想定することができる。また同様のことは前節で触れた延徳元年の伊達・会津・白川・小山・結城等による太田城攻撃にもうかがえる。この軍事行動は、広く関東から南奥の領主層を動員したものであり、構成要員から考えれば、旧来では幕府方と古河公方方の双方に属していた諸氏の共同作戦ととらえることができる。このように考えれば、おそらく都鄙和睦という大きな政治状況の変動と、それに伴う古河公方による自らの権力の再編成の動きの中で、その可能性については前項で若干触れたように佐竹宗家が孤立する状況が発生し、これは全くの想定であるが、その事態が文明十年前後から延徳年間まで継続したのではないかと思われる。山入氏の太田城占拠は、そのような背景に基づいて実現したものと思われるのである。

その間の事情は不明ながら[66]、明応段階になると佐竹宗家の孤立という状況は変化をみて、岩城氏の仲介による和睦交渉が行われる。岩城氏は、都鄙和睦以前は幕府方として活動しており、その後、文明十七年には常陸北部の車城を佐竹氏より奪取しているように、右にみた都鄙和睦による政治状況の変化に積極的に対応した存在であった。後に岩城氏が、古河公方家の内紛において有力な政氏方として佐竹氏と共に活動することや、その際の政氏と岩城・佐竹両氏との媒介の役割を果たしたのが、和議の交渉を実質的に推し進めた岡本竹隠軒であった。そのことを踏まえて考えれば、岩城氏が対立を調停する背景として、古河公方の意志が存在したことを想定してもよいと思われる[67]。このようにおそらく古河公方の意を受けて岩城氏は和睦交渉を展開したと考えられるので、山入氏の孤立化は古河公方の意を反映したものと思われる。そのためもあって、明応の和議において旧義憲入嗣推進派・実定支持派であった江戸・額田小野崎氏等の山入方からの切り離しが企図されたと考えることができる。

そのような状況の中で孤立感を深めた山入氏は、孫根城に再度の義舜襲撃を行ったが果たせず、義舜は太田城の北に位置する金砂城に入るほどに太田への圧迫を強めることになる[68]。そして、永正元年にようやく義舜は太田城復帰を実現し、山入氏の当主である氏義は敗死し、山入氏はここに滅亡する。その間の事情を伝えてくれる一次史料があまりみられないため、山入氏の滅亡に至る経過を明らかにすることはできないのだが、ただ義舜の太田復帰をめざす軍事作戦は佐竹氏のみによって行われた訳ではなく、所領の割譲を条件に有力な古河公方支持勢力である那須氏の支援を求める等[69]、周辺の諸氏を巻き込む形で展開され、実現されたのである。

以上、明応の和議における岩城氏の仲介の背景の考察から山入氏の滅亡についてみてきた訳だが、そこから考えられることは、山入氏の滅亡が都鄙和睦という政治状況の変化と古河公方を中心とする新たな政治秩序再建という事態の中で、ある意味で京都と鎌倉という二つの権力の対立によって成り立っていた存立基盤の喪失によって導き出されたと考えることができるのである。

Ⓑ佐竹宗家としての地位の確立

山入氏の滅亡によって義舜の太田城復帰は実現したのだが、それと共に実現したこととして、佐竹宗家による屋形の地位の確保をあげることができる。ここで佐竹氏における屋形の持つ意味を考えていきたいのだが、佐竹氏は守護職を室町初期から世襲しながら存在してきた[70]。しかし、佐竹氏の常陸における守護職としてのあり方は、たとえば一国段銭を常陸大掾氏や真壁氏が一族単位で徴収している例が確認されることや、一宮祭祀にあたる鹿島神宮の祭祀に対して不参加であったり、常陸南部に関する守護遵行の例があまり確認されていない等、守護職でありながら常陸一国に対する権限を行使した例はあまり確認することができない。むしろ実体としては、十分な分析が行われてはいないのだが、その存在基盤を一族を中心とする体制に置いており、鎌倉府に対して「関東八屋形[71]」として体制に属すことに力点が置かれていたと思われる[72]。そのことを考えれば、佐竹宗家にとって佐竹氏一族の中での屋形としての地位を確保することを通じて、一族や家中に対する段銭をはじめとする諸役賦課権の確保や軍勢催促・指揮権・警察権の掌握への道が開かれたと考えることができ、また守護職に関しても屋形の地位へ付随するものと認識されていたものと思われる。いわゆる「佐竹の乱」が京・鎌倉という上部権力の問題と結びついて発生したことは、その屋形の地位の認定に関わったものと考えることができる。山入氏に対する幕府の常陸守護職補任は、幕府の意図に関わらず、佐竹宗家にとってみればそのまま屋形としての地位の喪失を意味するのである。本稿では、今まで江戸期まで継続する大名権力として存続する佐竹氏の本宗家を、佐竹宗家と称してきたのだが、すでに触れたように「満済准后日記」に山入祐義は「佐竹刑部大輔祐義」と幕府で認識され、実定は「佐竹常陸介」(73)を名乗っているように、幕府からみれば必ずしも本稿でいうところの佐竹宗家を唯一の宗家と認定していた訳ではなく、時としてその認定は変わり得るものであった。その意味で佐竹宗家からみれば、山入氏や実定のような屋形としての自らの地位を脅かす存在は打倒しなければならない存在であり、その打倒のためには屋形を認定しうる上部権力の存在が必要であった。従って、幕府の意向に対して異を唱える上部権力との絶えざる接触が求められたのであり、結城合戦以降の佐竹氏と古河公方推進派との結びつきはそこに求められよう。

そのような要因を根底に持つ佐竹氏の内紛が、都鄙和睦、更には明応の政変による幕府方の関東政策の変化という政治状況の変化によって一つの結論を求められていくのは必然であった。上部権力の意向の一元化、関東における古河公方権力の再編成の動きの中で、「佐竹の乱」は終焉へと向かい、義舜の太田復帰の道が開かれる。これによって、義舜系によって宗家の地位が確保され、屋形の地位を媒介とした佐竹氏の戦国期権力化への道が開かれる。従って、佐竹氏は守護職を保持しながらも、守護公権に依拠する統合ではなく、むしろ屋形という私的な家産制秩序を出発点とする「公的」な地位に基づきながら公権力への道を歩むのである。そして、戦国期の佐竹氏の権力構造は、家産制秩序に依拠する屋形の地位を権力の根源として持つことに大きく規定されたものとなった。

第二節　永正期における佐竹氏の下野出兵

[一]　永正期の佐竹氏をめぐる情勢

まず当該期の佐竹氏の状況を少し整理してみたい。前節で述べたように、永正に入る直前の文亀四年（一五〇四）に、佐竹義舜は山入氏義を打倒して太田城に復帰している。これによって、百年にわたる有力な一族山入氏との対立をようやく佐竹氏は克服したのだが、その克服後も、佐竹氏をめぐる状況は必ずしも安定していた訳ではなかった。

姻戚関係をもとに山入氏打倒に支援を与えてくれた陸奥国の岩城氏は、山入氏との明応期の和議を調停する際に江戸・小野崎といった常陸国内の有力国人から「義舜兄弟被忘岩城之志、企不儀候者、令同心岩城、可相捨正印事」(74)という条項のある起請文を受けているように、佐竹氏麾下の領主層との直接的な結びつきを強めており、常陸北部に大きな影響力を持ち始めていた。また佐竹氏の家臣層の中でもすでにみた江戸氏や小野崎氏のように、山入の乱中に他の家臣層の所領を侵食することによって勢力を拡大し、自立性を強めた国人層も存在しており、加えて佐竹の乱の初期から宗家に対して反抗を繰り返していた長倉氏等の有力一族も依然としてその勢力を保持していた。このように永正期の佐竹氏は、依然として内部と外部にそれぞれ課題を抱えるという不安定な状況にあったのである。

また関東全体に視野を広げてみると、古河城にあった古河公方家では永正三年（一五〇六）四月の高基の宇都宮移座にみられるように政氏・高氏(高基)父子の間に対立が深刻化しつつあり(75)、ついに永正七年六月の高基の関宿移座によって、政氏を擁する領主層と高基を支持する領主層が武力衝突を行う事態に発展していった。その中で佐竹氏は政氏方に属し、情勢の進展の中で次第に不利な状況を迎えた政氏から、岩城氏と共に下野出兵を強く期待されることとなる。

〔二〕　佐竹氏の下野出兵

この項では、政氏・高基の対立への佐竹氏の出兵について述べたい。政氏の要請の下に佐竹氏は岩城氏と共に下野への出兵を行っていくのだが、その出兵については従来では永正十一年（一五一四）の宇都宮竹林合戦と永正十三年の那須縄釣合戦の二回とされてきた。しかし、義舜の発給文書をみていくと、次のような官途状写がある。

【史料24】

此度於那須口動、負手疵候、神妙之至候、然者成管《マヽ》遣之者也

永正八年辛未二月十九日

義舜（花押影）

石井蔵人佐殿[76]

この史料は、石井氏の那須口における働きを賞して彼に蔵人佐の官途を与えているものである。これによって、佐竹氏が永正八年の二月頃に那須方面に出陣していることがわかるのだが、それに関連する文書と思われる同年三月二日付の知行充行状写[77]で、義舜が「依上口出陣」の陣労を賞して石井六良兵衛に知行を与えている。この二つの文書の内容を考え合わせると、永正八年の佐竹氏の那須口出陣は依上保（大子町）を通じて行われたものとわかる。この依上保を通じた佐竹氏の那須口出陣というルートは、後の那須縄釣合戦での岩城・佐竹氏の敗北から、依上保の月居城攻防戦に至っていることからも、当時の佐竹氏の下野出陣の主要経路であったと推測できる。竹林合戦・縄釣合戦に先行する永正八年に佐竹氏は、後に使用するルートと同じルートを用いて那須方面に出陣を行っていることになる。

また、従来ではひとまとめに永正十一年のものと比定されてきた岩城・佐竹の出陣を督促する政氏の書状の内容に、時期的に前後するものがあるので[78]、佐竹（と岩城）氏の出陣は永正十一・十三年の二回に限定できず、それ以外にも行われていた可能性も考えられる。これらのことを考え合わせると、永正八年の佐竹氏の那須口出陣は、政氏・高基の対立に関連する形で行われたか、あるいは少なくとも佐竹氏にとって政氏方に属する契機となるよ

うな要因を含んで行われていたものと思われるのである。

永正九年にも佐竹氏の出兵は行われたようで、四月吉日付の盛頼知行充行状写(79)で「上那須之於福原一戦」の働きを称しており、三月二十七日付の義舜知行充行状写(80)にも「御恩掌」として依上保域の高柴のうちの「宿」が充行われていることもこの出兵に関わるものと考えられる。(81)

このように、佐竹氏は永正八・九年段階から那須口に出兵を繰り返していたことがわかり、これまで考えられてきた時期以前に佐竹氏による軍事行動が行われていたことが確認できる。

〔三〕　那須地域の政治情勢

それでは、このように佐竹氏に早期に軍事行動を起こさせている要因について考えてみたい。

【史料25】

此度御陣労以使可申届之由存候処、示給候、快然候

一、参陣之事、以町野方被仰出候、重被成　御書候、如何様岩城相談御請之事、可申上候

一、下之庄之面々懇切ニ可被相談之分ニ候歟、於当方ハ無餘儀候、御懇候ハん事肝要候

一、証人之事、其分竹隠軒へ可相届候、将又判形河連次郎右衛門尉ニ進之候、巨細彼口上申含候、恐々謹言

八月晦日　　　義舜（花押）

茂木筑後守殿(82)

この文書は、内容と同日付の知行充行状から永正十年に比定できる文書である。内容的にみると、一条目の古河公方の命による下野出陣の「御請」＝承諾について打ち合わせる内容が中心と思われ、そして、三条目には出陣に際する証人の指示があるので、この文書全体が下野出陣のことを内容としていることがわかる。その中で二条

目をみると、義舜が茂木氏に対して「下之庄之面々」と相談しているることを確認しているので、この出陣において佐竹氏は那須下庄の領主達の動向に大きな注意を払っていることがわかり、古河公方への参陣の承諾の連絡と並記して書かれるほどの重要性が「下之庄之面々」の去就にあったことを示している。

この時期の那須地方の状況に大きな影響を与えていたのは、陸奥の白川氏の動向であったと考えられる。白川氏は、すでに康正二年には宇都宮等綱から「上杉奥州跡塩谷三ケ郷幷武茂十二郷事」を譲られており(83)、上那須の資親の養子に白川政朝の次男資永を養子に入れていたことも相まって、永正初年の段階においても大きな影響力を那須地方に保持していたと考えられる。しかし、その白川氏も、永正七年の家督相続をめぐる白川永正事変が起き、当主である政朝自身が庶流家の小峰氏によって那須に追い落とされる事態(84)によって、その周辺への影響力を弱める。この白川永正事変についてであるが、従来は古河公方家の政氏・高基の対立と関連させて考えられてはこなかった。しかし、事変の発生が高基の関宿移座によって両者の関係の悪化した後の永正七年の九月に起きているように、時期的な符合がみられることや、政朝が那須の武茂庄をめぐって足利政氏との関係を悪化させており(85)、それに比べて小峰氏は政氏の指示に従うよう白川宗家に意見を加えることを求められており、むしろ政氏の関係は良好と思えること、更には小峰氏によって家督についた白川顕頼が政氏方にたって参戦すること等、政氏・高基間の確執の問題と符合する点が多く、これと関連づけて理解した方が整合的であると思われる。従って、この事変の政治史的な位置づけを行うためにも、古河公方家の政氏・高基の対立をも視野に入れた検討が必要であろう。

この白川永正事変に介入していたとされる岩城氏が、この時期に那須の東に位置する依上保に影響力を強めてきたのはこの間の事情であると思われる。近世期の記録類等(86)で佐竹氏が永正七年に依上保を所領として回復したとされているのも、佐竹氏がこの時期に岩城氏や政氏と親密な関係を保持していたことから推測されたものと思われる。

また加えて宇都宮氏の一族武茂氏の動向も考慮の余地がある。武茂氏は寛正四年に当主の持綱が宇都宮家督を継承することによって家は断絶したとされ、その後に一時的に正綱が継いだこともあったようだが、宇都宮正綱の三男の兼綱によって再興された。武茂氏については、年欠八月二十八日足利成氏書状に「対宇都宮、武茂野心趣候哉」[87]とあったり、あるいは年欠十一月十九日付成氏感状写に「武茂六郎背弥四郎之処、無二相守成氏之条」[88]とあるように、再興に前後する時期から不穏な情勢がうかがわれる。武茂を所領としていた白川氏との関係の検討が必要であるが、正綱系の相続以前に持綱の父綱家の系譜を引くような存在があったとも考えられ、その存在が宗家の宇都宮氏に反抗する等の不穏な動きをしていたものとも考えられる。すでに述べた政氏・政朝間を悪化させた武茂に関する事柄も、この問題に関わったものではないかと思われる。

この時期の那須氏は上那須と下那須の両氏に分裂していた。すでに触れたように上那須の資親の養子として白川から資永が入っており、また資親と宇都宮成綱・忠綱とは姻戚関係にあった。宇都宮氏が高基方の有力与党であったことを考えれば、上那須氏は、白川政朝を那須（資永の存在を考えれば当然に上那須氏を頼ったと思われる）に追い落とした顕頼・小峰直常、更にはそれを支援したと思われる政氏方の岩城・佐竹氏と、いきおい対立関係に追い込まれたものと思われる。

従って、前項で検討した永正八・九年の佐竹氏の那須口出兵は、この間の状況に対応した上那須氏攻撃であったものと思われ、それは各領主の現実的利害に基づく行動であると同時に、広い意味で政氏方としての軍事行動と理解できる。そして、その攻撃や宇都宮への出兵に際して、佐竹氏が史料25にみえる「下之庄之面々」との関係を重視する姿勢が表れてきたものと考えることができるのである。つまり、永正八・九年の佐竹氏の那須出兵は、政氏の明確な指示や要請によって行われたかは微妙な問題であるが、共に政氏方に属する白川・岩城氏らと歩調を併せつつ行ったと思われる点から、広い意味での政氏方としての軍事行動として解釈してよいと思われる。

またこういった白川氏と岩城・佐竹氏の連動した動きへの対応として、高基や宇都宮忠綱による永正十一年四月から七月にかけての伊達氏への「白川口」や「佐竹那須口動之事」への攻撃の指示・督促が行われたのである。[89]そして、これらの一連の動きの中で、上那須氏が滅亡し、上那須と下那須の一統が行われたことに大きな関連が予想されるのである。

[四] 佐竹氏の依上保進出

佐竹氏の下野への軍事行動は、永正十一年の宇都宮竹林合戦・永正十三年の那須縄釣合戦への展開をみるように永正十一年以降も続行される。しかし、那須縄釣合戦が縄釣における敗戦の後に常陸月居城の攻防戦に至るように、有力な高基方の宇都宮氏に打撃を与えるという所期の目的は達成することはできなかったと思われる。しかし、そのような動きの中で注目できるのは、下野への軍事行動の繰り返しの中で佐竹氏が、着々と依上保掌握を進展させていた事実である。

この永正期の出兵を通じて出された佐竹氏の知行充行状や感状・官途状類をみていくと、旧山入氏の所領であったと思われる染・高倉地域から、依上保内の生瀬・高柴・黒沢・矢田野と着実にその充行対象地を北進させていることがわかる（図4参照）。依上保は、応永段階まで佐竹山入氏系の依上氏によって知行されていたが、応永末期に鎌倉公方足利持氏によって白川氏に与えられ、以後白川氏が知行していたと思われる。しかし、山入氏の本領ともいえる小佐都・町田郷が同時期の持氏から白川氏へ与えられながらも、山入氏がその勢力を維持していたことを考えれば、同様に依上保域に山入氏系の勢力が根強く残存していたことが予想される。そのように考えれば、佐竹氏による依上保への勢力の浸透は（もちろんその背景には白川氏の勢力の衰退、更に推論すれば政氏の支持

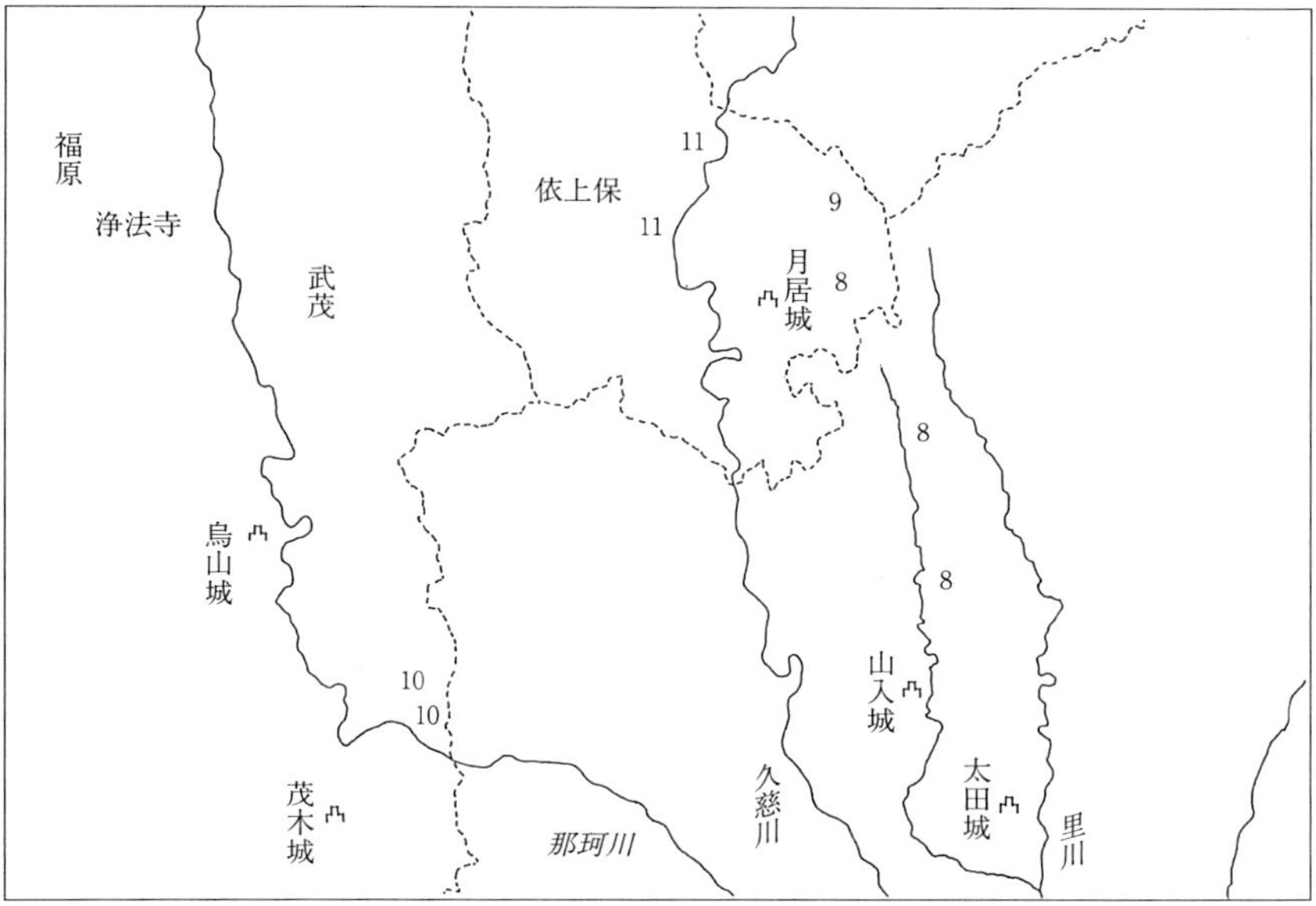

図４　永正期依上保周辺図
図中の数字は義舜期佐竹氏の行った充行・寄進の比定地とその永正の年号を示す

も予想される）、旧山入氏所領の接収の延長線上にあったものと思われるのである。この段階では岩城氏の影響も無視し得ず、依上保域の掌握は完全なものではなかったと思われるが、下野出兵を繰り返すことを通じた着実な勢力拡大が展開されつつあった。従って、古河公方政氏の要請の下に行われた下野への出兵は、佐竹氏にとって実体としてはそれ以前の山入氏との抗争の延長線上にあったということができる。

以上のように、当該期の佐竹氏の依上保進出は、古河公方の下での出兵を通じて展開されたことになるが、そのことを考える上で興味深いのが、次の史料である。

【史料26】

就依上口出陣辛労神妙候、然者為恩掌なませ之村五次良内被遣之候、弥可励忠節者也、仍執達如件

永正八年辛未三月二日　（義舜花押影）

石井六良兵衛殿(90)

この史料は、第二節で触れた永正八年の那須方面進出に関わる文書である。この史料で注目できるのは、「仍執達如件」という書止文言である。「執達」という文言は、上意を受けてそれを伝える意味を持っている。第三章第一節で佐竹氏の知行充行状の形態について考察するが、実は執達文言を付した知行充行状は、佐竹氏の場合には特殊な例といってよい。そして、この時期に集中して発給されているのが特色であり、この文書とこの翌年の三月二十七日付の文書(91)しか確認されていない(92)。

そのような執達文言を持つ知行充行の特殊性を考えれば、義舜が上意を奉じて行動していると考えることができ、義舜が奉じた上意の主体が問題となってくる。当該期の佐竹氏が奉じうるような上意を発する存在としては、古河公方権力しか考えることはできない。すでに検討してきた政氏の要請の下での那須口出兵という状況を考えれば、義舜が奉じた上意の主体を政氏として考えてよいと思われる。このことから考えれば、佐竹氏が下野出兵を繰り返す中で行っていた依上保掌握は、実態としてはどうあれ、明確に古河公方の上意を奉ずる形をとって展開されたことがわかる(93)。

このように、佐竹氏の依上保進出は、実体としては山入氏との抗争の延長線上で行われながら、古河公方政氏の上意を媒介に展開されたと考えることができる。このことは、この段階における佐竹氏は、なお他領主の所領に進出していく際には古河公方の権威を必要としていることを意味しているのであり、依然として古河公方体制に依拠して存在していたと理解できる。

[五]　常陸北部の有力国人の動向

今までみてきたように、義舜は有力な政氏方として活動を行っていた訳だが、では常陸の佐竹氏の勢力下にあった国人である江戸氏や小野崎氏はどのような動きをしていたのであろうか。彼らの動静について示すと思われるのが、次の史料である。

【史料27】

今度宇都宮錯乱仁附而、成綱事ニ無二可被加御扶助候、自元対成綱不存豫儀之上、此度疾令出陣幷力候者、併可為忠信候、猶々可存其旨候也

四月五日　（足利高基花押影）

小野崎下野守殿(94)

この史料は、永正九年に宇都宮錯乱が発生した際に、足利高基が宇都宮成綱を支援する要請をその影響下にあった領主達に行った文書群の一通である。ここで注目できるのは、この文書が小野崎下野守に宛てて出されている事である。小野崎下野守は、その受領名を世襲していたことから佐竹氏の家臣小野崎氏の庶流の額田小野崎氏の就通に比定することができる。額田小野崎氏は茨城県那珂市にある額田城を本拠にして、この時期佐竹氏の内紛に乗じて勢力を拡大しており(95)、かつ就通の父の通栄は江戸通房の子であることから水戸城を本拠とした江戸氏との強い結びつきを持っていたと思われ、佐竹氏の勢力下でも最も自立性の強い国人であった。その額田小野崎氏は、政氏と対立する高基から宇都宮成綱の支援を直接に求められ(96)、加えて「併可為忠信候」とそれ以前の忠信を予測させる文言が存在することから、政氏・高基の対立の早い段階から高基方に属して行動していたものと思われ、彼らのこのような動きが、佐竹氏に下野出兵を躊躇させたものと思われる。

また小野崎氏の一族の石神小野崎氏も「去年以来江戸彦五郎相談、走廻候之由聞食候(97)」とある文書を高基から受け取っていることから、江戸氏と共に時期は未確認ながら高基方として活動していたことがうかがわれる。このように、江戸氏や額田・石神小野崎氏といった有力な国人層は、この時期には必ずしも古河公方家の内紛に佐竹氏と一致して行動していたのではなかった。彼らは、直接古河公方家から文書を受け取り、自己の利害からそ

の去就を決めていたと考えられ、この点からも山入氏を滅ぼしたとはいえ、その権力内に古河公方と直接結びつく国人や一族層が依然として存在しているという、佐竹氏の当該期の権力構造の複雑さを垣間見ることができるのである。

[六] 常陸北部における佐竹氏の権力基盤の確立

佐竹氏が、有力一族や国人層が割拠する常陸北部において、その主導権を確立したのは天文年間であると思われる[98]。

享禄二年（一五二九）に佐竹義篤の弟義元は、部垂城を攻略してこれに入って、義篤と対立した。義篤と義元の対立は以後も続き、天文九年（一五四〇）三月に部垂城が攻略されて義元が敗死するまで、散発的に戦闘が続けられている[99]。その抗争は「部垂の乱」と呼ばれている[100]。この義元には、一族の宇留野義久が与していたとされ、さらに部垂城落城時には小場義実も死去していることから、宇留野・小場氏という常陸北部の久慈川以西を本拠とする有力一族[101]が、義元を支持していたことがわかる。そのため、義篤と義元の対立は、単に兄弟の対立にとどまるものではなく、影響力を強めようとする義篤と一族層の対立という性格を持っていた。山入氏を打倒した佐竹宗家が、山入氏の所領が分布していた里川流域から依上保域を制圧した後に、久慈川流域に影響力を及ぼしてきたことが久慈川以西の一族層との対立を生み出してきたと推測できる。この他にも、天文四年（一五三五）に一族の高久義貞が、佐竹義篤に対して兵を挙げる事件が発生する[102]。その乱はしばらくして鎮まるのだが、天文前期に一族層と佐竹宗家がその対立を深め、宗家はその対立を克服するのであった。

佐竹氏略系図

佐竹義舜 ┬ 義篤 ― 義昭 ― 義重 ― 義宣
　　　　 └ 義元

このように一族との対立が激化する時期の佐竹氏当主であった

義篤について考える上で、示唆的なことは、第三章第一節で検討する知行充行状における充行の直接的な文言である。義篤以外の佐竹氏当主の場合には充行に際する直接的表現として、対等以上の存在に通例用いる「進」という表現で充行を行う場合が散見される。義篤の場合には、「進」表現は少なく、かつ厚礼な書状形式を用いた充行状もほとんどみられないのが特徴であり、充行状単独でみれば、義篤のものは、上意下達的な性格の強い文書が多い。残存する義篤の充行状があまり多くないこともあって、過大に評価することはできないが、義篤が佐竹宗家を中心とする常陸北部の支配体制の確立を意識しており、それゆえに他の当主とは異なる文書形式の傾向となった可能性を指摘できる。このことから類推すれば、義篤は、常陸北部における宗家の権威の確立を強く意識していたと考えることができる。

また義元を倒した義篤は、同年六月に従四位下右馬権頭に任官を果たす。[103]任官自体は幕府の意志を受けた佐竹基親の下向が契機となったものであるが、[104]右馬権頭という官職は、佐竹氏にとって重要な意味を持つものであった。右馬権頭は、くしくも戦国期の義篤と同名の南北朝期の佐竹義篤が任官した官職である。南北朝期の義篤は、父貞義の後を受けて常陸国守護となると共に、文和年間に幕府の侍所の頭人を務め、山城国の守護に相当する立場に立った人物であった。[105]従って、その義篤の任官した右馬権頭という官途は、佐竹氏の一族にとって、南北朝期の勢力拡大と権威の昂揚を象徴する意味を持つものであったことは想像に難しくない。そして、戦国期まで存続している佐竹氏の一族の多くが、南北朝期の義篤かその父貞義の兄弟をその系譜の出発点としている。その出自を考えれば、一族の多くは、南北朝期の義篤を佐竹氏の家督＝宗家と位置づけていることがわかる。戦国期の義篤の右馬権頭への任官は、南北朝期の義篤の地位と権威への回帰を意図して行われ、佐竹宗家の権威を確認する意味を持つものであったのである。

また最も常陸北部で有力な勢力を持っていた国人の江戸氏とも、義篤の死後の天文十六年から二十年にかけて

戦闘を繰り返しているが、二十年六月に和議が結ばれ、佐竹氏の従属下に入っている。(106)

第三節　佐竹氏の小田進出と越相同盟

永禄年間に行われた佐竹氏と小田氏の小田城をめぐる攻防については、従来佐竹氏の南常陸進出としてとらえる研究や、上杉氏の小田城攻略と解釈するもの(107)も存在し、その攻防について十分に事実を究明する必要がある。そして、また攻防がほぼ最終的な決着をみる永禄十二年（一五六九）の攻略に際しては、ほぼ同時期に攻略に関わった諸勢力に大きく影響を与える越相同盟の交渉が行われており、その関わりにも注目する必要がある。そこで、本節ではその整理の意味を込めて、永禄三年の長尾景虎（上杉謙信）の関東出兵の時点から逐次的に周辺の情勢や東国全体の動きも併せて分析を行い、その上で、攻防の持つ意味の検討を行うこととする。

〔一〕　上杉謙信の越山と永禄七年の小田城攻略

Ⓐ長尾景虎（上杉謙信）の越山と佐竹氏

天文二十一年（一五五二）より越後に逃亡していた山内上杉氏の憲政の要請を受けて、永禄三年八月に長尾景虎（以下、混乱を防ぐため上杉謙信と表記する）の越山が行われる。謙信の関東出兵については先行研究(108)に明らかなように、上杉憲政による要請を受けて、謙信は上洛を行い将軍足利義輝の許可を得た上で出兵を行ったのであって、形として享徳の大乱期以来の越後上杉氏と関東との関係を継承し、かつ将軍の上意を得る形で出兵を行ったのであった。これは、公方足利藤氏・関東管領憲政を奉じるという旧来の古河公方体制の継承を通じて関東進出を行おうという謙信の意図を示すものである。そして、謙信の旧来の体制に依拠した行動は、当該期の関東の領主層に受容されたのであり、上野国厩橋で越冬した謙信の下へ諸領主が参集してくることとなる。

この時期常陸国では、佐竹氏は、数年前よりの陸奥国高野郡の寺山城をめぐる争いの中で、繰り返し、白川氏の要請を受けた古河公方足利義氏・北条氏康から和睦要請・停戦指令を受けており、これを無視して攻撃を続行する中で、義氏と後北条氏を頂点とする公方・管領体制に不満を高まらせていた。そのためもあって、佐竹氏は里見氏などと共に積極的に謙信の越山を要請する主体となっていた(109)。従って、謙信の越山が実現すると、佐竹氏は積極的に軍事行動に参加していく。また常陸では小田氏等もこの翌永禄四年三月の小田原城攻撃に至る軍事行動に参加していることが諸史料からうかがわれ(110)、永禄四年前半においては、基本的には結城氏を除く常陸の大半の勢力が謙信の呼びかけに応じ、小田原攻撃の動きに何らかの同調をしたものと思われる。

謙信の関東出兵は、永禄四年より本格的な軍事行動として展開され、その結果、後北条氏の本拠である小田原城の攻囲や、その後の閏三月の鶴岡八幡宮での政虎襲名に至る成果を生み出すこととなり、この段階では、武蔵国内までも過半の勢力が謙信の勢力下に属することとなる。しかし、そういった成果は一時的なものであり、四年後半以降の後北条氏の巻き返しによって、もろくも崩壊する。具体的には永禄五年二月の古河城奪還、あるいは武蔵国においては松山合戦といわれる攻防戦によって松山城（埼玉県東松山市）を奪取した後北条氏が支配の主導権を回復していく(111)。そして、常陸においては、小田（つくば市）を本拠とする小田氏治が永禄五年七月に後北条氏方と和睦を成立させ(112)、結城氏と共に常陸にあって義氏・後北条氏方として自らの勢力拡大を求め、活動を活発化させていくことになる(113)。

Ⓑ永禄七年の小田城攻撃

永禄五年七月に起きた小田氏の後北条氏方への帰属は、佐竹氏他の下野・常陸の謙信方の反発を買うことになる。また小田氏も積極的な行動に出ていたようで、府中（石岡市）の大掾氏と衝突を起こしている(114)。そのため永禄五年九月から六年四月にかけての小田周辺の状況は、大掾氏とそれを支援する佐竹氏と小田氏との攻防として史料に表れている。また後に小田城と大きく関わりを持ってくることになる佐竹北家の義斯が、この時期に元服直後と思われる初出文書の花押に小田氏型の花押を襲用しており、[115]佐竹氏の小田氏周辺への関心の高さがうかがわれる。そして、永禄六年前後に佐竹義昭自身が府中に移動することによって、名実共に佐竹氏の攻撃が小田方面に重点を置くものとなる。

また後北条氏の巻き返しに対する謙信の反撃も行われ、太田資正の拠る武蔵国の岩付城救援を目的として永禄六年閏十二月には謙信の越山が行われる。しかし、この謙信の越山は、同じく岩付救援に出陣してきた里見氏等の連合軍が、翌永禄七年正月の下総国国府台で行われた第二次国府台合戦において後北条氏に大敗することによって大きくつまずいてしまう。この合戦の敗北によって里見氏・旧扇谷上杉氏系の勢力は大打撃を受け、五月の太田資正の岩付からの放逐・岩付太田氏の北条氏帰属という事態の展開を迎える。

しかし、第二次国府台合戦の敗北によって岩付城に効果的な支援を行えなかった謙信も、その報復を期して一月から三月にかけて軍事行動を行う。具体的には下野国佐野城から小山城を攻略し、正月後半から二月にかけて常陸の小田城を攻撃する。この行動は、当時の謙信の支持勢力である利根川以東の佐竹・宇都宮氏などの諸勢力の勢力範囲と、古河公方藤氏の御所が置かれるべき古河城と簗田氏の関宿城を結ぶ地域の確保をめざしたものであったと考えられる。そして、関東管領職を名乗り、それを梃子として行われた謙信の軍事行動は、周辺の支持勢力を動員したものであった。そのような上杉氏と諸氏の連携した軍事行動ぶりをよく示すのが、次の史料である。

【史料28】

御寺領小茎之郷、義昭御制札并旗本之奉行河田豊前守制札、相調進之候、他之違乱不可有□状、如件

（永禄七年）二月七日　　雅楽助成繁（花押）

東林寺[116]
衣鉢閣下

この史料は、小茎郷（つくば市）の東林寺に対し、上杉氏に属していた由良成繁が、彼の執達によって佐竹氏の当主である義昭と謙信の「旗本之奉行」河田長親が制札を発給する旨を伝えている判物である。内容から理解できるように、上杉氏に属する由良氏の執達によって佐竹氏の当主である義昭が制札を発給しているのであり、両氏が軍事行動においても連携して動いている事実を示している。ここで注目できることとして、制札発給に際して佐竹氏と上杉氏の「旗本之奉行」の二つの制札が、同時に東林寺から求められ、発給されていることである。このことは、制札発給の要請の主体である東林寺が、寺領である小茎郷の平穏を維持するためには上杉・佐竹氏双方の制札が必要であると認識していたことを示し、上杉・佐竹氏双方が同一の目的で連携して行動しながらも、必ずしも完全に上杉氏の指揮下に軍勢が一体化されるような形では行動していないことを示している。従って、佐竹氏は、上杉氏方に属しながらも、軍事行動において一定の独立した立場を保持していたことがわかる。

このような形で行われた諸氏の共同作戦と、その圧力によって、正月二十九日に小田氏治が小田城から土浦城（土浦市）に逃亡するのであり、これによって小田城は攻略されることとなる[117]。従って、永禄七年正月から二月にかけて起きた小田城落城は、上杉氏の主導による佐竹氏他との共同作戦ととらえることができる。攻略された小田城周辺については、その支配を上杉氏から佐竹氏に委ねられ、同年七月から八月にかけて佐竹義昭による小田周辺の地域への充行が行われることとなる。

この充行には、次のような充行状もみられる。

【史料29】

猶々、当口之様義、彼是口上ニ申候間、不及細筆候去春小田口へ、輝虎御越山之儀、御拵本望候、依之沼崎之郷・前野郷佐村幷山木進之候、速ニ可有知行事尤ニ候也、巨細者、馬見塚大炊介可有口上候、不能重説候、恐々謹言

七月二日　　　源真

北条丹後守殿(118)

この史料は、佐竹義昭(源真)から上杉氏の家臣北条高広に対して、春の小田口への上杉氏の軍事行動を感謝して、沼崎郷、前野郷佐村・山木(つくば市)を与えた知行充行状である。北条高広は、上野国厩橋に在城して関東と越後を結ぶ連絡役を務めていた人物である。前述のように、上杉氏による小田城攻略によって佐竹氏は小田支配を行うに至っているため、北条氏に配慮して史料29の知行充行が行われたのである。この充行は、小田周辺が上杉氏との共同作戦によって佐竹氏の支配に属す結果となったことをよく示す事実である。

また、ここで注目できるのは、佐竹氏が北条高広に知行充行を行っていることである。この知行充行によって、両者の間に従属関係が成立することは、北条氏の地位からみて考えることはできない。高広は、すでに触れたように、在関東の上杉氏の家臣の中で筆頭の地位にあり、以後も佐竹氏のみならず関東の領主層と上杉氏の連絡役を続けている(119)。従って、この知行充行が示すのは、充行が行われる場合にも、必ずしも主従関係の形成にのみ帰結される従属関係が成立する訳ではないことを示しており、知行充行を通じた主従関係を考える上で重要な問題を提起している。

小田城には、永禄七年の年末に佐竹北家の義廉が入城することになるが(120)、しかし、翌年の永禄八年十二月には氏治の小田復帰が実現し、城を預かっていた義廉は逃亡、その下で活動していたと思われる大山義近は戦死して、佐竹氏による永禄中期の小田支配は挫折してしまうのである。

［二］　永禄十二年の小田城攻略と越相同盟交渉

Ⓐ越相同盟交渉の開始

永禄七から八年にかけての攻防戦の後も、小田城をめぐる上杉氏や佐竹氏の動きは続けられるが、佐竹氏を中心とする常陸周辺の勢力のみでは、再度の攻略は不可能であったようで、永禄九年三月の下総国臼井城攻めに至る謙信の軍事行動の中で、二月に氏治の開城によって実現する。この開城については、結城晴朝の仲介によって氏治は小田城維持を認められることとなったと考えられる[121]。

しかし、謙信の関東における軍事行動も、武田氏の上野進出や後北条氏の巻き返しによって、臼井城攻略の失敗から同年の武田氏の進出に伴う上野国の上杉方の離反によって大きく停滞することとなる。その結果、常陸では小田氏の上杉方からの再度の離反が発生する。そして、上野国における上杉方の離反は、永禄七年段階で佐竹氏が知行充行まで行った北条高広まで含んでおり、大きく佐竹氏にも動揺を与えたものと思われる。そのため、一時的に上杉氏との関係が疎遠化したようで、佐竹氏との関係修復を求める謙信の文書が残されている[122]。

そして、武田氏が行った駿河や関東進出は、それまで対立していた後北条氏と上杉氏との関係にも影響を与えることになる。武田氏の関東進出によって文字通り苦境に立った後北条氏と、上野国確保も困難となった上杉氏の両者は、利害の一致をみて[123]、永禄十一年十二月の後北条氏よりの提示によって越相同盟の交渉が開始される。以降、同盟の交渉は、翌十二年閏五月に正式に起請文を交換するなどの具体的な交渉に入っていくのだが、この交渉で、後に問題となっていくのは、上杉氏よりの佐竹氏をはじめとする「東方之衆」への連絡の遅滞である。関東において武蔵や西上野を失った上杉氏にとって有力な与党は、安房の里見氏と下野国東部から常陸国にかけて蟠踞する「東方之衆」であったが、彼ら、とくに「東方之衆」への連絡は、後北条氏よりの通知はなく、謙信よりの正式な連絡は同十二年一月中旬に発せられたものの、実際の到着は二月段階まで遅れることとなった[124]。

この時期には、永禄十一年五月頃から後北条氏による簗田氏の関宿城攻撃が開始されており（第二次関宿合戦）、関東の上杉方にとって、その救援問題が大きな問題となっていた。すでに一度、永禄八年の第一次関宿合戦で攻略を失敗している後北条氏は、関宿城の周辺に山王山・不動山の砦を築造して、武田氏の小田原城攻撃の間にも攻撃を続行しており、落城の危機は迫っていた。当然下野・常陸の上杉方は、救援に動き始めており、十二年正月には救援に障害となる小田氏攻撃が行われる。まず海老嶋城（筑西市）攻撃が行われ、海老嶋城を開城させた諸氏は、次いで小田城攻撃を行い、一旦は初夏の攻撃を期して陣を退く。その戦闘の状況を伝える上杉方から謙信への連絡にも、関宿城の危急を繰り返し伝えており、早急の越山を求めている。[125]また同盟が成立する直前の五月頃にも佐竹氏を中心とする軍事行動が行われている。[126]謙信としても、関宿救援も念頭に同盟の交渉を進めていたと考えられるが、同盟の成立前後にも佐竹義重から同盟の条件として山王山砦の破却を入れることの確認が求められており、[127]両者の間に存在した関宿問題への認識の差を感じさせる。このような関東における政治情勢への当事者意識の違いが、謙信と「東方之衆」の諸氏との間に見受けられ、この認識の差が越相同盟以後の動向を大きく規定することとなる。

Ⓑ永禄十二年の小田城攻略

すでに触れたような、武田氏の軍事行動をはじめとする諸勢力の動きと並行するような中で、上杉・後北条間に越相同盟の交渉は継続される。同盟に対する合意は永禄十二年閏五月に成立するのだが、その条件に関しては両氏の間で引き続いて調整が行われている。その緊迫した状況下の永禄十二年十一月に発生するのが、俗に「手這坂合戦」と呼ばれる合戦である。

この合戦については、小田氏側から太田資正の在城する片野城に攻撃をしかけたが、片野救援のため駆けつけた柿岡城の梶原政景と真壁城の真壁久幹の反撃によって小田氏は大敗して、結局本拠である小田城をも放棄せざるを得ない状況となって、土浦に敗走する状況が伝えられている。軍記類の諸本[128]もほぼ一致して小田氏治側からの攻撃とそれに対する佐竹氏側の反撃による敗戦を伝えており、その状況は次に掲げる佐竹義重の官途状とも一致する。

【史料30】

今度氏治北之郡被及行候之砌、真壁方被遂一戦、被得勝利処、各動奇特ニ候、依之官途任望候、仍如件

永禄十二年
霜月廿四日　　　　義重（花押）

江木戸内匠助殿[129]

この史料は、小田氏治の「北之郡」（茨城北郡、現在の八郷町一帯）に対する軍事行動に対して「真壁方」が「一戦」に及び、その勝利を得る上での働きを賞して、真壁氏の家臣である江木戸氏に対し「内匠助」の官途を義重が与えることを示す史料である。史料の文言にみられる通り、この合戦は、氏治の茨城北郡への、おそらくそこに所在する片野城への軍事行動を契機に発生したものと思われる。従って、軍記類の伝える通り、小田氏治が、まず片野城に攻撃を仕掛け、片野城の救援に駆けつけた真壁氏と梶原氏のために敗れた合戦で、氏治は、小田城に帰還することができずに土浦に敗走したものと考えてよいと思われる。そして、氏治の土浦への敗走によって手薄となった小田城を、対応して出兵した佐竹氏他の勢力が労せずに攻略する。長年の懸案であった小田城を攻略した佐竹氏らは、以後も小田占拠を続け、更に土浦の小田氏治への圧力を強化することとなる（氏治が翌元亀元年の二月に木田余城へ移動するのは、その圧力の影響と考えることができる）。

この一連の佐竹氏をはじめとする「東方之衆」の軍事行動（謙信はそのように事態を把握する）の中で注目できるのが、佐竹義重によって感状として官途状が発給されていることである。

表1　永禄12年11月佐竹義重発給の官途状

番	月　日	署判	宛所	書止文言	備考
①	12月24日	義重	真壁式部大輔	恐々謹言	真壁文書(『真壁町史』Ⅰ)
②	〃	義重	大関加賀守	仍如件	真壁文書(『真壁町史』Ⅰ)
③	〃	義重	江木戸内匠助	仍如件	榎戸文書(『真壁町史』Ⅱ)
④	〃	義重	桜井□□□	仍如件	桜井文書(『真壁町史』Ⅲ)
⑤	〃	義重	池田兵庫助	仍如件	集古文書(『真壁町史』Ⅳ)
⑥	11月28日	義重	小場上総介	恐々謹言	秋田藩家蔵文書24、前小屋文書

表1は、この時の官途状をまとめたものだが、③については史料30として提示している。史料30に示されるように、この時の官途状は、「真壁方」＝真壁氏の家臣にまで与えられており、②から⑤までの四通は、「真壁方」文言のみられる真壁氏家臣に宛てたものである。①は、真壁久幹の庶子義幹に宛てた文書であり、真壁氏への影響力の拡大を読み取ることができる。

永禄七年の攻略の際には上杉氏主導の攻略ということで、佐竹氏による軍功を賞する感状の類は管見の限り見受けられない。しかし、この十二年の攻略や手這坂の合戦に際しては、真壁氏の家臣を含めて発給が行われており、上杉氏主導から佐竹氏主導へと小田をめぐる軍事行動の質が変化していることがうかがえる。そして、攻略後には小田城をどう処置するかという問題も、同時に進行している越相同盟の交渉と相まって事態は収拾が難しい問題となっていく。

〔三〕 佐竹氏の小田支配と太田資正・梶原政景

Ⓐ太田資正・梶原政景父子と越相同盟交渉

前節でみたように佐竹氏等の「東方之衆」によって小田城は攻略されるのだが、その後に問題化してくるのは、太田資正・梶原政景父子の処遇問題である。太田父子は、扇谷上杉氏の家宰太田氏を出自に持ち、後北条氏の進出に対抗して本拠である岩付城を中心に武蔵において活動していた(130)。そして、上杉謙信の関東出兵に際しては、諸氏との連絡や軍事行動において活発な動きをみせ、上杉氏の関東経略において重要な役割を果たした。その結果、太田資正の次子に梶原氏の名跡継承を許されるのだが、しかし、後北条氏の巻き返しによって、その支城松山城を攻略されることとなり、ついに永禄七年には子の氏資によって資正は岩付城を放逐される。その後、宇都宮などに滞在した後、永禄九年前後に佐竹氏に寄寓して、梶原政景は柿岡城（八郷町）に、太田資正は片野城（同）に入っており、前述の手這坂合戦・小田城攻略において戦闘の当事者として活躍することになった。

このように上杉氏の関東進出において重要な役割を果たし、本領である岩付城を追われた太田父子の処遇は、越相同盟の交渉を進める謙信にとっても、関東の上杉方の信任を得るためにも等閑に付することができない問題であった。従って、謙信は、同盟の国分交渉において父子の岩付復帰とその支城松山城の引き渡しを強硬に後北条氏に要求することとなる。これに対して、後北条氏は、資正の度重なる後北条氏への対抗や現実の状態を理由に難色を示す。しかし、武田氏の攻勢もあって、永禄十三年二月段階では子の政景を小田原城に人質に出すことと謙信の西上野の武田方への早期の攻撃を条件に承諾することとなり、「一、岩付之儀、於佐陣可渡進由候」とその承諾の意を起請文に表している[131]。従って、同盟の机上の交渉では、武田氏への攻撃を条件としながらも、一応太田資正の岩付復帰は実現することとなる。それを見通して謙信は、すでに永禄十二年十月末段階で「其方父子倉内江被越、片野江帰用意候様ニ者成間敷候、一度ニ人数召連、沖中江之供幷岩付・松山之仕置おも申付様ニ尤候[132]」と岩付復帰を視野に入れた資正父子の上野出張を求めている。

これに対して、同時期に太田父子のいる常陸で起こったのが、小田氏治による片野城攻撃であり、それに対する反撃としての小田城攻略であった[133]。小田氏治による軍事行動自体は、おそらく後北条氏との連絡のない、氏治自身の判断による攻撃であったと思われるが[134]、同盟の交渉に対し、おそらく最初から批判的な視点でみていたと思われる佐竹氏他の「東方之衆」よりみれば、この氏治の軍事行動自体が同盟やそれ以後の情勢の見通しに対しての態度を決める決定的な契機になったと思われる。以後、再三にわたる謙信の参陣要請に対して、「東方之衆」は黙殺しないまでも、沈黙することとなる。これに対して謙信は、岩付接収実現のために上野に着陣したものの、「東方之味方中、輝虎方へ手合候者、一人も無之候[135]」という状態で、再三再四にわたって太田父子・佐竹氏の同陣を求め続けるが、結局のところ参陣がないため、永禄十三年三月段階で岩付接収を断念することとなり、自らの内意を伝えた書簡を「東方之衆」に対して「ひろげ物」になした資正に対して「偏美濃守事者、天罰者ニ而候[136]」と言い放ち、越後へ帰還する。

このような形で謙信が岩付接収を断念すると、それと共に決定することになったのが、太田資正の小田在城であった。攻略した小田城に誰が「物主」として入城するかという問題は、永禄十三年の正月段階でも未決定であったことが、「小田ニ誰越代官指置候共、仕置等惣別彼奏者之事、十郎方忠信之上、別止不可有之候[137]」という義重の書状の文言よりもわかる。そして、資正の小田入城は、参陣を渋る資正に対して謙信が「本意をハ相捨、片野・小田ニ可有之與、覚悟見得候者[138]」と文書の中で述べていることから、十二年十二月前後の早い段階から謙信にあるいは打診されていたようで、これに対して岩付接収に固執する謙信は反発していたと思われる。従って、太田資正を攻略した小田城に入城させるか、同盟交渉の成果として岩付城に復帰させるかという二者択一の交渉が、謙信と「東方之衆」の間の水面下で行われていたことになる。この謙信と諸将の間の意向の対立は、岩付城に同盟交渉の中で復帰できたとしても果たしてそれを維持できるかという、資正や「東方之衆」と謙信の状況認識の差であったと思われる。おそらく後北条氏に直接対峙し続けている資正や「東方之衆」にとって、同盟の交渉によって岩付城復帰が実現しても、後北条氏の進出の前にはその維持は困難であると一致して認識するところであったと思われ、その点、越後を本拠として従来の公方・管領体制に依拠して関東問題を考える謙信と、認識を別にしたものと思われる[139]。従って、資正の小田入城を求める「東方之衆」と岩付復帰を推し進める謙信の意向は一致せず、史料的には資正の小田入城が確認できるのは五月段階ではあるが、[140]ほぼ謙信の岩付接収断念と共に資正の小田入城は決定することになったと思われる。従って、国分交渉を熱心に進めた越相同盟の交渉も、岩付・松山還付の問題に関しては資正自身や「東方之衆」の意向もあって還付は失敗することとなったのである。

Ⓑ永禄十二年の小田城攻略の意義

今までみてきたように、小田城をめぐる永禄期の攻防戦は永禄十二年十一月の攻略に至るまで、一貫して関東全体をめぐる政治情勢と深く結びついて展開されてきた。そして、攻略後も、越相同盟の問題と大きく関わりを持つ太田資正が入城するなど、より広範囲にわたる政治的な背景の下に規定されていた。このことは、小田攻略が潜在的には常陸内部と下野東部での佐竹氏の勢力拡大が前提となるとはいえ、従来の常陸南部への佐竹氏の進出という評価のような単純な図式の下に行われたものではなく、より大きな政治状況の下で行われたことを示している。その意味で、小田城をめぐる攻防戦が一つの転換期を迎え、小田氏の支配を離れる画期となる永禄十二年の攻略が、関東の政治情勢の画期となる越相同盟の交渉の推移の中で行われたことは重要な意味を持つものと思われる。

越相同盟の政治的な評価としては、すでに佐藤博信氏によって鎌倉府体制の系譜を引く公方・管領体制を文字通り形骸化して止揚するものであり、これによって関東の政治情勢を新たな段階へ移行させたものという評価がなされている。[141]小田城をめぐる問題は、この全体的な評価自身に大きく影響を与えるものではないが、注目されていなかった東関東をめぐる問題に大きく越相同盟の問題が関わっていることを示している。同盟以前は、様々な個々の利害をはらみながら、公方・管領体制という前代以来の体制に依拠した支配を標榜する後北条氏・上杉氏という勢力に属して自らの勢力の拡大や保全を図ってきた東関東の諸勢力が、同盟に至って「東方之衆」というまとまりを持ちながら、独自の政治的判断を下すに至るのである。その意味で、彼ら東関東の諸勢力も、独自の戦国期的な展開を計り始めたことを示している。従って、越相同盟は、東関東においても旧来の体制に依拠する状況を、打破する一つの契機となっていたと解釈することができる。

その中で注目できるのが、諸勢力の中で主体性を持った佐竹氏の動きである。佐竹氏は、東関東の有力な勢力として、「東方之衆」の中でも最も積極的に上杉氏の軍事行動の関わってきたといってよいが、当初その立場は、単に有力な勢力としての限定されたものにすぎなかったと思われる。しかし、永禄十二年の小田城攻略の際には、「東方之衆」の一員である真壁氏の庶子や家臣へも感状や官途状を発給しており、単なる連合勢力の有力者としての立場から、公的な意味を持つ文書を発給できる立場へ、その立場を変化させていることが理解できる。太田資正父子の問題に対する立場も、繰り返し謙信から父子と共に義重の参陣を求められていることからわかるように、義重が父子の進退に大きく影響力を持っていたことを示している。従って、父子の去就は、義重の意向と不可分であったと思われ、その意味で、父子の不参と小田在城は、義重の岩付接収への反対の意向を意味している。また、義重のこの意向は、他の諸氏に支持されたものと思われる。このように、義重は主体的な判断の下に小田城の攻略と維持を行い、その判断が周辺領主層によって支持され、かつその攻略の際の軍忠を評価する立場に、その立場を変化させているのである。この段階で佐竹氏は単なる「東方之衆」中の有力豪族から、常陸・下野東部の領主層の指導者的存在へ転化を遂げつつあったことをうかがうことができるのである。このように、佐竹氏は、後北条氏に対抗する「東方之衆」の利害を保証する立場に転化しつつあったのであり、次第にその立場を強固なものとしていく(142)。従って、永禄十二年十一月に行われた小田進出は、東関東の諸勢力が、佐竹氏を核とする連合勢力の形成へ向かう一つの画期となったと評価することができるのであり、その意味で、佐竹氏の戦国期権力としての展開の画期であるととらえることができる。

また佐竹氏の常陸南部・下野東部への影響力拡大において、謙信との共同の軍事行動が寄与した面を指摘することができる。謙信の軍事行動に参加することは、他の諸氏との共同した軍事行動を意味する。たとえば、佐竹氏によって真壁氏の庶子である義幹への一字書出が永禄四年二月[143]に、茂木氏の庶子への一字書出が永禄九年二月に行われる[144]。両氏への一字書出は、時期的にみれば、前者は謙信最初の越山、後者は小田城攻撃といったように謙信の軍事行動と符合するのであり、当然その行動を契機に行われたことを想定できる。史料28にみられるように東林寺から上杉氏の旗本の奉行と共に佐竹氏にも制札発給が求められていることからも、上杉方における佐竹氏の果たした役割の大きさ、独立性が予想できる。その佐竹氏の実力を踏まえれば、上杉方として軍事行動を行っていく中で、諸氏が佐竹氏と行動を共にし、その間に次第に両者が接近していったことを想定することができる。従って、上杉氏との共同の軍事行動を契機として、佐竹氏を中心とする連合勢力の形成が行われていった側面も見逃すことはできない事実である。

小　括

以上のように三節に分けて佐竹氏の十五世紀末から十六世紀にかけての展開をみてきた。第一節では、「佐竹の乱」といわれる内紛について検討を加え、十六世紀初頭の佐竹義舜の太田城復帰の意味を考えた。それをまとめてみると、①「佐竹の乱」という一族の相剋は、京の室町幕府・鎌倉の鎌倉府、後には古河公方という佐竹氏の上部権力の対立に密接に結びついて発生して展開していたこと、②十五世紀末の義舜と山入氏の対立の際に調停が行われた明応の和議とは、おそらく古河公方の意を受けるような形で行われた山入氏孤立策であったこと、またその背景には、都鄙和睦を受けた上部権力の対立の止揚があったこと、③義舜の太田城復帰によって佐竹宗家の佐竹氏における屋形としての地位が確立し、戦国期権力への道が開かれたこと等を、確認することができた。

また、佐竹氏が室町期に得ていた常陸守護職は、乱の中で、便宜的ともいってよい佐竹義憲・山入祐義への半国守護職補任にみられるように、形骸的な意味にとどまるものであり、佐竹氏は、関東八屋形の地位を戦国期権力化の出発点とすることを確認できた。

第二節においては、永正期における佐竹氏の下野出兵について検討を加えた。それをまとめてみると、①永正八・九年段階に佐竹氏は那須地方に出兵しており、それは様々な要因をはらみつつ足利政氏方の行動として行われたこと、②それ以降の出兵の繰り返しの中で陸奥国依上保に着実に勢力を浸透させていき、その際に行った知行充行に執達文言がみられる文書があり、政氏の権威を十分に意識した行動であったこと、③義舜の政氏方としての行動に対し、(額田・石神)小野崎氏や江戸氏といった常陸北部の有力国人層は高基方として行動していたこと、④自立性の高い一族や国人層の動きの中で、佐竹氏は、天文期に久慈川流域の一族が加担した「部垂の乱」を克服し、その常陸北部における権力基盤を確立すること等を確認できた。

第一・二節の検討を受けて考えられることは、東国における領主層の戦国期的な展開を考える上で古河公方権力が重視されなければならないことであった。領主層が戦国期権力へと展開を遂げていくことを考えていくためには、南北朝期以降関東全体にわたる政治秩序を幕府と共に形成させていた鎌倉公方家・古河公方家の権威をどう克服していくかという問題が、極めて大きな意味を持つと思われる。その意味で永正前後の時期は、たとえば佐竹宗家による山入氏の滅亡、小峰氏と白川氏の対立、上下那須の一統と、ある意味で鎌倉府や室町幕府によって存在を支持されていた有力一族と一族の宗家が対立を鮮明にさせる時期にあたり、その克服によって戦国期への展開が規定されてくる時期にあたっている。その克服の過程を、内的な状況にのみ注目するのではなく、上部権力や周辺勢力との関わりに着目してとらえ直す必要があるように思われてならない。

そして、また指摘しなければならないのが、一族内部の相剋・権力の確立が、直接的に上部権力との関係を克服・止揚するものではなく、領主層の相互ないし内部の相剋と結びついて古河公方家自身の分裂・相剋が以後も展開されることである。そのために、永正期以降も、古河公方の権威に着目して分析する必要があると指摘することができる。

第三節では、永禄における常陸国小田城をめぐる攻防とその意味について検討してきた。その中で、確認できたこととしては、①永禄七年の小田城攻略は、関東管領の立場で軍事行動を行う上杉謙信の主導の下に行われ、佐竹氏等の東関東の諸勢力の協力の下に実現したこと、②永禄十二年の小田城攻略に関しては、佐竹氏を中心とする連合勢力によって行われ維持されたこと、また③その攻略と時期を同じくして越相同盟の国分交渉が行われており、その一つの焦点であった太田資正・梶原政景父子への岩付還付問題は、謙信と父子の意向の対立、ひいては謙信と佐竹義重を中心とする連合勢力の意向の対立によって実現しなかったこと、越相同盟の成立が東関東においても「東方之衆」等にとって公方・管領体制からの離脱を意味したと考えられることなどがあげられる。そして、何よりも攻略における官途状の発給や太田父子の処遇問題にみられるように、佐竹氏は、小田城の攻防や越相同盟をめぐる問題をへることによって常陸国から下野国東部にかけて蟠踞する「東方之衆」の盟主的存在に転化すること等を確認することができた。

それらのことから考えられるのは、戦国期権力として常陸南部・下野に勢力を拡大していた佐竹氏が、永禄年間の末の越相同盟やそれに前後する軍事行動の中で公方・管領体制からの自立を遂げ、「東方之衆」の盟主としての地位を固め、東関東に独自の勢力圏を形成するに至ることである。佐竹氏にとっては、公方・管領体制、古河公方権力からの自立が勢力圏の形成を意味したのであった。しかし、「東方之衆」と呼ばれる領主層の結合関係は、同盟関係を基軸とした連合勢力という性格を持つものであり、いわば反北条氏などの共通の利害を共にする集団安全保障体制を意味するものであった。その保障体制は、天正六年（一五七八）の小川台合戦、同十二年の沼尻合戦といった中で機能し、強化されるのだが、領主層相互の利害矛盾を内包しており、必ずしも強固な同盟関係によって結ばれたものではなかった。

そのため、その盟主的存在として位置づけをされながら、佐竹氏と他の領主層の関係は、各領主層の領主権に踏み込むものではなく、室町期の東国社会の秩序に基づく関係が継承されたものであった。そのため、宇都宮・那須・小山・結城といった佐竹氏と室町期に同格であった領主層には対等で、壬生・皆川・芳賀氏といった格下の領主層にも丁重な礼をもって関係が持たれていた。その中には、天正後期に入ると義重のことを「屋形様」[145]と呼ぶ存在もみられるようになるが、基本的には佐竹氏は、「東方之衆」という対北条氏の集団安全保障体制の盟主という立場を立脚点として、その体制下の領主層への影響力を強め、その中で自らの権力に領主層を組み込む形で、常陸・下野・陸奥にまたがる権力の確立をめざしていくことになったのである。

(1)「佐竹の乱」に関する先行研究は、意外にみられず、専論としては志田諄一「佐竹氏の領国経営」(『歴史手帖』一〇巻三号、一九八二年)や佐々木銀弥「常陸・下総における戦国のはじまり」(『茨城県史』中世編、第四章第一節)がみられるぐらいで、他に「佐竹の乱」を中心に扱った訳ではないが、藤木久志「江戸氏の水戸地方支配」(『水戸市史』上巻、第八章、一九六三年)が、先駆的業績としてあげられる。

(2)市村高男「戦国期常陸佐竹氏の領域支配とその特質」(『戦国期東国の都市と権力』所収、思文閣出版、一九九四年)。

(3)『大日本史料』第六編之八所載康永四年八月二十九日条参照。

(4)田辺久子「京都扶持衆に関する一考察」(『三浦古文化』一六号、一九七四年)。

(5)『新編常陸国誌』参照。

(6)秋田藩家蔵文書七、大山義次文書(『茨城県史料』中世編Ⅳ所収。以下、『茨県』Ⅳと略す。また、秋田藩家蔵文書は家蔵と略す)。

(7)「関東の動乱」(『茨城県史』中世編、第三章第三節)参照。

(8)「長倉追罰記」(『続群書類従』第二一輯下所収)。

(9)「義人家譜」応永十五年六月条（『佐竹家譜』上所収）参照。

(10)市村高男「鎌倉公方と東国守護」（『歴史公論』八一号、一九八一年）参照。

(11)佐藤博信「鎌倉府論ノート」（『中世東国史の研究』所収、一九八八年、のち同『中世東国の支配構造』所収、一九八九年）。

(12)渡辺世祐『関東中心足利時代之研究』参照。

(13)応永二十四年四月二十六日付飯野光隆軍忠状（『史料纂集飯野八幡宮文書』所収）。

(14)「喜連川判鑑」（『続群書類従』第五輯上所収）参照。

(15)前掲渡辺『関東中心足利時代之研究』参照。

(16)応永三十年三月日付烟田幹胤軍忠状写（水府志料所収文書『茨県』Ⅱ所収）。

(17)「義人家譜」応永二十九年閏十月十三日条（『佐竹家譜』上所収）参照。

(18)応永三十年三月日付鳥名木國義軍忠状（鳥名木文書『茨県』Ⅰ所収）・前掲烟田幹胤軍忠状写参照。

(19)『続群書類従』補遺一上所収。

(20)満済は、山入与義の自害の報に接した足利義持の意向として「佐竹上総入道為関東沙汰被誅也云々、言語道断、楚忽沙汰歟由被仰」と記している（「満済准后日記」応永二十九年十一月二日条『続群書類従』補遺一上所収）。

(21)応永二十五年十月十二日条（同右所収）。

(22)前掲渡辺『関東中心足利時代之研究』所収。

(23)応永三十年七月十日付室町将軍家御教書（市河文書『茨県』Ⅴ所収）。

(24)「看聞日記」応永三十年八月二十日条（『続群書類従』補遺二上所収）。

(25)「足利将軍御内書幷奉書留」（桑山浩然『室町幕府関係引付史料の研究』所収、東京大学史料編纂所、一九八九年）。

(26)「喜連川判鑑」（『続群書類従』第五輯上所収）。

(27)室町将軍家御内書（「足利将軍御教書幷奉書留」前掲渡辺『関東中心足利時代之研究』所収）。

(28)足利持氏御教書（結城家文書『白河市史』五所収）。

(29)同日付足利持氏御教書（東京大学白河文書、同右所収）参照。しかし、罰文を差し出して和解を求めた状況を考えると、史料Eの充行の実効性は弱いものと思われる。持氏が罰文を幕府に差し出したことは、応永三十二年二月七日付義持御教書（「足利将軍御内書幷奉書留」前掲桑山『室町幕府関係引付史料の研究』所収）で山入氏に伝達されている。

(30) 応永三十二年閏六月十一日条「満済准后日記」（『続群書類従』補遺一上所収）。

(31) 応永三十二年七月五日条「満済准后日記」（同右所収）。

(32) 正長元年八月十一日付足利持氏御教書（家蔵七、大山義次文書『茨県』Ⅳ所収）。

(33) 佐竹宗家と対立する中で山入氏は「山入一揆」を結成して対抗したという伝承があるが、これについては一次史料で確認できないことから、本稿では取り上げないこととした。

(34) 佐藤博信『古河公方足利氏の研究』（校倉書房、一九八九年）参照。

(35) 室町将軍家御内書（上杉家文書『茨県』Ⅴ所収）。

(36) 嘉吉元年六月二十六日付細川持之書状（井口文書『小山市史』史料編中世所収）・同日付細川持之書状写（「足利将軍御内書幷奉書留」『群馬県史』資料編7所収）。

(37) 室町将軍家御内書（「足利将軍御教書幷奉書留」前掲渡辺『関東中心足利時代之研究』所収）。

(38) 細川持之書状写（本願寺文書『栃木県史』史料編中世四所収）。

(39) 佐藤博信「十五世紀中葉の常陸佐竹氏の動向」（『続中世東国の支配構造』所収、思文閣出版、一九九六年）参照。

(40) 前掲渡辺『関東中心足利時代之研究』参照。

(41) 「主なき鎌倉府」（『神奈川県史』通史編1、第三編第三章第三節）参照。

(42) 前掲佐藤註(39)論文・新田英治「中世文献調査報告(一)」（『茨城県史研究』五一号、一九八三年）参照。

(43) 「義俊家譜」（『佐竹家譜』所収）参照。

(44) 前掲渡辺『関東中心足利時代之研究』参照

(45) 「御内書案」（『続群書類従』第二三輯下所収）。

(46) 同右。

(47) 史料11の宛所下の注は、誤記と思われる。

(48) 「御内書案」（『続群書類従』第二三輯下所収）。

(49)（長禄四年）四月二十八日付室町将軍家御内書「御内書案」（『続群書類従』第二三輯下所収）。
(50)前掲佐藤註(39)論文参照。
(51)八月十六日付足利成氏判物写（家蔵七、大山義次家文書『茨県』Ⅳ所収）。
(52)『佐竹家譜』等参照。
(53)阿保文書（『茨県』Ⅳ所収）。他に「佐竹大系纂」でも同様の記載がみられる。
(54)前掲藤木註(1)論文参照。
(55)（明応二年）十月八日付山入氏義起請文写（家蔵十、岡本元朝文書『茨県』Ⅳ所収）。
(56)同右。
(57)（明応三年）八月十六日付小野崎朝通・親通起請文写（家蔵十、岡本元朝文書『茨県』Ⅳ所収）・同日付江戸通雅起請文写（同所収）。
(58)すべて家蔵十、岡本元朝文書（『茨県』Ⅳ所収）。写真版よりの補訂を行った。
(59)こういった文書の記載の重複する部分は誤記と思われるものも含めて十二か所存在する。
(60)たとえば『水戸市史』四六〇頁参照。
(61)家蔵十、岡本元朝文書（『茨県』Ⅳ所収）。
(62)旧稿発表後、市村高男氏から史料13に合点が付されているものと付されていない文言があり、確定された文書とはいえないのではないかとの指摘を受けた。そのため、指摘の趣旨を受け入れて叙述の変更を加えた。しかし、他の史料に比べて史料13が作成段階を異にすることは明らかであり、確定作業の最終段階で作られた文書と思われるため、分析については以前の叙述を継承した。
(63)前掲藤木註(1)論文参照。
(64)藤木久志「戦国法の形成過程」（『戦国社会史論』所収、東京大学出版会、一九七四年）参照。
(65)（文明十年）十二月七日付足利成氏書状（那須文書『栃木県史』史料編中世一所収）。
(66)考えられる変化とすれば、山内上杉氏と扇谷上杉氏の対立という長享の大乱の過程の中か、あるいは足利義澄の将軍就任による関東政策の変化を想定できる。

(67) そのように考えれば、岡本氏が岩城氏の家臣という立場にとどまるだけでなく、外交交渉の担い手として佐竹氏に後に積極的に関わってくることも頷けるのである。

(68) この入城に関しては、伝承としては山入氏の攻撃に追いつめられた義舜の苦難の籠城として伝えられている（『佐竹家譜』等）が、すでに触れたように義俊・実定抗争の際にも状況が好転しつつあった時期に金砂の近接地の大門入城が行われていたことや、孫根城の位置や山入氏の本拠である国安城と太田城に対する立地条件を考えると、一概に義舜に不利な状況であったとは思われず、むしろ佐竹宗家による軍事的な圧迫の強化に対する山入氏の抵抗ととらえた方が整合的であろう。そのように考えると、義舜の苦難話として伝えられる金砂籠城とは、対外的にも孤立感を深めつつあった山入氏の最後の軍事的な反撃であったと考えることができるのである。

(69) 七月十九日付佐竹義舜書状（那須文書『栃木県史』史料編中世二所収）。

(70) 守護としての佐竹氏に関する研究は、佐藤進一「常陸」（『室町幕府守護制度の研究』上所収、東京大学出版会、一九六七年）・松本一夫「常陸国における守護及び旧族領主の存在形態」（『国史学』一四〇号、一九九〇年）・新田英治「中世後期の東国守護をめぐる二・三の問題」（『学習院大学文学部研究年報』四〇輯、一九九四年）等があげられるが、共に畿内近国におけるような守護領国支配を指摘するものはない。

(71) 市村高男「京都将軍と鎌倉公方」（『古文書の語る日本史4　南北朝・室町』所収、筑摩書房、一九九〇年）参照。

(72) この点に関しては、鎌倉府体制の分析の深化と常陸・下野等の守護の室町期的なあり方への研究の深化が望まれ、課題としたいと考える。

(73) （寛正四年十二月二十六日）付足利義政御内書（「御内書案」『続群書類従』第二三輯下所収）。

(74) 小野崎父子・江戸父子連署起請文写（家蔵十、岡本元朝文書『茨県』Ⅳ所収）。

(75) 佐藤博信「東国における永正期の内乱について」（前掲佐藤『続中世東国の支配構造』所収）。

(76) 家蔵十五、石井蔵人文書（『茨県』Ⅳ所収）。

(77) 家蔵八、石井宇内文書（同右所収）。

(78) たとえば宇都宮竹林合戦の直後の九月十七日付の書状（家蔵十、岡本元朝文書『茨県』Ⅳ所収）に「佐竹・岩城出陣相急候由」という文言がある。

(79)　永正九年四月吉日付盛頼知行充行状写（家蔵八、野上正右衛門文書『茨県』Ⅳ所収）。
(80)　家蔵十五、石井縫殿助文書（『茨県』Ⅳ所収）。
(81)　永正九年の出兵については吉田正幸氏が「永正期における宇都宮氏の動向」（『地方史研究』二〇五号、一九八七年）においてすでに指摘している。
(82)　茂木文書（『茨県』Ⅴ所収）。
(83)　康正二年四月一日付宇都宮等綱去状（東京大学白川文書『白河市史』五巻所収）。
(84)　『福島県史』1巻参照。
(85)　年欠十月二十五日付足利政氏書状（熱海白川文書『白河市史』五巻所収）。
(86)　『新編常陸国誌』参照。
(87)　國學院大學白河結城文書（『白河市史』五巻所収）。
(88)　家蔵四八、簗綱光文書（『茨県』Ⅴ所収）。
(89)　（永正十一年）四月二十三日付足利高基書状（伊達家文書『福島県史』七巻所収）・（永正十一年）七月二十八日付宇都宮忠綱書状（同所収）。
(90)　家蔵文書八、石井宇内文書（『茨県』Ⅳ所収）。
(91)　永正九年三月二十七日付義舜知行充行状写（家蔵十五、石井縫殿助文書、同右所収）。
(92)　佐竹氏全体でも極めて珍しいといってよく、知行充行状では義舜の子義篤の永正十七年四月二十六日付の知行充行状（家蔵四五、田中清次文書『茨県』Ⅴ所収）以外みられない。なお佐竹氏の知行充行状については、不十分ながら拙稿「戦国期佐竹氏の支配の一断面」（『日立史苑』五号、一九九二年）で検討を行った。
(93)　同時期に執達文言のない知行充行状も存在し、その有無の意味については慎重な検討が必要であろうと思われるが、とりあえず思いつく解釈としては、執達文言のある充行状を受けた存在がいまだ佐竹氏の家臣化していない存在であり、そのために公方の権威を借りる必要があったのではないかと考えられる。しかし、何をもって家臣化を判断するのか等、再検討が必要である。
(94)　小田部文書（『栃木県史』中世二所収）。

(95)『新編　日立市史』上・中世、第四章第二節「佐竹氏の内紛と小野崎氏の台頭」（関周一氏執筆部分）参照。
(96)佐藤博信氏は、前掲論文において宇都宮錯乱自体に政氏の意志の存在を推測されている。
(97)二月十九日付足利高基感状（阿保文書『茨県』Ⅳ所収）。
(98)前掲市村註(2)論文・今泉徹「戦国期佐竹氏の権力確立と鹿島神宮」（『戦国織豊期の社会と儀礼』所収、吉川弘文館、二〇〇六年）も、この点についてはすでに指摘を行っている。
(99)前掲藤木註(1)論文。
(100)前掲市村註(2)論文参照。
(101)宇留野氏は、茨城県常陸大宮市宇留野を本拠とし、小場氏は、常陸大宮市小場を本拠とする。
(102)高久氏は、茨城県城里町高久城を本拠とした。
(103)天文九年六月十四日付室町幕府御内書案（「室町家御内書案　下」『改訂史籍集覧』二七所収）、『歴名土代』（続群書類従完成会、一九九六年）参照。
(104)拙稿「秋田県公文書館所蔵『古本佐竹系図』に関する一考察」参照。
(105)羽下徳彦「室町幕府侍所頭人付山城国守護補任沿革考証稿」（『東洋大学紀要』文学部篇一六集）参照。
(106)前掲藤木註(1)論文。
(107)「戦国時代の小田氏」（『筑波町史』上巻、第2編第2章第3節、一九八九年）・藤木久志『雑兵たちの戦場』（朝日新聞社、一九九五年）。
(108)井上鋭夫『上杉謙信』・佐藤博信「越後上杉謙信と関東進出」（『戦国の兵士と農民』角川書店、一九七八年）。
(109)（永禄三年）卯月二十八日付長尾景虎書状（福王寺文書『越佐史料』四所収）。
(110)永禄七年八月四日付藤原景虎披露状写（歴代古案『茨県』Ⅴ所収）に小田原攻撃中の事項に「小田原之地其外在々所々屋舎無一宇焼払、内々敵陣可附落居分候処、佐竹・小田・宇都宮以下押而意見之旨候間、任其儀相究公私」とあり、佐竹・小田・宇都宮氏が小田原城攻撃に参加していることがわかる。また黒田基樹「常陸小田氏治の基礎的研究」（『国史学』一六六号、一九九八年）参照。
(111)「後北条氏の武蔵支配」（『新編埼玉県史』通史編2中世所収）。

(112) 前掲黒田註(110)論文参照。
(113) この段階における小田氏の動きは、後北条氏への帰属という評価にとどまるものとは思われない。小田氏自身による戦国期権力としての展開を期しての、義氏―氏康による公方―管領体制への帰属であったと思われる。
(114) 永禄六年四月六日付小田氏治官途状写（家蔵四八、益戸秀乗文書『茨県』Ⅴ所収）。
(115) 本書第二章第二節参照。
(116) 由良成繁判物（長林寺文書『茨県』Ⅵ所収）。なお河田長親の発給した制札は現存する。「義昭御制札」自身は現存しないが、『龍ヶ崎市史』中世史料編には、この制札のものとみられる包紙は現在も伝存されているとある。
(117) 「烟田旧記」（『鉾田町史　中世史料編』烟田氏史料）・「和光院和漢合運」（『牛久市史料』中世編Ⅱ）・「明光院記」（「筑南年譜」同所収）等参照。
(118) 歴代古案（『群馬県史』資料編7所収）。
(119) この知行充行については、栗原修が、「北条高広と佐竹氏・後北条氏」（『戦国史研究』三三号、一九九七年）で見解を述べている。なお北条高広の花押と佐竹義斯のE型花押・真壁氏幹の花押は酷似する（本書第二章第二節参照）。
(120) 前掲「烟田旧記」・「和光院和漢合運」参照。
(121) （永禄九年）二月二十一日付良舜書状（上杉家文書『茨県』Ⅴ所収）。拙稿「一通の上杉輝虎書状写」（『戦国史研究』四五号、二〇〇三年）参照。また前後の状況から考えて、太田資正・梶原政景父子の片野・柿岡入城はこの時期に実現したものと思われる（前掲「烟田旧記」参照）。
(122) （永禄十年）九月二十七日付謙信書状（上杉家文書『茨県』Ⅴ所収）参照。
(123) 井上鋭夫『上杉謙信』（人物往来社、一九六六年）・前掲佐藤註(108)論文・佐藤博信「戦国期における東国国家論の一視点」（『一九七九年度歴史学研究別冊』一九七九年）・藤木久志「戦国大名の和与と国分」（『月刊百科』二四八、一九八三年）・岩沢愿彦「越相一和について」（『郷土神奈川』一四、一九八四年）・新井浩文「永禄十二年の越相一和に関する一考察」（『駒沢史学』三九・四〇合併号、一九八八年）・市村高男「越相同盟の成立とその歴史的意義」（『戦国期東国社会論』所収、一九九〇年）参照。
(124) （永禄十二年）二月五日付多賀谷祥聯書状（上杉家文書『茨県』Ⅴ所収）・同年二月十一日付太田資正書状、東京山吉文書（『新編埼玉県史』資料編6）。
(125) 前掲佐藤註(75)論文参照。
(126) （永禄十二年）閏五月六日付小田氏治書状（那須文書『茨県』Ⅵ所収）。正月段階に予定された「初夏之調儀」にあたると考えられる。
(127) （永禄十二年）閏五月十七日付河井堅忠・小貫頼安連署書状（上杉家文書『茨県』Ⅴ所収）。
(128) 代表的なものとして「小田天庵記」（『牛久市史料』）・「奥羽・永慶軍記」（『史籍集覧』）があげられる。
(129) 榎戸克弥家文書（『真壁町史料』中世編Ⅱ所収）。
(130) 『岩槻市史』第四章第三節参照。
(131) 永禄十三年二月十八日付北条氏康・氏政起請文（上杉家文書『茨県』Ⅴ所収）・永禄十三年二月六日付遠山康光書状（上杉家文書『群馬県史』資料編7所収）。
(132) （永禄十二年）十月廿八日付上杉輝虎書状写（太田文書『栃木県史』史料編中世三所収）。
(133) 同盟の交渉では、この小田城攻略については、永禄十二年の後半のものと推測される年月日欠の北条氏政条書写（歴代古案『茨県』Ⅴ所収）に「小田・佐竹御調之事」とあり、一度は交渉の俎上にのせられたと考えられるが、以後は関係文書から小田問題に関することは見受けられなくなる。
(134) すでに註で触れたように同盟の交渉の埒外に置かれたことを考えれば、後北条氏と連絡はなかったと思われる。
(135) （永禄十二年）十二月一日付上杉輝虎書状写（歴代古案『茨県』Ⅴ所収）。
(136) （永禄十三年）三月九日付上杉輝虎書状（上杉神社文書『新編埼玉県史』資料編6）。
(137) （永禄十三年）正月十二日付義重書状写（家蔵七、大山義次文書『茨県』Ⅳ所収）。
(138) （永禄十二年）十二月一日付上杉輝虎書状写（歴代古案『茨県』Ⅴ所収）。
(139) それに対して、佐竹氏は、すでに武田氏との接触を同盟交渉の以前より持っており、後北条氏への対応については、謙信とははっきりとした差がみられる。
(140) （永禄十三年）五月二十六日付相馬治胤書状写（武州文書『古河市史』資料中世編）・（同年）五月二十七日付義重書状写（家蔵二十、赤坂光康文書『茨県』Ⅳ所収）。

（141）前掲佐藤註（123）論文。

（142）その意味で、「東方」という史料的な表現に、越相同盟以降、単独に佐竹氏を指すものが表れてくることは注目できる事実である（荒川善夫「戦国期東国政治史考察の一視点」『千葉史学』二二号、一九九二年）。

（143）永禄四年二月十六日付佐竹義昭一字状（真壁文書『真壁町史料』中世編Ⅰ所収）。

（144）永禄九年二月十日付佐竹義重一字状写（家蔵一四、茂木一郎右衛門家文書『茨県』Ⅳ所収）。

（145）年未詳三月二十五日付芳賀高継書状写（小田部庄右衛門氏所蔵文書『真岡市史』第二巻所収）。

第二章　佐竹氏の権力構造と三家の活動

はじめに

戦国期権力において一族衆の広範な活動がみられたことは、毛利氏における吉川・小早川両氏の例を引くまでもなく、広く知られた事実である。しかし、一族衆がその権力においてどのような役割を果したのかという点については、その活動に比べて十分な分析が行われているとはいい難いように思われる。一族衆の活動は、近世に入って領主権力の支配体制が安定化すると共に、その藩政における影響力はしばしば垣間見えるものの、次第に政治の表舞台から姿を消すことになる。その点に注目すれば、一族衆の表立った活動がみられること自体が戦国期の権力の一つの特質と考えることができる。その意味で、一族衆の活動を戦国期権力の権力構造においてとらえ直すことは、戦国期の権力が抱えていた固有の問題を解き明かす端緒となりうると考える。

戦国期に佐竹氏は、「三家」と呼ばれる分流を創出し、彼らを内政や外交に関与させることによって支配を展開していた。しかし、佐竹氏の研究の中で[1]、「三家」の活動の分析やその佐竹氏全体の権力構造への位置づけもいまだ十分に行われていないのが現状である。佐竹氏研究の中で重要な意義を持つ市村高男氏の研究も[2]、「三家」の活動については「宗家」を支える存在であることへの指摘や、その活動の整理にとどまっている。佐竹氏は、十五世紀から十六世紀にかけて長期にわたる一族内紛を経験している。「三家」は、その克服の直後から個々の家

佐竹三家略系図

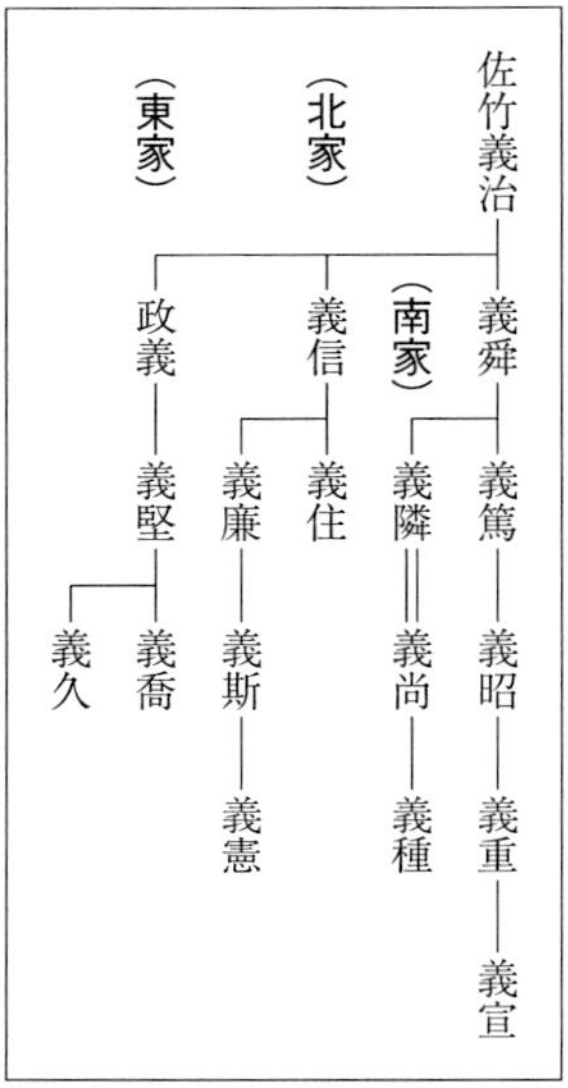

が成立していく。そのことは、「宗家」が内紛克服後に何らかの権力構造や権力編成の必要上に「三家」を利用して自らの権威や勢力を保全することを意図して庶子家を創出したことを予想させるものである。そのため、「宗家」の支配に関与する「三家」の活動を分析して位置付けていくことは、佐竹氏が彼らの活動を通じてどのような権力編成を行っていこうとしたのか、家臣層を掌握していこうとしたかという問題を明らかにすることにつながるものと思われる。本章では、戦国期の佐竹氏の権力構造を明らかにする上で重要な意味を持つ「三家」の活動の分析を行い、「宗家」や他の家臣層との相関関係の中に位置づけることを試みてみたいと思う。その中で、佐竹氏が内包した権力編成・権力構造の特質を明らかにしたい。

　第一節では、「三家」のうちでも、とくに東家の義久《よしひさ》を対象に分析を行う。義久は、戦国末期の元亀三年（一五七二）頃に兄義喬の跡を受けて活動を開始し、白川・蘆名氏等との対立から和睦、更に伊達政宗との対決といった急速な情勢の展開をみせる南奥にあって佐竹氏勢力の指導的な役割を果たしていた。義久が担当した南奥は、戦国期において佐竹氏が安定的な領主支配を拡大できた唯一の地域であり、その支配を担当した義久の活動を分析することは「三家」の活動の特質をうかがうことができる。このようなことから、第一節では、義久の南奥における活動に注目し、分析を行うこととしたい。

　第二節では、第一節でみた義久の活動の考察に引き続き、北家の義斯を扱い、その発給文書の整理を踏まえて、彼の活動の佐竹氏権力全体への位置づけを試みてみたいと考える。

北家の義斯を扱う理由としては、義斯が活動を行った時期は戦国末期の佐竹氏が北関東・南奥において大きな展開をみせる時期にあたり、従って戦国期の佐竹氏の権力構造の特色が最も明確に表れた時期であると思われるからである。そして、第一節で検討を行う、義斯と同じ時期に活動していた東家の義久との比較によって三家の特質を明確にしうるからである。

最後に第三節では、第一節の東家義久、第二節の北家義斯の二つの検討を踏まえて、三家全体の佐竹氏における全体的な位置づけを試みたい。

第一節　佐竹氏の南奥支配と東家義久の活動

ここで義久の活動の分析に入る前に、義久と東家について触れておくと、義久の生まれた佐竹東家(3)は、庶子家ながら「佐竹」の苗字を用いることを許された家で、義舜の末弟政義《まさよし》を祖としている。「東」の由来については、宗家の館に対して東の方に館を持って居住したからである等の諸説があるが、いまだ定かではない。東家は、旧山入氏勢力圏であった久慈西郡に所領を所持したようで、初代政義あるいは二代義堅《よしかた》の時に現在の常陸大宮市の御城（山方城）(4)を居城としていたと伝えられる。その所領の位置の関係からか、東家は所領の西にあたる那須地方や北にあたる南奥への佐竹氏の進出に大きく関与していた。とくに三代義喬《よしたか》は、宗家家臣の岡本梅江斎と共に陸奥国高野郡の東館（福島県矢祭町）あるいは寺山城（福島県棚倉町）にあって佐竹勢力の尖兵として活動していた。

義久は天文二十三年（一五五四）に東家の義堅の三男として生まれたと伝えられる。はじめは一族の酒出《さかいで》氏を嗣ぎ、元亀三年前後まで酒出義久として文書に署判を行っている。東家は、代々佐竹氏の南奥進出に深く関与しており、義久の父義堅・兄義喬も南奥の諸勢力に文書を発給する等の活動を行っている。また檜沢・高部（常陸大寝市）を本領とし、山方城を居城としたと伝えられ、その後義久は義喬の跡を嗣いで東家の家督を相続するのだが、その時期については年次の明らかな義喬の発給文書からみて元亀四年（一五七三）段階であるとみられる。しかし、義久は相続以前から南奥方面の問題に関与していたようで、元亀三年閏正月段階での船尾氏や大縄氏宛の起請文からそれがうかがえる。以降、佐竹氏の南奥進出では指導的な役割を果たし、他の勢力等からは「御東」と称されている。また天正四年（一五七六）には山城守、天正十九年には従五位下中務大輔に叙任されている。もっとも中務大輔については、通称としてはすでに天正十年代の初期から用いていたようである。そして、天正十八年以後、佐竹氏にとって統一政権への対応が重要な問題となってくるが、義久はその交渉において重要な役割を果たしている。文禄四年（一五九五）には、六万石の知行を秀吉から直接充行われ、併せて常陸国内における太閤蔵入地の代官をも任せられている。また統一政権への従属直後に南奥から常陸南部の鹿島郡に配置替えになり、この移転にも統一政権側の関与がうかがわれる等、統一政権と佐竹氏にとって双方を結びつける役割を担っていた。そして、慶長六年（一六〇一）十一月二十八日に病のために没したと伝えられる。行年四十八歳、水戸の藤沢山神応寺に葬られた。

〔二〕　南奥進出の展開

Ⓐ佐竹氏の南奥進出の諸段階

佐竹氏の南奥支配の問題に入る前に当該期の南奥をめぐる情勢について記しておきたい。佐竹氏の南奥進出は、義舜の時期に依上保への進出という形で開始された。その後、義篤の時期には、依上保の北にある白川氏領陸奥国高野郡への進出が開始され、白川氏との戦闘を交えながら、天文十年（一五四一）には高野郡の南端の東館を破却させる(5)。義昭の時期になると、更に進出は展開し、天文二十二年の羽黒山城（福島県塙町）・永禄三年（一五六〇）の寺山城攻略と、高野郡中部以南を制圧することとなる。

義久が主に活躍する段階に入ると、高野郡の北部の要衝赤館城（福島県棚倉町）を天正二年に攻略し、更に白川を脅かすまでに進出は進展する。しかし、その進出の進展は、白川氏以外の南奥の諸勢力にも脅威となり、それとの戦いを通じて、佐竹氏は次第に南奥の覇権をめぐる争いに加わることとなる。その中で天正六年八月に白川氏と、それを支援する蘆名氏・田村氏との関係を含めた和睦が成立し、ここに佐竹氏の南奥における政治的位置が確保されることとなる(6)。これに伴って佐竹氏の高野郡支配は確定し、更にその北部への勢力の浸透が急速に展開することとなる。

これ以降になると、南奥の情勢は、政宗の家督相続と共に活動を活発化させた伊達氏と佐竹氏との覇権争いが大きな流れとなる。その中で、相次ぐ当主の早逝によって勢力の弱体化をみせる蘆名氏へのテコ入れとして実現したのが、義重の次男である白川義広の入嗣である。しかし、弱体化した蘆名氏権力の分裂の動きはとどまらず、摺上原の戦いを契機に蘆名氏権力は自壊する。蘆名氏との提携を基軸にした佐竹氏の南奥政策も、これによって破綻し、一気に勢力圏が高野郡を中心とする圏内に縮小することになった。以後、伊達氏との散発的な戦闘を繰り返す状況の中で、秀吉の関東出兵を迎えることとなる(7)。

Ⓑ東家義久の外交活動の展開

東家が行った活動の中で大きな意味を持ったのは、他勢力との通交や交渉といった外交活動であった。一般的な戦国期権力の例では、このような交渉や活動は当主やその近臣または奉行人等の吏僚層によって行われるのが通例で、当主同士や吏僚層同士の間で交渉が進められる（和平交渉等については中人をたてる）。しかし、佐竹氏の場合は、北・東・南の三家が外交交渉に大きく関わっており、とくに義久は対白川・対蘆名・対伊達という重要な局面において前面にたって活動を展開している。その活動ぶりからみれば、天正期の佐竹氏の南奥進出の戦略は、宗家義重と義久の「申合」の中で決定され、遂行されたと考えてよいと思われる(8)。

このように佐竹氏の南奥戦略において重要な意味を持つ義久や義堅・義喬の対外的な活動は、大きく分けて、他の戦国期権力との交渉と南奥の国人・土豪層への働きかけの二つに分けることができる。両者とも文書のやりとりを通した好《よしみ》を通じる活動がその基盤となる。そのうち、前者の他の領主権力との交渉は、領域の境目をめぐる争いや人返し、あるいは他勢力同士の争いの調停や対立勢力との和平交渉のことを指し、また他勢力への互いに利害の一致する情勢の伝達もこの活動に含めてよいと思われる。

義久が白川・蘆名・伊達といった佐竹氏と肩を並べる領主権力との交渉を行う上での特色をよく示す史料を掲げておく。

【史料1】

一今度御当方石川被遂御一和之上、義重間之儀も任御取合令和与候事

一如斯之上、向後御当方江昭光不足之取扱も候者、申合可及其断事

一従石川表裏之儀も候者、則可申届事

　此儀偽候者、当国鹿島大明神、八幡大菩薩、別而愛岩〔宕〕大権現、

　則可有御照覧候、以上

　　仍如件

卯月十三日　　義重（花押）

白川殿(9)

【史料2】

一今度御当方石川被遂御一和之上、義重事も以御媒介被致和睦事

一向後被対御当方、昭光不足之御取扱も候者、被申合、可被及其断事

一従石川表裏之儀も候者、則可被申届事

此儀偽申候者、当国鹿島大明神、八幡大菩薩、別而愛岩〔宕〕大権現、則可蒙御照罰候、以上

仍如件

卯月十三日　　義久（花押）

白川殿
御宿所(10)

この二通の文書は、義重と義久が白川・石川の和睦の際に白川義親に対して出した契状で、白川（「御当方」）と石川氏の交渉の中で佐竹氏も義親の「取合」によって和睦することへの誓約を内容としている。この二通の文書は、見比べてみればわかるが、その内容といい、日時といい、酷似した文書であり、その酷似ぶりから義重と義久が連座するような状況で書かれた文書であると想定できる。従って、同じ内容を宗家の義重と義久がどう表現するかで、両者の立場の違いを鮮明にすることができると思われる。

しかし、比較してみても、義久の方が文言が白川氏に対してより敬意をはらっていることや、義親の「取合」が義重を対象とした事柄であるために表現が異なる他は、これといって白川氏との関係の違いを示す表現は認められない。むしろ両者共に白川氏に対しては、対等の立場にたっている印象すら受けるのである。このように義久が、義重とほぼ同意の文書を発給していることは、裏返してみれば、相手側、ここでは白川氏側から、宗家ばかりでなく、義久に対して文書の発給を求められたとみることができる。これは、義久が、当時においては宗家の義重から独立した意志を持つ存在であると、交渉の相手からみられていたことを示すのであり、佐竹氏権力の最終的意志決定者である義重に対して一定の影響力を持つ存在であると認識されていたことを物語る。また同時に佐竹氏側の意志を確認するために白川氏は義久の承認を必要としたのである。

このことから考えれば、義久は、他の領主権力に対して対等な立場にたって関係を築き、かつ彼らからは宗家から一定の独立した存在・人格として認知されていた。またそれゆえに、他勢力は、義久との関係を、いわば佐竹氏との関係における安全弁として危機管理の面からも重要視していたと考えられる。

南奥の国人・在地領主層と義久の接触は、主に彼らとの個別のつながりを築き上げることによって、彼らを佐竹勢力に導き入れることが目的であった。この活動は、他の領主勢力の内部への働きかけも含まれ、他の領主勢力内部に親佐竹派を作り上げることも重要な目的の一つであった。彼らとのやりとりは、書状の交換によって行われ、情報の交換や軍事活動への参加の呼びかけ等がその内容であった。彼らとの接触の中での義久の役割は、「於義重も別心不可被致之事」[11]とあるように、佐竹氏権力の一端を担う存在として、義重への仲介者の役割を果たしていた。

また義久は、兄義喬より東家の家督を譲り受けて以降、他の領主権力や国人・在地領主への文書に一貫して姓や官途を記していない。このことには、「佐竹」の姓への明らかな自覚が認められ、また改めて書かずとも佐竹氏の一員として対外的に認知されていたことがうかがえるのである。このことは、義久が三家を含めた「佐竹」を名乗る者として広義の宗家に属し、佐竹氏権力の中枢を形成していたことが広く認知されていたことを示している。

このように義久の外交交渉等の対外的な活動をみてくると、義久が対外的に佐竹氏権力の中枢を担う存在として認知されていて、宗家の義重から一定の独立した意志を持ち、その意志決定に関与する存在としてあったことがうかがえる。またそのような位置を利用して、南奥進出における活動を行っていたのである。

［二］　義久による佐竹氏の南奥支配の展開

Ⓐ南奥における知行充行

この項では、南奥における佐竹氏の知行充行状を分析することによって、佐竹宗家と東家義久の支配への関わり方を考えていきたい。佐竹氏の南奥に関係する元亀から天正にかけての知行充行状を集めたものが、表2である。それをみてまず気づかされるのが、義重・義宣の宗家による充行状の存在である。宗家の充行状は、少し偏りがみられるものの、ほぼ全期間を通じて一九通発給されており、収集した充行状のほぼ四分の一にあたる。それに対して義久の知行充行状は、四九通確認できた。このことは、実際に南奥支配を担当していたとされる義久と佐竹氏権力の中核である宗家の義重・義宣の知行充行状がほぼ同時期に南奥に対して並行して発給されていたことを意味する。このように考えると、義久によって展開されたと考えられてきた南奥支配において、宗家が所領充行・安堵権に関して大きな関わりをみせているのであり、まずこの問題の整理を行ってみたい。

この問題に注目して表2をみると、義久が充行状を集中して発給している天正二（元亀五）・三年と天正十七・十八年には、宗家の義重・義宣からも集中して発給されているのであり、両者の発給の過程に少なからず結びつきが存在することを想定できる。そこで注目できるのが、表中の27・28号文書である。

27号文書

近年致奉公付、為加恩窪田十仁貫之所遣之候、幷東河内預り土貢已下如前々少も無如在可走廻事、恐々謹言

天正九年
正月廿七日　義重（花押影）

太縄讃岐守殿(12)

28号文書

猶々、以上

充行表現	宛　　所	形式	書止文言	備　　考
遣之候	安藤太郎左衛門殿	書状	謹言	家蔵五十、安藤文書
所務	高部駿河守殿	判物		家蔵四、高部文書
遣候	大窪伊賀守殿	書状	謹言	家蔵四、大窪文書
遣之候	和田安房守殿	書状	謹言	家蔵三四、和田文書
遣之候	済藤平次左衛門との	印判		家蔵五、斎藤文書
被遣之候	木口平内左衛門殿	判物		家蔵五、木口文書
被遣之候	鹿子玄蕃助殿	書状	恐々謹言	家蔵五、鹿子畑文書
被遣之候	根本内蔵助との	判物		家蔵五、根本文書
被遣之候	生田目大蔵丞殿	判物		家蔵五、生田目文書
	生田目太蔵殿	印判		家蔵五、生田目文書
加恩申付	矢野藤八郎殿	判物		家蔵四、矢野文書
	河東田河内守殿	判物		家蔵二九、加藤田文書
進候	上遠野藤兵衛尉殿	書状	恐々謹言	家蔵五、上遠野文書
進之候	河東田河内守殿	書状	恐々謹言	家蔵五、加藤田文書
進之候	芳賀玄蕃亮殿	書状	恐々謹言	家蔵五、芳賀小文書
進之候	芳賀兵部少輔殿	書状	恐々謹言	家蔵五、芳賀六文書
渡置是候	船尾山城守殿	書状	恐々謹言	家蔵二五、船尾文書
遣之候	河東田兵部少輔殿	書状	謹言	家蔵二九、加藤田文書
御知行尤候	船尾山城守殿	書状	恐々謹言	家蔵二五、船尾文書
遣之	井上信濃守殿	判物		家蔵四十、井上文書
遣之候	滑川蔵人殿	判物		家蔵五、滑川文書
相渡候	安藤肥前守殿	書状	恐々謹言	家蔵五十、安藤文書
相付候	近藤弥左衛門殿	判物		家蔵七、近藤文書
遣之候	安藤新次郎殿	書状	謹言	家蔵五十、安藤文書
遣之候	井上信濃守殿	判物		家蔵四十、井上文書
遣之候	太縄讃岐守殿	書状	恐々謹言	大縄文書
遣之候	太縄讃岐守殿	書状	恐々謹言	大縄文書
被遣候	大縄讃岐守殿	書状	恐々謹言	大縄文書
	井上信濃守との	判物		家蔵四十、井上文書
遣之	井上信濃守殿	判物		家蔵四十、井上文書
遣之候	町田右馬助殿	判物		家蔵四七、国安文書
申付	田崎相模守との	判物		家蔵四五、田崎文書
進之候	須田美濃守殿	書状	恐々謹言	家蔵一七、須田文書
進之候	箭田野安房守殿	書状	恐々謹言	家蔵九、箭田野文書
遣之	石川主税助との	判物		家蔵二九、石川文書
	近藤和泉守殿　他一名	判物		家蔵六、近藤文書
	近藤玄蕃亮殿　他一名	判物		家蔵七、近藤文書
遣	渡辺源五左衛門との	判物		家蔵五、渡辺文書
遣	近藤玄蕃亮殿	判物		家蔵七、近藤文書
遣	岩堀石見守とのへ	判物		家蔵五、岩堀文書
遣	田野部肥前守との	判物		家蔵五、生田目文書
遣	滑川伊賀守殿	判物		家蔵五、滑川文書

表2　佐竹義久・佐竹氏南郷関係充行状目録

No	年　・月・日	署　判	充行理由	充行対象
1	元亀3・6・14	義重	「詫言」	伊野之内たれ・はかま内榎木・下天之内たかわらひ
2	天正元・12・3	義久(A)		高武入江之庄
3	元亀5・2・23	義重	忠信を賞す	とちもとの郷
4	元亀5・3・10	義重	忠信を賞し、「詫言」に付き	たちま・いたはし・くらへいし・かみこや
5	元亀5・3・15	印(義重)	「任首尾」	入野之内二貫之所
6	元亀5・3・15	義久(A)		入野之内仁貫并釜子三貫之所
7	元亀5・3・15	義久(A)	忠心を賞し、「為新所」	野手嶋之内十貫之所
8	元亀5・3・15	義久(A)		入野之内仁貫五百并野手嶋七貫五百之所
9	元亀5・3・15	義久(A)		入野之内三貫并釜子十仁貫之所
10	(元亀5)	印(義重)		かまのこの内にたの原六貫・たらや六貫
11	天正3・3・17	(義斯)	「加恩」として	南郷仁貫文之所
12	天正3・6・22	義久(A)		(複数の者への知行書立)
13	天正3・7・9	義久(A)	忠心を賞し、「如承」	船田大膳亮抱之地
14	天正3・7・9	義久(A)	忠信を賞し、「任詫言」	河東田之地
15	天正3・7・14	義久(A)	忠信を賞す	本領之透増見之地
16	天正3・7・14	義久(A)	忠信を賞す	長坂之地
17	天正3・7・17	義重	「赤館」替地として	滑津之地
18	天正3・8・14	義久(A)		手沢之内三間、入野之内指添以上三十貫文之所
19	天正4・3・晦	義久(A)		二子塚之儀
20	天正4・10・15	義久(A)	忠信を賞す	内蔵丞前
21	天正4・11・8	義久(A)	「当地在城」により	廿貫之所
22	天正5・3・29	義久(A)	忠信を賞し、「詫言」に付き	羽田兵庫助抱之所并常世之内まかつ田
23	(天正5)・7・6	(義久A)		せん河之内　一貫他
24	天正6・7・18	(義重)		篠崎掃部左衛門抱
25	天正7・4・5	義久(B)	「詫言」に付き	野内若狭抱之地
26	天正8・6・19	義重	「詫言」に付き	山方六右衛門抱
27	天正9・1・27	義重	「加恩」として	窪田十二貫之所
28	天正9・2・3	義久(B)	忠信を賞す	窪田十二貫文之所
29	天正12・12・7	義久(b)		(白土左近抱之儀を在城之十騎に配当に及ぶべし)
30	天正13・3・7	義久(b)	「詫言」に付き	つゝミ之内岩井戸
31	天正15・2・18	義久(C)	忠信を賞す	大曾根蔵人抱
32	天正17・5・29	(義宣)		おた川の関
33	天正17・10・7	義宣	「詫言」に付き	永沼之地
34	天正17・11・3	義宣	「任御望」	岩瀬西方
35	天正17・11・21	義久(D)		田壱丁五旦
36	天正17・12・8	義久(D)		(三森之村を足軽に用立て配当致べし)
37	天正17・12・8	義久(D)		(三森之村を足軽に用立て配当致べし)
38	天正17・12・14	義久(D)		田五段
39	天正17・12・17	義久(D)		屋代堀内
40	天正17・12・21	義久(D)		田壱丁
41	天正17・12・21	義久(D)		かまのこ内一間
42	天正17・12・21	義久(D)	「詫言」に付き	古代坂下

遣	藤田大炊助とのへ	判物		家蔵六、藤田文書
遣	井上信濃守とのへ	判物		家蔵四十、井上文書
遣	益子越後守との	判物		家蔵五、益子文書
進之候	赤坂下総守殿	書状	恐々謹言	家蔵二十、赤坂文書
遣之候	近藤和泉守とのへ	判物		家蔵六、近藤文書
遣	近藤玄蕃亮とのへ	判物		家蔵七、近藤文書
遣	近藤豊後守とのへ	判物		家蔵七、近藤與文書
遣之候	藤田与三郎とのへ	判物		家蔵二九、藤田文書
遣	井上新十郎との	判物		家蔵四十、井上文書
進之候	中務太輔殿	書状	恐々謹言	家蔵四、佐竹文書
進之候	弾正忠殿	書状	恐々謹言	家蔵一七、今宮文書
差添	野尻靭負殿	書状	謹言	家蔵五、野尻文書
進之候	小野崎備前守殿	書状	恐々謹言	家蔵三、小野崎文書
遣之候	高垣清次郎殿	判物		家蔵三一、高垣文書
遣之候	延生長門守殿	判物		家蔵三、延生文書
遣之候	赤須新三郎殿	判物		家蔵五十、赤須文書
遣之候	矢野隼人佑殿	書状	謹言	家蔵三、矢野隼文書
進之候	太縄讃岐守殿	書状	恐々謹言	大縄文書
被仰付候	萩庭神左衛門との	判物		家蔵五二、萩庭文書、偽カ
被仰付候	石井六郎との	判物		石井文書(『茨県』二)、偽カ
任之候	船尾兵衛丞殿	書状	恐々謹言	家蔵二五、船尾文書
さをい	あさ加ハはりまそく女へ	書状	かしこ	家蔵二五、船尾文書
遣候	鹿子三郎殿	判物		家蔵五、鹿子畑文書
進之候	上遠野常陸介殿	書状	恐々謹言	上遠野文書(『福島県史』七)
任置候	滑川伊賀守殿	判物		家蔵五、滑川文書
遣之候	石川出雲守殿	判物		家蔵二九、石川文書
	船尾山城守殿	書状	恐々謹言	家蔵二五、船尾文書
おしんち候	大くほいかのかミ殿	書状	かしこ	家蔵四、大窪文書
遣	町田右馬助殿	判物		家蔵四七、国安文書
遣之候	野内大膳亮殿	書状	恐々謹言	家蔵四八、野内文書
遣之候	■井摂津守殿	書状	■■謹言	家蔵一五、糸井文書
相渡候	加固大隅守殿	判物		水府志料

43	天正17・12・21	義久(D)		田壱丁
44	天正17・12・21	義久(D)	「詫言」に付き	高木
45	天正18・1・18	義久(D)	「申上」に付き	きたむき
46	天正18・1・21	義宣		根岸・松の入・中里者本領、大草之儀者新所ニ指添
47	天正18・1・23	義久(D)	「詫言」に付き	萩沢前
48	天正18・1・23	義久(D)	「詫言」に付き	はん之沢火之口
49	天正18・1・23	義久(D)	「詫言」に付き	金山之内竹之内
50	天正18・2・18	義久(D)	「詫言」に付き	坂之下
51	天正18・3・14	義久(D)	「和安内意」に任す	押太郎左衛門一跡
52	天正18・7・29	義宣		鹿嶋一郡
53	天正18・11・14	義宣	「任詫言」	岡田
54	天正19・2・20	義憲		廿貫文之所
55	天正19・2・22	義憲	当地に「罷移」に付き	三十五貫文之所
56	天正19・2・23	義憲	当地へ「相移」に付き	拾六貫六百文之所
57	天正19・2・24	義憲	当地へ「相移」に付き	七貫文之所
58	天正19・2・24	義憲	当地へ「罷移」に付き	八貫文之所
59	天正19・2・25	義憲	当地へ「相移」に付き	十五貫文之所
60	天正19・2・29	義憲	当地へ「罷移」に付き	五貫文所
61	天正19・3・21	(義憲)	加恩として	貳貫文之所
62	天正19・5・10	(義憲)		壱貫七百文之所
63	1・6	義重	忠信を賞す	井野之郷成敗之儀
64	1・7	義重		おか田乃地
65	1・21	義重	「取出」に付き	手沢・山本荒所之透
66	7・11	義重	「承」により	かり宿・本沼
67	4・3	義久(A)	「詫言」に付き	小野崎内蔵頭一跡
68	5・2	義久(A)		かまのこ杉之内七貫之所
69	7・24	義久(A)	「御詫言之儀」に付き	(常世之儀自拾月可■知行、当毛者東河内被遣之候)
70	8・12	義久(A)	忠信を賞す	まつたまのち
71	3・5	義久(B)	「詫言」に付き	「両人之扶助仁貫文之切布」
72	2・14	義久(C)	「一番目師発子丸」に対して	斎藤内蔵亮前
73	28	義久(C)	忠信を賞す	高倉甚平■之儀
74		義久(D)	忠信を賞す	まいの内一貫五文之義

註1：義宣期に関しては、年欠文書を除いてある。
　2：月の□は閏月。
　3：備考の家蔵とは、秋田藩家蔵文書の略である。また、『茨城県史料』中世編を『茨県』と略した。

近年別而御奉公被申付而、窪田十二貫文之所被遣候、并東河内政所被相任候、如此之上猶以被抽忠信可然候、雖勿論候、自今以後弥無二指南可申候、為後日以書中申述候、恐々謹言

天正九年辛巳
二月三日　　義久（花押影）

大縄讃岐守殿　義久(13)

（封墨印）

この二通の充行状は、窪田一二貫文の地の充行と東河内（塙町）の政所を任せる事について、宗家の義重（27号）と東家の義久（28号）から一族の大縄讃岐守に対して発給されたものである。二通で述べられている充行が同趣旨の充行であることや両文書の文言の対応関係からも、義久の発給した28号文書が、義重の充行状である27号文書の副状として発給されたことは明らかである。宗家の充行において義久が介在したことを教えてくれる興味深い史料だが、この副状の特色として28号文書のみを読んでも、義久自身による充行状として読むことができる点である。このような副状には、普通上意の存在が記されるのだが、28号文書には、上意の所在が明記されていない。従って、28号文書単独で読んだ場合には、義久の充行状と読んでしまうこともできるのである。このことから考えると、これまで義久自身による充行として考えてきた文書にも27号と28号文書にみられるような宗家の副状として発給された文書が存在することが想定できることになる。

そこで注目したいのが、28号文書において義久が「被遣」という表現を用いている点である。「被遣」という充行表現は、通例相手に敬意を表す意味を込めて用いられることが多い。しかし、この場合では義久の上位権力である義重の同内容の充行状が存在していることから、「被遣」という表現は宗家の義重の意を受ける形で用いられていると考えられる。また、普通佐竹氏は充行表現として「遣」を用いており、更に厚礼な表現としては「進」を用いる（表2参照）。そのように考えると、義久が28号文書で用いている「被遣」は佐竹氏の充行表現としては

特異な例に属することになる。この「被遣」という表現が、宗家の義重の上意を受けたものと考えると、他に同じ表現を用いている文書が問題となる。義久がこの表現を用いている例としては、他に6～9号の四通の文書があげられる。

その四通の充行状は、すべて元亀五年三月十五日付の文書である。この時期には、佐竹氏によって陸奥国高野郡の要衝赤館城の攻略が一時的に実現されており、従って、この文書群は、攻略に伴って論功行賞が行われて、赤館周辺部にあたる入野・野手嶋・釜子（図5参照）が配分されるに際して発給されたものと考えることができる。ここで興味深いのが、同年月日付で宗家の義重も義久の四通の充行が行われた入野の地域に充行を内容とする印判状（5号文書）を発給していることである。従って、元亀五年三月十五日付の義重と義久の充行は密接に結びついて行われたと想定しうる。更に興味深い史料を掲げると、

9号文書

「東義久書」

入野之内三貫并釜子十仁貫之所、被遣之候者也

元亀五年
三月十五日義久（花押影）

生田目大蔵丞殿(14)

10号文書

「義重公御黒印」

（黒印影）　かまのこ之内

にたの草六貫　たゝらや六貫

生田目太蔵殿(15)

まず二通の文書をみると、義久の発給した9号文書にある「釜子十仁貫之所」を具体的に示すと思われる文言が、10号文書にみられることがわかる。佐竹氏が発給した印判状は、その残存数が非常に少ないためもあって、発給の過程等の分析はあまり行われておらず、不明な点が多い。しかし、年月日欠ながら10号文書の黒印と同じものが9号文書と同日付の5号文書に用いられていることや文書の内容から、10号文書は9号文書と同時期に発給されたと考えてよいと思われる。そのように考えると、9号文書は、宗家の義重の充行の一貫として発給されたものであり、南奥進出の実際的な場面で活動を行っていた義久が宗家の充行を補完する形で発給した文書と考えることができるのである。

以上のことから考えると、6~9号文書で用いられた「被遣」という充行表現は、28号文書で用いられたと同じように宗家の意を受ける形で用いられたと考えられ、6~9号文書も宗家の充行の一貫として発給された充行として考えることができるのである。

このように、従来では単に義久単独の充行として扱われてきた文書には、宗家の充行を補完する意味を持って発給されたものが含まれていたことが確認できた(16)。このことは、義久への全権委任によると考えられてきた南奥支配に宗家が知行充行を行う権限を一定度留保しているのであり、宗家と義久の両者支配の関わりに注目して南奥支配を検討する必要があることになる。

Ⓑ佐竹氏の南奥支配と義久の赤館領支配の構造

前項では、「被遣」という充行表現を用いた義久の充行に注目して、義久の知行充行状と考えられてきた文書には宗家の充行への関与の中で発給されたものがあることを明らかにした。この項では、「被遣」以外の義久の充行表現にも注目して佐竹氏の南奥支配の構造について考えてみたい。

義久の充行状を充行表現に注目して表にしたのが、表3である。充行表現の年代的推移をも併せて考察するた

表3　佐竹東義久の充行関係文書の表現の分類表

充行関係文書の発給時期	充行表現				計
	遣	被遣	計	その他	
元亀５以前				1	1
元亀５年期		4			4
天正３年期	1		4	1	6
天３以降Ａ型花押	2			2	4
年欠Ａ型花押	1			3	4
Ａ型花押使用期	3	4	4	7	19
Ｂ型花押	2	1		1	4
年欠Ｂ型花押	1				1
Ｂ型花押使用期	3	1		1	5
Ｃ型花押	1				1
年欠Ｃ・Ｅ型花押	2				2
Ｃ・Ｅ型花押使用期	3				3
Ｄ型花押	14			2	16
年欠Ｄ型花押				1	1
Ｄ型花押使用期	14			3	17
計	24	5	4	11	44

めに、便宜的に文書で使用されている義久の花押型[17]によって分類した（ｄ型花押については、鹿島郡への配置替え以降であるため省略した）。また充行状が集中的に発給されている時期にも注目して分類した。ちなみに、現在確認しているそれぞれの花押の使用期は、Ａ型花押が元亀二年四月十三日から天正五年閏七月十九日まで、Ｂ型花押が天正六年八月十九日から十四年七月二十三日まで、Ｃ・Ｅ型花押が天正十五年二月十五日から十七年六月七日まで、Ｄ型花押は天正十七年六月七日から十九年閏正月十三日までとなっている。

表３をみると、とくにＡ型花押を使用していた時期の充行状については、すでに触れた「被遣」や「進」といった義久の表現としては珍しい部類に属する表現が集中してみられ、また「御知行尤候」とか「所務可仕」といった佐竹氏の充行状の表現としてはある意味で不定型な表現が、他の時期に比べて多いことがわかる。そして、Ａ型花押期の表現の傾向が、Ｂ型花押以降の「遣」を表現の中心とした傾向と異なることをみてとることができる。これは、義久がＡ型花押を使用した時期は佐竹氏の南奥進出の急速な展開をみせた時期であり、支配の確立期にあたっていることに反映した傾向と思われる。帰属してくる白川氏系の在地領主層を佐竹勢力へつなぎ止める意

味を込めて行われた充行・安堵の実施や恩賞の給付、そのような事情が先に触れた宗家の義重の印判状と義久の文書が両者一体となって発給されるような複雑な充行の構造となって表れたのである。このように考えると、義久による南奥支配が安定的に展開されたのは天正六年八月の白川氏との和睦以降、すなわちB型花押の使用開始以降ということになり、それが表にみられる表現傾向の変化として表れたのである。

それでは、天正六年八月以降は南奥は義久によって一円的に支配されたのかというと、すでに触れた27号文書の存在がよく示しているのだが、南奥の支配に対しては宗家は以後も充行を行い、関与を続けているのである。宗家の充行が直接的に南奥に行われていることは、必ずしも義久に南奥支配の全権が委ねられてはいないことを示すのであって、この宗家の充行状の発給と義久の南奥支配の問題を考えるために、南奥の充行関係文書の比定図（図5）を作成してみた。この図から読みとれることは、義久の充行は赤館城を中心にその北にあたる社川の流域にかけての地域に限定されており、必ずしも南奥全域に広がるものではない。それに比して、宗家の義重・義宣の充行の方がむしろ全域への広がりをみせていることがわかる。このことを先に触れた天正六年以降の宗家の南奥支配への関与に結びつけて考えると、義久自身が自らの所領として支配を展開したのは、赤館城を中心とする赤館領というべき地域であり、それ以外の地域については、宗家が領主権を保持し、宗家直属の家臣や南奥の土豪層に対して充行を行っていたと考えることができる。しかし、義久がその宗家の支配に関与しなかったのではなく、28号文書が示すように宗家の充行に副状を発給したり、詫言の取次や裁許を行う等の関与を行っていたのである。こういった義久の南奥全域の宗家家臣への詫言の取次や一次的な裁許権の行使は、後に触れる役銭の徴収や軍事的指導と併せて考えて、宗家から委ねられた、いわば仕置権の行使として考えたい。

このことから、従来では義久によって行われていたとされてきた南奥の佐竹氏の領域支配とは、自らの所領である赤館領の支配と宗家が最終的に領主権を保持する南奥全域の仕置という、二重の構造を持っていたことは明

図５　佐竹氏による南奥関係の充行比定図

らかである。

Ⓒ義久による南奥支配の構造

この項では、前項で述べた南奥支配の二重構造の問題を、南奥全域への仕置を論じていくことによって追求してみたい。

佐竹氏の南奥支配は、国人・在地領主層の掌握と南奥の有力支城への宗家家臣の配置によって展開された。前者の国人・在地領主層の掌握については、一部義久による掌握[18]を除いて宗家の義重・義宣によって行われた。後者については、寺山城・羽黒山城・東館・滑津城等に宗家家臣である今宮・大縄・安藤氏等が配置され、その支城を通じて在地領主層が衆として把握され、軍勢催促が行われていた。

ここで注目されるのは、赤館城にあって南奥全域の仕置を展開した義久と宗家に形として直接に結びついた南奥の国人や宗家家臣との関係である。両者の関係について興味深い史料を提示しておく。

26号文書

其身侘言付而従東内々承候間、山方六右衛門抱遣之候、向後猶以神妙奉公可致之候、恐々謹言

天正八年辰
六月十九日　　義重（花押）

大縄讃岐守殿[19]

この史料は、当時南奥に在番していた大縄讃岐守に「山方六右衛門抱」を宗家の義重が充行う内容の文書である。ここで注目できるのが、おそらく大縄氏の新たな知行充行を求める要求が「侘言」と表現されており[20]、それを宗家の義重に「内々」に伝達していたのが東家の義久である点である。この文書からは宗家家臣で一族の大縄氏の知行充行の要求がまず義久の元に出され、それを義久が宗家に伝達することで充行が実現する文書発給手続がわかるのであり、宗家から直接に充行を受ける大縄氏のような存在にとっても義久との関係を軽視し得なかっ

たことがうかがえる。

また外様の船尾氏の赤館城から滑津城への移動を指示する内容の17号文書を宗家が発給した後で、船尾氏に対して義久がその進退を保証する起請文を送っていたり[21]、すでに触れた27号と28号文書でも義久の副状の方が後になって発給されている。このことから考えれば、義久の承認を得なければ宗家の充行も実行性を持たない状況が南奥では存在したことがうかがえる。

取次の他にも、義久は侘言に関する一次的な裁判権を保持していたようで、所領をめぐる相論の調停や裁定を行っている。

19号文書

尚々、向後御忠信拙夫も無隔心可被相談候、弥々懇切可申述候、以上

二子塚之儀、如申合候聊無別条候、龍雲軒以来者久松丸老母新田江移置可申候条、至其時者彼地速ニ御知行尤ニ候、為後日一筆進之候、恐々謹言

天正四年
三月晦日　　義久（花押影）

船尾山城守殿[22]

右の文書は、「二子塚之儀」について義久と船尾氏の間で「申合」っていたことと異なる状況が発生し、相論の相手と思われる「久松丸老母」を「新田」に移すことを確認した文書である。この内容を解釈すると、南奥地域に関しては実際の所領相論が発生すると、相論はまず義久の元に提出され、義久の所で一旦調整・裁許が行われ、義久では裁許し得ない問題が発生した場合にのみ宗家の義重の元に送られるという、詫言に関する裁許の構造がうかがえる[23]。このように南奥において義久は、所領問題に関する一次裁判権を掌握していたのであり、これを媒介にして南奥の国人・在地領主や宗家家臣を統制したと考えられる。

このように義久は、南奥全域を領域支配の形を取らなかったにしても、知行充行への関与や所領問題の一次裁判権を掌握し、地域規模での仕置を展開していたのである。

Ⓓ南奥仕置の構造

この項では、これまで述べてきたような佐竹氏の南奥支配、すなわち義久による南奥仕置がどのような構造をもって行われたかを考えていきたい。

義久による南奥仕置は、具体的には有力支城に在城する宗家家臣を通じて展開された。有力支城に在城していた宗家家臣（これには佐竹氏の有力一族も含まれる）は、その性格から大きく二つに分けることができ、その二つとは、山尾小野崎氏や大山氏といった純粋に軍事的要請のもとに常陸から来て一時的に南奥に在番する者と、恒常的に南奥に在住して支城周辺への領域支配を担当する者、たとえば安藤・大縄・和田氏等である。そのうちでとくに後者は、支城周辺に在城料という形で所領を充行われ、そこを半ば本領化する者たちであり、佐竹氏による南奥支配・義久による南奥仕置は、実質的には彼らによって展開されるのであった。

佐竹氏による支配体制は、支城を中心として周辺の在地領主層を「衆」として掌握することによって展開され、先に触れた支城に在城する宗家家臣が「衆」の指南親となることによって推進された。義久からの軍勢動員や移動の指示、あるいは役銭の賦課は、「衆」の指南親である宗家家臣に伝達されることによって、在地領主層まで通達された。また「其身佗言之筋目、和安任内意」(24)とあるように、在地領主層よりの詫言も指南親である和田安房守を通じて行われ、南奥仕置を担当する義久に伝達されるのであった。

このように佐竹氏の南奥支配は展開されたのだが、その中で重要な問題となるのが、義久と支城に在城する宗家家臣の連携であった。両者の関係は、結論を先にいえば義久が宗家家臣の指南親になることによって展開されるのであり、佐竹氏の南奥支配とは、いわば指南関係の重層構造によって展開されていたことになる。

〔三〕　義久による「指南」

Ⓐ宗家家臣との関係

前項で述べてきたように、義久による南奥佐竹氏領の支配とは、義久自らの所領である赤館領支配と、南奥全域への仕置という二重構造をもって展開されていた。そして、その後者である義久の南奥全域をめぐる仕置とは、義久が新たに佐竹勢力に服属した国人・在地領主層や支城に在番する宗家直属の家臣・一族を統轄し、支配を推進することを意味した。また彼らと義久の関係の、すでに触れてきたような詫言の取次・裁許や軍事的指導といった活動は、指南・被指南の関係によって結ばれたものであった。この項では、この指南の問題に注目して義久の活動を考えてみたい。

指南については、寄親・寄子関係とほぼ同一の関係として従来から把握されている。(25)義久と宗家直属家臣の間に結ばれた指南・被指南の関係は、「向後指南被請度之由、以誓書承候、尤令得其意候」(26)とあるように指南される側からの起請文の提出によって成立する契約関係というべきものであった。(27)また史料の残存の状況から不明な部分も多いが、指南親である義久から出される起請文には必ずしも指南文言がみえる訳ではなく、上意奉公を誓う起請文(28)を被指南側からの提出を受けて、義久もしくは指南側が相手の「進退」「身躰」について走り廻ることを誓うことがあれば、一般的に指南関係が成立したと考えてよいと思われる。また上意奉公を前提とする無二の「申合」を誓う文言が存在すれば、指南関係の成立あるいは確認に関する起請文と考えてよいと思われる。

指南関係の内容を示すと思われる起請文を示しておく。

【史料3】

敬白　　起請文之事

一於向後も、　上意御奉公一筋ニ御申付者、於自分も無二可申合事

一貴所無別心付者、於某も聊無別条可令入魂事、付於何事も無隔心可被相談事尤ニ候

一自今以後、佞人之取成も候者、相互ニ直ニ可申承事、若此義於偽申者、

上ニ梵天・帯尺・四大天王、下堅牢地神・熊野三所権観・日光三所・両八幡・金砂両山、別而愛宕・飯縄、惣而日本国中大少神祇、当国鹿島大明神可蒙御罰者也

仍如件

元亀三年壬甲閏正月六日　　酒出 義久（花押）

太縄監物丞殿 御報(29)

右の起請文は、義久が兄義喬の引退に伴って義喬から指南を受けていた宗家家臣層を引き継ぐ際に作成したもので、ほぼ同内容のものが船尾氏宛にも残されている(30)。この起請文については、作成時には、まだ義久は酒出姓を名乗っており、東家継承前の状況を示しているため、東家当主としての指南関係を説明するには適切ではない面も存在する史料である。しかし、一族の大縄氏、岩城氏一族の船尾氏という東家の指南下では最も有力な宗家家臣層に宛てた起請文であるため、この文書の作成自体が、義久にとって実質的には東家当主としての活動の開始を意味するものである。そのため、義久が指南下の宗家家臣層と結んだ指南関係を示す史料として使用する。

起請文の一条目に示されるように、指南関係とは上意奉公を前提として成立するもので、その前提を受けて指南親である義久は「別心」なく被指南者と「入魂《じっこん》」せしめるのである。そして、入魂して何事も相談する中で、義久は、被指南者である宗家家臣たちの要望を詫言として宗家に伝達し、詫言の実現に尽力することとなる。また他勢力への裏切りや内通等の指南下の者への嫌疑についても、義久が彼らに「直」に申し承った上で処罰が行うことが約束される。こういった佐竹氏権力内部における被指南者の身柄の保護・保証も、様々な利害のうご

めく状況の中では、宗家家臣や諸領主層にとって重要な意味を持つのであり、その保護が佐竹氏権力内で大きな発言権を持つ義久によって行われることは大きな意味を持ったと思われる。(31)

そして、こういった指南親である義久の保護に対して、指南下の宗家家臣等は義久の指示に基づいた上意奉公、すなわち南奥支配への様々な形での参加を行うのであった。従って、指南親による十分な保護、すなわち自らの奉公に見合った詫言の実現・恩賞・身柄の保証が行われない状況が現出すると、指南下の者が指南親の指示に従わなかったり、指南親の交代を望んだりすような状況も生まれるのであった。(32)この指南を通じた関係は個別的なものなのであって、本質的には佐竹氏権力が体制的に整備したものとはいい難い面がある。

また義久は、南奥支配を展開したことから、佐竹氏では他に例をみないほどの被指南者を抱えることとなった。このような指南関係の展開は、南奥における義久の位置を考える時、その個別関係の深化による主従関係への発展への可能性が想定できる。しかし、まず指南関係が「上意奉公」を前提としていること、白川氏系在地領主の帰属の際には、義久による充行に対して最終的権威である宗家義重の官途付与という保証が行われたことや、奉公への見返りを求める大縄氏に対して「屋形へも此段可申上候」と義重への取次を約束している状況を考えると、「屋形」の近親者であることを自らの権威の出発点として持つ義久は、宗家家臣に対して最終的な領主権を保持する「屋形」の権威に本質的に依存しているのであり、それを超越して独自の権力への道を歩むことは属性として持たなかったのである。

Ⓑ指南親としての義久の活動の意味

以上、これまで述べてきたような義久の南奥における活動を総括すると、その特色としてあげられるのが、軍事的指導や充行・詫言の裁判権といった、いわば義重という「屋形」の分身としての活動と、外交活動や義重との「申合」の存在が示す自らの意志を持った存在としての活動という二つの性格であった。そこで、この義久の活動の二つの性格は、戦国期権力佐竹氏全体においてどのような意味を持っていたのかという問題について考えてみたい。

まず佐竹氏権力は、基本的性格として鎌倉期・室町期以来の系譜を持つ一族や国人・在地領主層の結合という側面を色濃く持っていた。そして、彼らと結びつく媒体となったのは、血縁論理であり、それを拡大した擬制的な族縁秩序であった(33)。そのような結合原理を持つ佐竹氏が戦国期に直面した課題とは、自らの一族や国人をいかに糾合していくかということであった。一族や国人といった領主層は、彼らへの佐竹氏の発給文書が厚礼な性格を持っていることからもうかがえるように、族縁秩序上では高位に位置するのであって、彼らを統合し権力の中に取り込むためには、彼らと対等以上に対話できる宗家への紐帯となる存在が求められる。そして、そのためには、族縁秩序上は彼らよりも下位の奉行人層では不十分なのであり、そこで用いられたのが、「佐竹」の姓を名乗る屋形の近親者、三家であったと思われる。三家が「佐竹」の姓を名乗り、屋形である宗家の陣代として活動する等の、屋形の分身的な行動を行ったのは、このためと思われる。

また同時に一族や国人・在地領主層といった、いってみれば佐竹氏の家臣層にあたる側にとっても、佐竹氏という権力の中で自らの地位や利益を保全する上で立場を保護する存在が求められたと思われる。そのような意味で、義久のような佐竹氏権力の中枢に位置し、かつ屋形と一体の意志を持つのでなく、若干別の意志を持ち得る存在は、打ってつけの存在であったのである(34)。

先に述べた義久の活動の二面性は、このような佐竹氏という権力とその家臣層の両者の要求の中で発生したのであり、その二面性の乖離を阻止したのが、上意奉公を前提とする指南関係の成立であったと思われる。

第二節　北家義斯の活動

佐竹義斯《よしつな》の生まれた北家は、義舜《よしきよ》の弟義信《よしのぶ》を祖としている。「北」という家の名の由来については、太田城下において宗家の館に対して北の方に館を持って居住したことによるとされている。北家は現在の常陸太田市の久米周辺に所領を保持して、久米城を居城としたと伝えられている。義斯は、その北家の義廉《よしかど》の子として生まれ、義信の孫にあたる。義斯については『源姓佐竹総系図』には「又七郎　左衛門尉　後年夢庵卜号ス　慶長四年己亥四月十八日卒ス　五十五歳　道号月叟　法名賢哲　母ハ大膳大夫義篤公女」とある。義斯は、その発給文書から永禄八年前後から父義廉の家督を相続して、北家当主として家政を行うと共に、佐竹氏権力に参画していったものと思われる。

〔一〕　義斯発給文書の編年化

Ⓐ花押の編年化

ここでは、義斯の発給文書を整理していく上での基礎作業として花押型の分類を行うこととする。義斯の花押型については、すでに新田英治氏が「中世文献調査報告(三)」(35)の中でA型からF型の六種の花押型に分類している。ここでは、その成果を継承しながら更に義斯の花押型の分類を深化させたいと考える。

まずここでは義斯の花押型を七種確認し、A～G型に分類した（図6参照）。A型からF型までの六種の花押型は、新田氏の分類を引き継ぐこととし、新田氏が疑問点が残るとして採らなかった天正十五年十二月十日付の義憲との連署知行充行状写所載の花押型をG型と分類することとした。

以下、花押型について触れると、A型については確認できるのは永禄五年（一五六二）十二月十日付の1号文

図6　佐竹義斯の花押型
文書番号は表4に対応する

書[36]（本節中の□号文書という表記は、表4の文書番号に対応している）の一点で、時期的にみて義斯の最初期型の花押と考えられる。次にB型は永禄九年十月十六日付の2号文書から永禄十年七月七日付の4号文書まで三点確認でき、秋田藩家蔵文書の「花押同前」という朱書から同年同月日付の5号文書もB型と想定することができる。C型は大きく二グループに分けることができる。Cの前期型として考えることができる花押型の使用例は三点で、永禄十年九月晦日付の6号文書から永禄十年十月二十七日付の7号文書にみられる。また年欠極月二十五日付の8号文書の花押もこのグループに分類できる。C型の後期型を便宜上C型としたが、この型が現在のところでは使用例が九点と最も多く、5号文書と同様の記載のあるものを含めると十一点になる。使用の時期については、年記の明確なものから考えると永禄十三年四月十五日付の10号文書から天正三年（一五七五）三月十七日付の19号文書まで用いられており、永禄十一年に比定できる年欠極月五日付の9号文書を含めて考えると、永禄十一年末から天正三年四月中旬まで使用されたことになる。次に「賢哲」という法名と共に使用が開始されるD型は発給文書としては天正四年十月十日付の20号文書が確認されるのみで、近津神社奉加帳を含めても使用例は二点になる。(37)

E型もC型と同様に大きく二グループに分類することができる。E型の前期型に比定できる花押は天正六年七月二十六日付の22号文書のみであり、それ以降は花押型が変化する。それをE型と分類する。その使用例は三点で、天正十年十一月十日から天正十年十一月十五日付に集中して発給されている。

F型の花押の使用例は五点であるが、その中で年記のはっきりした文書は天正十四年三月十二日付の27号文書と同年七月二日付の28号文書の二点に限られる。しかし、年記の記載のないものをみてもいずれも天正十四年前後の文書と比定できることから、F型は天正十四年前後の時期に使用されたものと思われる。

G型については、新田氏は32号文書のみしか確認できないことや、義斯の花押が子の義憲の花押よりも書式上薄礼の者が署判する位置にあたる日下にあること等から義斯の花押として認定していなかった。しかし、東京大学史料編纂所影写本の佐竹文書中の26号文書に「賢哲」と署名された下に書かれた花押と一致することや、常陸遺文中の法眼寺文書の奉加帳にも「源義斯」の名と共に署判されているため、義斯の花押と判断してよいと思われる（管見の限りでは、G型の使用例はこの三点である）。署判の位置についても、天正十五年三月二十六日付の義重

内　　容	備　　考
「義寄」	家蔵四八、真崎寄連文書
塩谷における辛労を賞し、官途を与える	家蔵三、延生介左衛門文書
「新恩」として「塩地内三貫文」を与える	家蔵三、延生介左衛門文書
官途を与える	家蔵三、竹内平次右衛門文書
「斯」の一字書出	家蔵三、竹内平次右衛門文書
「信濃抱候深荻之内五貫文之地」を与える	家蔵三、竹内平次右衛門文書
「久米之内一町」ほかを「侘言」に任せて与える	家蔵三、延生弥兵衛文書
「斯」の一字書出	家蔵四三、小貫木工兵衛文書
関宿救援のための早急の「越山」を求める	上杉家文書(『新潟県史』資料編３)
進退を「老名敷者」とし、「深荻料所之内五貫文」を与える	家蔵三、矢野造酒文書
「蔦一間」の「切符分」の替地として「薬谷注寺」を返す	家蔵三、竹内平次右衛門文書
「河嶋政所五貫文」の替地「薬谷里内之田五貫文之所」を与える	家蔵三、竹内平次右衛門文書
侘言に任せて「小泉前之闕所」を「被遣」る	家蔵五七、萩庭弥右衛門文書
「和安進退之儀」のための在留と芦名氏の動向への警戒を伝える	松野文書(『茨城県史料』中世編Ｖ所収)
「薬谷河原之内釘用之儀」を「侘言」に任せて与える	家蔵三、竹内平次右衛門文書
「受領」を与える	家蔵三、矢野隼人文書
剣術伝授の際の起請文	家蔵五二、平沢清右衛門文書
「兵法之契約」を謝し、以後の懇切を求める	家蔵五二、平沢清右衛門文書
「南郷仁貫文之所」を「加恩」として与える	家蔵三、矢野総右衛門文書
万喜攻撃の状況を伝えると共に房越同盟重視を唱える	上野文書(館山市立博物館蔵)
辛労を賞し、「授領」を与える	家蔵三、延生介右衛門文書
近津神社奉加帳(義重・鶴寿丸・義久と連署)	近津文書(『茨城県史料』中世編Ⅱ所収)
当表備の相談の為の着宮を報じる	下野須賀文書
「根岸前之闕所十貫文之所」を任せおく	家蔵三、小野崎平兵衛文書
義重への通用を求め、情勢を報じる	下野須賀文書
受領を与える	家蔵三、矢野隼人文書
官途を与える	家蔵三、竹内平次右衛門文書
官途を与える	家蔵三、竹内平次右衛門文書
国綱の壬鹿表への出陣に際して軍勢派遣を催促する	佐竹文書五乾(東大史料本)
「貴殿父子」に如才なき旨の起請文	家蔵十二、真壁甚大夫文書
「屋形様」に対して忠信いたさば、別心なく申しあうべき旨の起請文	家蔵七、大山弥大夫文書
「小場・大山」間と「府中・江戸但馬守」間の争論の状況を伝える	江戸譜(『筑波町史』中世編Ｉ所収)
「南衆」出張なきに付き	輪王寺文書
「塩谷之儀」の処置に付き	輪王寺文書
「竹内小七郎名代」を申しつけるに付き	家蔵三、竹内平次右衛門文書
芹沢宝眼寺奉加帳写(義種・義久・猿菊丸・義成と連署)	常陸遺文四所収(東大史料本)
北口への出陣の状況等を伝える	塚原文書(『茨城県史料』中世編Ⅵ所収)
万喜攻撃の状況を伝えると共に房越同盟重視を唱える	上野文書(館山市立博物館蔵)

表4　佐竹義斯発給文書目録

No	年・月・日	花押型	宛　所	書止文言	形　式
1	永禄5・12・10	義斯(A)	真崎弥三郎殿		名字状写
2	永禄9・10・16	B	延生玄番亮殿	…者也	官途状写
3	永禄10・6・16	B	延生玄番亮殿	…者也	知行充行状写
4	永禄10・7・7	B	矢野平次右衛門尉殿	…者也	官途状写
5	永禄10・7・7	不明(B)	矢野平次右衛門尉殿	…者也	一字書出状写
6	永禄10・9・晦	C	矢野平次右衛門尉殿	…者也	官途状写
7	永禄10・10・27	C	田名部玄蕃亮殿	…者也	知行充行状写
8	極・25	義斯(C)	小貫右馬亮殿	謹言	一字書出状写
9	(永禄11)・極・5	義斯(C')	山内殿御宿所	恐々謹言	書状
10	永禄13・4・15	義斯(C')	矢野太隅守殿	謹言	知行充行状写
11	永禄13・4・18	C'	矢野平次右衛門殿	…者也	知行充行状写
12	永禄13・4・18	(C')	矢野平次右衛門殿	…者也	知行充行状写
13	永禄13・10・5	C'	萩谷新右衛門との	…者也	知行充行状写
14	(元亀2)・4・25	義斯(C')	松次江	恐々謹言	書状写
15	元亀3・3・24	C'	矢野平次右衛門殿	…者也	充行状写
16	元亀3・11・6	C'	矢野美濃守殿	…者也	官途状写
17	元亀4・4・11	C'	愛洲美作入道殿		起請文写
18	(元亀4)・4・11	義斯(不・C')	愛洲美作入道殿	恐々謹言	書状写
19	天正3・3・17	C'	矢野藤八郎殿	…者也	知行充行状写
20	(天正3)・極・24	賢哲(C')	太田新六郎殿　参	恐々謹言	書状
21	天正4・10・10	賢哲(D)	延生長門守殿	…者也	官途状写
22		沙弥賢哲(D)			奉加帳
23	(天正5)・4・6	賢哲(E)	大貫左衛門尉殿	恐々謹言	書状写
24	天正6・7・26	賢哲(E)	小野崎新蔵人殿	恐々謹言	知行充行状写
25	(天正7)・7・24	哲(E)	高六へ	以上	書状写
26	天正10・11・10	賢哲(E')	矢野信濃守殿	…者也	官途状写
27	天正10・11・11	E'	矢野平次右衛門尉殿	…者也	官途状写
28	天正10・11・15	賢哲(E')	矢野平次右衛門尉殿	…者也	官途状写
29	(天正13)・7・6	賢哲(G)	江但江	恐々謹言	書状写
30	天正14・3・12	賢哲(F)	道無　参		起請文写
31	天正14・7・2	賢哲(F)・義久	大山因幡守殿御宿所		起請文写
32	(天正14)・7・9	賢哲(F)	三楽斉	恐々謹言	書状写
33	4・10	賢哲(F)	宇都宮殿御報	恐々謹言	書状
34	(天正12カ)・極・27	賢哲(F)	宇都宮殿御宿所	恐々謹言	書状
35	天正15・12・20	G・花押影(義憲)	竹内平次右衛門尉殿	…者也	判物写
36		源義斯(G)			奉加帳写
37		□哲	□□・大□・越前	めてたかしく	書状案
38	(天正3)・極・27	賢哲(D)	正大へ　□	恐々謹言	書状

註：花押型の確認については、秋田藩家蔵文書については雄松堂マイクロフィルム、他のものについては東大史料編纂所影写本に拠った。なお、備考の家蔵とは秋田藩家蔵文書の略である。

と義宣の連署知行充行状写[38]や天文二十二年前後と考えられる年欠八月二十日付義昭・義重の連署知行充行状写[39]にも親子関係でみれば親である人間が日下に署判しており、佐竹氏の書札礼においては必ずしも子の方が日下の位置にくるのではなかったことがわかる。従って、新田氏が行った分類を受けてG型としてここでは分類した（また断定はできないのだが、E型（とくにE型）とG型の花押型は類似性を持っていると思われる）。

次に義斯の使用した花押の特色であるが、まず七種の花押型の数からもわかるように文書数に比しての花押型の多さが指摘できる。その中には、A型やD型のように使用例がわずか一・二点しか確認できないものもあり、年代的にかなり限定された使用のされ方をしていたと思われる。その中でも、目録からもわかるようにF型とG型は使用時期が重なっており、その使い分けが問題となってくる。F型は、宇都宮・真壁・太田・大山といった天正十年代の佐竹勢力内でも有力な勢力との交渉に用いられたことから、G型よりも厚礼な使用のされ方をしていたと思われ、対外的に重要な局面で使用されていたと想定できる。G型はそれに対して江戸氏との交渉や家臣への判物に用いており、どちらかというとF型よりも薄礼な場面で使用されていると思われる。このような花押の使い分けは東家の義久も同時期（若干義久の方が遅いが）に行っており[40]、義斯も同様な使い分けを行っていたと考えることができるのである。

Ⓑ花押変更の背景

花押は、文書上における花押を使用する人物の自己表現である。従って、使用する花押を変更することには、当然その使用者の主体的な意図が存在したことが予想されるのである。佐竹氏の場合には、同じ三家である東家の義久については、南奥方面における佐竹氏の政治的な動向が大きな契機となっていた[41]。それを考えると、義斯の場合にもその使用花押の多さから義久と同じような政治動向と結びついた変更理由が予想されるのである。

それでは花押の変更の背景を考えていくと、A型からB型への移行であるが、すでに新田氏も触れているように、A型は政治・氏治等が用いた小田氏の花押に酷似している。A型花押が使用された時期の永禄中期は、佐竹氏は越後の上杉氏をも巻き込んで小田氏と戦闘状況にあり、義斯の父義廉は永禄七年に小田城が攻略されるとその城代として入城したと伝えられており[42]、義斯をめぐる状況は小田氏攻撃一色に染まっていたと考えることができる。敵方の花押を模倣する行為には花押を襲用することによって敵方を滅ぼす呪術的な意味合いが込められていたといわれており[43]、義斯の小田氏型の花押襲用は、小田氏攻略の意が込められていたと考えられる。しかし、父義廉による永禄七年期の小田領支配はあえなく失敗し、氏治の小田城復帰が七年末から八年初頭にかけて実現する[44]。小田氏滅亡の意を込めたA型からB型花押への移行はこの小田支配の失敗の時期とほぼ一致することから、この小田支配の失敗が義斯の花押のA型からB型への移行に大きな影響を与えたと考えることができるのである。

B型からC型への花押の移行については不明ではあるが、変更が行われた時期である永禄九年から十年にかけては佐竹氏が下野の那須氏と衝突を繰り返していた時期であり、九年七月二日には那須近辺である国人領主武茂上総介・同源五郎宛に佐竹義重の起請文[45]が出される等、佐竹氏優勢下に進出が進められていたことがうかがえる。義斯がこの那須進出に関わっていたことは、延生氏等への官途状写に那須地方にある「塩谷」における働きを理由としていたり、あるいは元亀三年の那須氏との和睦の際には義重の代官として派遣されていることからもわかり、那須進出に密接に関係していたことが想定できるのである。従って、B型からC型花押への移行は、義斯も関係していた那須方面への佐竹氏の進出が、何らかの画期となるような展開をみて、それを受けて義斯が花押を変更するに至ったと思われる。

次にC型からD型への移行についてだが、新田氏がすでに触れているように、義斯自身が出家し「賢哲」を称したことがきっかけとなったものと思われ、出家を契機として花押を変更したと考えられる。

D型からE型への移行については、E型の花押の開始時期にあたる天正六年七月の政治情勢がその変更の要因としてあげられる。天正六年七月における佐竹氏は、白川氏との長年にわたる戦いに終止符を打つ和平交渉に入っており、その交渉にあたった船尾昭直への大山義種他の佐竹氏重臣層による連署起請文から七月末には交渉の先行きもみえつつあったことがうかがえ、佐竹氏にとって年月を費やした南奥支配がようやくその成果を確実にしつつあった時期にあたっている。[46] また天正三年の第三次関宿合戦以降いよいよ本格化してきた後北条氏の北関東進出に対抗して、小川台において後北条氏に協同して対決する誓いを宇都宮氏等と共に立てたともいわれる。[47] 更に永禄末期から天正初期にかけて関東の政治情勢に大きな影響を与えてきた越後の上杉謙信も三月に急死しており、天正六年七月から八月にかけての時期は、佐竹氏をめぐる情勢が極めて展開をみせた時期[48]ということができ、義斯も文書上では確認できないが、このような政治情勢の中で対応に追われていたと思われる。従って、どの一つかは断定できないが、花押の変更の背景としてはこの時期の政治情勢の変動があったものと思われる。

〔二〕 義斯の活動

この項では義斯の発給や受給文書を整理しながら、その活動を考察していきたい。義斯の発給文書を整理していくと、彼の活動は、すでに市村高男氏[49]が指摘しているように大きく二つに分けることができるように思われる。その一つは、知行充行状や官途状にみられるような自らの所領を支配して家臣団を組織する、北家当主としての活動である。またもう一つは、下野の宇都宮氏や常陸南部の真壁氏、水戸の江戸氏等と交わされた書状や起請文からうかがえる佐竹氏権力の一員として重要な役割を果たしていたと思われる活動である。

Ⓐ北家家督としての活動

まず義斯自身の発給した知行充行状をみていくと、北家の所領は、久米城を中心とした薬谷や河島といった久米城周辺の地域と深荻地区の二つに分かれて存在していたことがわかる。[50] そこで注目できるのが（表4参照）、義斯が知行充行に用いている文書形式としては、ほぼ判物形式であることである。他の佐竹氏の宗家や東家では、書状の形式を用いて充行を行う例がかなり多くみられ、佐竹氏の充行状の一つの特色といってよいのだが[51]、その中で北家の義斯の場合には判物形式が全体の八〇％以上を占めており、他の佐竹宗家の例に比較して特色としてあげることができる。また書状形式で充行を受けている者も、北家家臣団では大きな位置を占めていた矢野氏の当該期の中心人物であった重里[52]と、義斯の代から北家に属し始めたと思われる小野崎新蔵人に限られているのである。これは充行を受けた層が秋田移住以降も北家家臣として佐竹氏に仕えた層であることに反映していると思われ、官途状からも同様のことがうかがえる。従って、史料の残存の問題もあるが、ほぼ義斯は北家固有の家臣層にのみ知行充行を行っていたと考えることができ、それが領主から家臣層への充行に通例用いられる判物形式での充行の比率が、たとえば同時期の義重や義久に比較して多くさせたものと思われる。このことは、佐竹氏においても家臣層に対する官途や知行の充行には判物形式を用いることが通例であったことをうかがわせ、書状形式を用いる場合にはそれを必然とさせる佐竹氏内外の礼秩序・書札礼が存在していたことを示している。

また義斯の知行充行や官途状の発給の特徴としてもう一点あげれば、義斯がそれらの文書の発給を行う時期には、宗家の家督であった義重も官途状の発給を行っていることである。例をあげれば永禄九年から十年にかけての義斯の官途状の発給の前後には、義重も「塩谷」における辛労を賞する官途状や充行状を発給しているのであり[53]、義斯の宗家に関わる活動が義斯自身の領主的な活動に大きく影響を与えていることがわかる。

このように考えると、宗家家臣へ知行問題の一次的な裁許権を行使したり、宗家の充行の副状も発給していた同じ三家である東家の義久と大きな違いをみせており[54]、南奥にあって在地勢力の吸収や他勢力の糾合を実際的に担って南郷支配を行っていた義久と、義斯との活動には性格の違いを予想することができる。

以上のように、義斯は久米城を中心とする山田川下流域と深荻地区を所領として経営を行っており、矢野氏を中心とした自らの家臣団を組織していた。しかし、その所領支配や家臣団支配に関わる文書をみていくと、それが北家の家督として発給されたものであると同時に、実は宗家の下野国那須方面の進出等の活動に関わることを契機に発給されていることがわかり、義斯における宗家との結びつきの強さを示していると思われる。

Ⓑ佐竹氏権力の構成員としての活動

次に義斯の佐竹氏権力全体に関わる活動をみていくと、その書状や起請文が一部の例外を除いてすべて宗家の活動に関連していることがわかる。その具体的な内容を分析していくと、a宇都宮・上杉氏等の外部勢力への宗家義重の意志や情報の伝達、b真壁氏や江戸氏等といった佐竹氏勢力に属する領主層への義重の意志の伝達・軍勢派遣の依頼や催促あるいは詫言の取次といった内容であり、義斯が宗家と他の領主権力層との接触の窓口になっていたことがわかる。

その中で注目できるのは、たとえば下野東部の茂木氏のような国人領主や常陸西部の大山氏といった有力一族の所領問題や名跡問題(55)を取次として調整していることである。その間の状況がうかがえるのが、次の史料である。

【史料4】

猶々

茂木筑後守望□條々承候、従巳前御懇□儀與云、今度忠信□□時宜者無別條候、何様□打越候者、様躰及尋
□地不可有別條候、此□可然候、恐々謹言

四月十四日　義昭（花押）

又七郎(56)殿

この史料は、欠損のため解釈の難しいところもあるが、基本的には茂木氏より出された安堵の要請に対して宗家の義昭が裁許を与えたものと思われる。その中でこの史料で注目したいのが、義昭による裁許が又七郎（義斯）

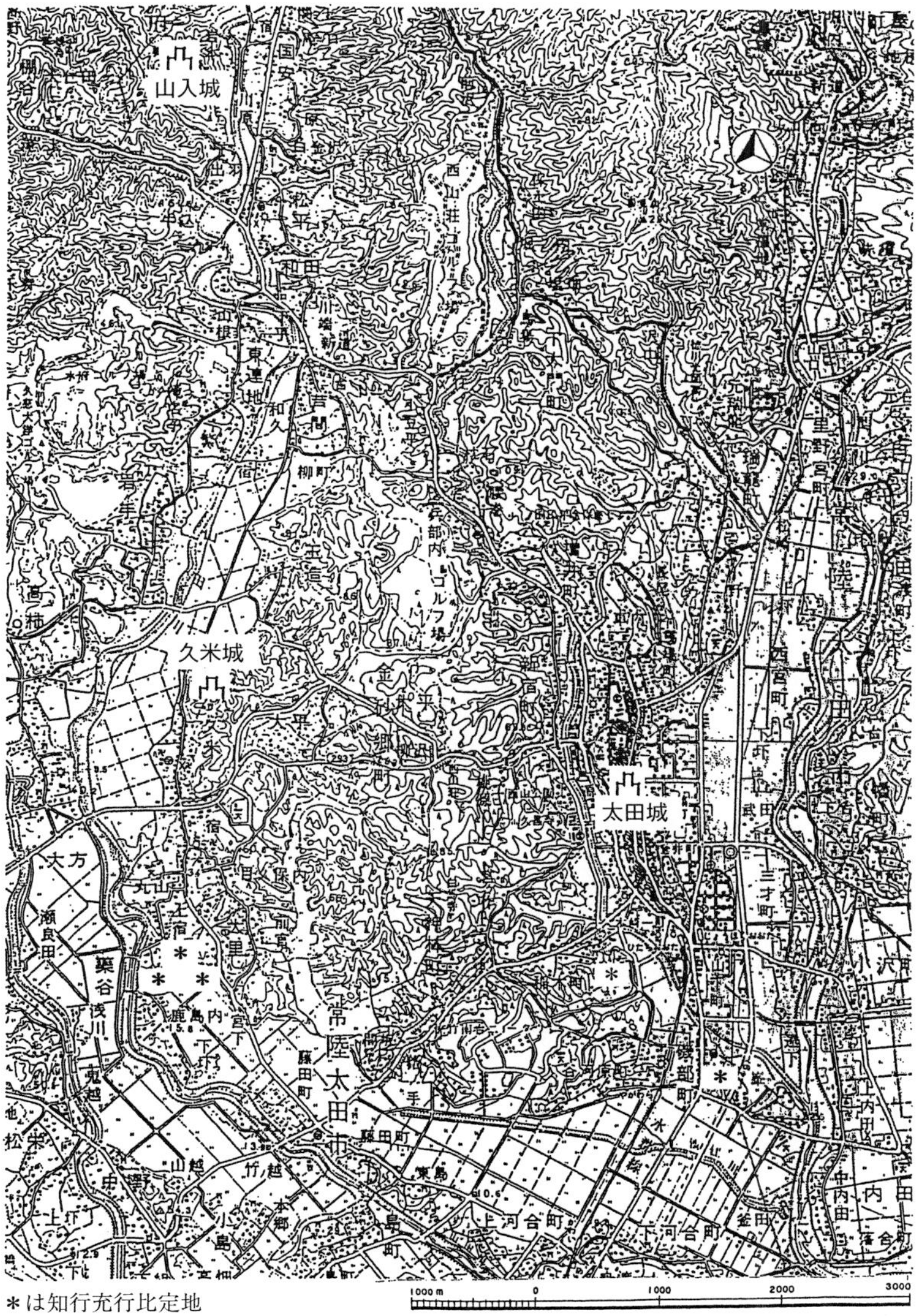

＊は知行充行比定地

図７　久米城周辺図
国土地理院５万分の１地形図「常陸大宮」・「日立」より作成

に宛てて出されている点である。これは茂木氏の「望」に対して義昭が与えた回答を義斯が伝達することを前提にして、この文書を義昭が発給していることを意味する。そして、この文書を所持しているのが茂木氏の子孫であることから、この文書は義斯の伝達によって茂木氏に実際に渡されたものと思われる。そして、逆に義斯を通じて伝達することを前提として出されていることは、同時に義斯を通じて茂木氏の「望」が宗家に伝えられたことを意味するのである。このように義斯は、茂木氏や大山氏といった佐竹氏勢力下の半自立の領主層と宗家の間に入り、領主層の詫言（「望」）実現に介在すると共にその調整を行っていたと考えることができる。

北家はその祖である義信段階から石神小野崎氏等の所領相論の調整を行っており[57]、義廉の例を考慮しても同様のことがうかがえることから[58]、佐竹氏旗下の有力一族・国人と佐竹宗家の間に立って取次を行うことが北家の活動の特色としてあったと考えることができる。

また義斯は各方面の陣に派遣され、臨時に宗家の代官として活動していたことが確認できる。たとえば「義重為代官、先佐左・佐中在宮候、備方無由断令相談候」[59]や「為代官又七郎、南口へ在陣之上、毎事可被相談候」[60]とあり、宗家の義重が事情によって出馬できない場合に派遣されて、一時的に義重の代わりとなって軍事的や政治的な判断を下すことを行っていたと思われ、その意味で義斯は宗家の分身的な活動を行っていたということができる。しかし、その裁量権にも制限があったことが次の史料からうかがえるのである。

34号文書
（端裏書）
「太郎」
急度令啓候、先回預御音問候、翌日爰元へ打越候間、即不及御報候、無御心元被存候、然者庄内種々塩谷之儀雖申理候、種々難題被申立候間、於自分不及分別候条、何篇義重為可申聞、今日罷帰候、於様躰者自太田可申宣候、雖無申迄候、塩谷抱方無由断様、被加御意見、可為肝要候、委細期来音之時候、恐々謹言

極月廿七日　　　　　賢哲（花押）「五郎」（異筆）

宇都宮殿　御宿所[61]

この史料は、義斯が所領問題で争っていた那須氏と塩谷氏の調停に派遣された際に発給されたものと思われる。[62]それをみると、義斯が「庄内」（那須氏）に対しておそらく塩谷氏側の主張を含めた佐竹氏側の意見を申し入れたところに那須氏側からの返答（「難題」）があり、それに対して義斯一人では解答できないことも含まれていたために義重の意志を確認する必要が生まれ、常陸太田に帰還する旨を宇都宮氏に伝えた文書であることがわかる。このように義重の代理人として派遣された義斯も、一定度しか政治的な判断を下す権利を与えられておらず、最終的な決定権は義重に留保されていたことがうかがえるのである。[63]従って、義斯の宗家の代官としての活動は、義重より一定の制限を加えられた上での活動であったことが確認できるのである。

このように義斯は、佐竹宗家の取次として有力国人や一族の所領問題の裁許に関わったり、外部の勢力との交渉にあたる活動と共に、宗家から一定の裁量権を委任された代官としての活動も行っていたと思われる。

また他の事柄で注目できることとして、義昭期から義重・義宣期にかけて佐竹氏の奉行人として広範な活動を行っていた和田昭為の失脚事件が元亀二年に発生する。この事件は、車斯忠の讒言によって和田昭為が失脚したと伝えられるのだが、[64]その際に義斯は、その追討人として検断にあたっている。[65]この事件そのものの顚末が史料的な制約を受けて明確にすることができないために、その背景を解明することはできないが、義斯が奉行人層よりも上位にあり、検断を実施するような活動を行っていたことをここで確認しておきたい。

また最後に義斯の活動の中で確認しておきたいのは、少なくとも義斯の時期においては南奥における義久のような地域支配を委任されるような活動は行っていなかった点である。義斯の活動の中では下野国東部や常陸国南部の領主層の取次を行うことが大きな位置を占めていたと思われるのだが、その活動も領域支配を委任されるような展開を遂げることはなく、あくまでも取次という枠内にとどまっているのである。もちろん宗家の那須進出等に参加し、大きな役割を果たしていたことはうかがえるのであるが、それはあくまで宗家との関係でなされたのであり、北家が主体となるような展開では行われなかったと考えられる。

以上のことから、義斯は、自らの所領支配を行う領主として存在すると共に、佐竹氏の権力を担って情報・宗家の意志の伝達を行ったり、一部の局面的には宗家の代官として活動するなどの宗家の奉行人的な活動を行っていたことが確認できた。

〔三〕 義斯の活動の位置

以上から、今までみてきた義斯の活動を佐竹氏の権力構造上に位置づけてみたい。義斯の活動はすでにみてきたように①北家家督としての一個の領主としての活動、②宗家を中心とする佐竹氏権力の中において、外部の領主勢力の取次や宗家の代官として活動するといった奉行人的な活動を果たす、また③宗家の奉行人層に対して、上位に位置してその検断にあたるような場合もあることを確認した。

それでは、義斯のこのような活動は、当該期の佐竹氏においてどのように位置づけることができるであろうか。ここで義斯の活動の中で注目したいのが、外部勢力との関係である。佐竹氏とこの時期に接触を持った外部の勢力は、江戸氏や大山氏といった佐竹氏の勢力に属しつつも自立した領主権を保持しているような国人領主や一族層、あるいは真壁氏のような基本的には佐竹氏に属しつつも自らの利害による独自の政治的な立場に立つ国人領主層、あるいは佐竹氏に深い関係を持つ宇都宮氏や上杉氏といった領主権力、はては室町幕府や統一権力に至る様々な階層の様々な勢力であった。それらの勢力に対し、義斯は佐竹宗家に準ずる格式から、対等かあるいは対等に近い形で接触し、彼らと佐竹宗家の間の調整を行ったのであった。そこでまず問題となるのは、彼と外部勢力との関係が本質的には佐竹氏権力という枠組みの中で設定されてきたのか、あるいは佐竹氏という権力を背景としながらも個別に関係を結ぶ中で生まれてきたのであろうかという問題である。その特質をよく表すと思われる史料が、30号文書である。

30号文書

　　起請文之事

一、乍勿論貴殿御父子江聊不可存如在事

　付佞人之取成候者、互ニ糺明可申事

一、縦二度三度御失念之儀候共、御恨ニ不可存事

　右於此旨偽者

梵天・帝尺・四大天王、惣而日本国中六十余州大小神祇、八幡大菩薩・愛宕山大権現・鹿嶋百余所・天満大自在天神可蒙御罰者也、仍如件

　天正十四年乙酉
　　三月十二日　　　　賢哲（花押影）「血判」

　　　道無
　　　　参(66)

　この史料は、前年よりの道無（真壁久幹）の大田和滞在の労(67)を謝する意を起請文で表したものと思われる。その中で義斯は、道無父子に対して以後も如在を存ぜず讒言等がある場合には互いに糺明に及んで誤解のないように申し合うことを誓うと共に、道無父子がたとえ義斯あるいは佐竹との約束や関係を「二度三度」忘れるようなこ

とがあったとしても、義斯個人としては恨みに思わないことを誓っている。このことは、すなわち義斯が佐竹氏の中で真壁氏のことを如在ないように保護や弁護する立場にあったことを示すと同時に、真壁氏が佐竹氏の意に反するようなことを行ったとしても、それを容認して従来の義斯と真壁氏の関係を保つことを義斯の側から保証していることを意味するのである。従って、義斯は佐竹氏権力内において真壁氏に対して取次等を行うような関係にあると共に、個人的には真壁氏の去就にある程度の自由を認めていたことになる。このように考えると、義斯と真壁氏の関係は、基本的には佐竹氏という権力を前提としながらも、その枠に囚われず個別に結ばれていたと考えることが妥当であると思われる。

このことを真壁氏の側に立って考えると、真壁氏は佐竹氏に基本的には属しつつも、周辺の結城氏や小田氏・後北条氏といった勢力の狭間の中で、自らの保全のためにその動向に一貫性を欠くようなことも存在したのであり、義斯は、そのような時に求められた佐竹氏へ帰属する際のパイプ役であった。従って、佐竹氏周辺の中小勢力からみれば、義斯のような外部の勢力と対等に近い形で個別に交渉を持つことができ、また宗家とは別に起請文が求められたことからもわかるように、宗家とも別の独立した人格を持つことができ、その意志決定に影響を与えうるような存在が求められたのである。戦国末期における三家の活動の意味はここに求められると思われる。

また外部との勢力が個別の関係に基づくことから考えて、従来いわれてきた地域的な分担は、初発から佐竹氏の側から設定されたものではなく、北家の場合には一時的に義斯の父義廉が小田に在城したことを除いて、先に述べたような個別関係の集積によって生まれたものと思われる。北家は、むしろその宗家の活動全般にわたる関与や居城の位置・和田昭為事件の検断等から考えて、宗家に密接に結びつく形で活動していたと考えられるのであり、その意味で、北家は佐竹氏権力の中枢を担う存在であったと想定することができる。

第三節　三家の政治的位置

［一］三家の創出と研究史における佐竹三家の位置

Ⓐ三家の創出

ここで具体的な考察に入る前に、佐竹氏における三家がどのように成立するかについて検討してみたい。三家の成立についての検討は、三家の扱われ方に比べて意外に少なく、実は同時代史料の中で北家・東家・南家を三家と記述した史料は管見の限りない。しかし、北家の義斯に宛てて「御北　御陣所」[68]と記述したり、東家の義久と併せて「御北・東」[69]と呼んだりする書状中の文言は確認できるため、彼らを佐竹氏の中で区別して北・東・南と呼称し、それが広く認知されていたことが確認できる。

次に佐竹の名字を名乗ることに関しては、佐竹氏の他の一族の場合には「小場」「大山」といった名字を文書発給の署判の際に肩書きするのが通例である。それに対して、三家の場合については肩書きはみられないのが特徴である。その特徴を顕著に示しているのが東家の義久《よしひさ》で、義久は庶子として生まれ一族の酒出氏を継いでいた関係で、兄の義喬《よしたか》活動期には文書発給にあたって「酒出《さかいで》」と肩書きしている[70]。しかし、兄が健康を害したとされる事情から東家の家督を継承して以降発給した文書には、肩書きはみられない。このことは、義久が東家継承にあたって佐竹の名字に復帰することを自覚していたことを示し、当該期より三家が佐竹の名字を名乗っていた徴証たりえると思われる。そのため通称を東とか北とすることは確認できるものの、名字として意識されていたのではなく、名字は佐竹とすると思われる。

また北・東・南の家をまとめて三家と呼ぶことに関しては、実際に南家に断絶がみられるなど、同時代史料からは確認できない。近世に入って、秋田移封後に一族の小場氏を西家として四家と称する前段階として三家と呼ぶ例がみられる。また徳川将軍家の庶家「御三家」の成立が江戸期に行われ、それを意識するような形で三家と称するようになったものと思われる。系図を確認すると明らかなように、佐竹氏における三家は、当主義舜《よしきよ》の弟義信《よしのぶ》と政義《まさよし》、義舜の子義篤《よしあつ》の弟義里《よしさと》によって創出され、時間差をもって成立しており、最初から三家を創出することを想定して家が創出された訳ではない(71)。そのため、本研究では、一家衆の中で筆頭に位置し、佐竹の名字を名乗ることを当主より許され、関係文書からみて佐竹氏権力全体への内政・外交の深い関与が確認できるという特殊な地位に占めていたことにより、他の一家衆と区別するために北・東・南家を総称して三家と呼称しておく。

三家の創出過程については、永正十四年（一五一七）三月に佐竹宗家の当主義舜の死に際して家督を義篤が継承することとなるが、義篤は永正十四年段階で十一歳であったといわれるため家政を担うことができず、義舜弟の義信と政義が義篤の補佐を行う形で政務が執り行われたとされ、これをもって宗家を補佐する家として北・東家が成立するとされる(72)。この伝承は、「新編常陸国誌(73)」等の近世の編纂物にみられるのみで、戦国期に作成された系図・記録類には管見の限りではこのような記載はみられない。実は江戸時代に佐竹氏によって編纂された「佐竹家譜(74)」にも記載はみられないので、伝承について史料的な実証が必要になる。その史料的根拠となるのが次の史料である。

【史料5】

此度忠節神妙之至候、然者横瀬兵庫御恩之地申成可遣候、前々拘候御恩之地をハ可返上候、謹言

花押影（義信）

壬十月十九日

花押影（政義）

石井隼人佑殿(75)

史料5は、閏月から永正十四年に比定できる文書で、北家の義信と東家の政義の連署によって佐竹氏宗家の家臣石井隼人佑に戦功を賞して知行充行を行ったものである。この史料が義信か政義がどちらかの単独で知行充行を行っているのであれば、彼らの自らの家臣への充行と考えることもできるが、しかし、両名の連署によって宗家家臣に文書が発給されており、両名の合意をもって宗家家臣への知行充行が行われたことを示している(76)。

両名については、同年二月の薩都神社の奉加帳にその名がみえる。

【史料6】

永正十四年太歳丁丑二月吉日

奉加奉納　　願主藤原勝通

右京大夫義舜

源女 御娘

平女

一臺

藤女 御西

源女 富春

左衛門督義信

左近大夫将監政義

小場 式部大夫義実

源女孤松軒宇留野

周永崇福寺

石塚大膳亮義胤
大山中務少輔義宗
沙弥常観太山入道
天神林上野介義賀
戸村宮内少輔義広
小野崎山城守親通
[77]（以下略）

奉加帳には、義信と政義は、当主義舜とその妻子の直後に一族の最上位を占める形で記載されている。そして、他の一族と異なって名字の肩書きを持たない形で記載されていることが確認できる。そのため、当該期では両名は佐竹の名字を名乗ると共に、佐竹一族の礼的な秩序において宗家に継ぐ地位を持っていることがわかる。その両名が連署して文書を発給していることは、そのことのみでも佐竹氏権力の中で大きな権威を付与された形で文書発給が行われたことを示している。また、加えて同年三月に義舜が死去して義篤が幼い状況であったことを考慮すれば、この史料は、当主を代行する形で両名が文書発給を行ったととらえることができる。そのように考えると、先に触れた義篤幼少期に義信と政義によって義篤の補佐が行われたとする伝承は、少なからず実態を持って行われたと考えることができる。従って、佐竹の名字を称して当主を補佐する三家の活動は、義信と政義の時期から開始されており、その活動が子孫に受け継がれることによって、北家と東家という家が佐竹氏の中で成立したものと考えることができる。

南家の創出については、天文十四年（一五四五）四月の宗家義篤の死に際に後継者の義昭がまだ十五歳と幼く、そのため義隣《よしさと》（義里）が北・東家と共に補佐することによって南家が成立したとされる。[78] 義隣については、義信・

政義のような明確な史料による確認はできないが、義隣が、天文十年に北家の義廉と共に白川氏に和睦成就を祝して書状を発給して馬を送っており、他の二家と同様の活動を行っていることから、ほぼ伝承通りに義篤の死前後から宗家の補佐を行う活動を開始したものと思われる。

また北家の義信に関しては次のような史料を確認できる。

【史料7】

就本訴之時宜、此間侘言被申候、今日吉日ニ候間、以両使委細被仰出候、於時宜者両人可申届候、如此被仰越候間、目出肝要候、如前々申届候、当所務等之事者、不可有之候、下地等候事、被返著候、為心得以一書申届候、巨細彼口上ニ申含候、恐々謹言

九月廿日　　　義信（花押）

小野崎越前守殿(79)

史料7は、佐竹宗家に対して所領問題の相論と思われる「本訴」を訴えた小野崎越前守通老へ義信から文書発給がなされた当日に宗家から両使が派遣されることを伝えて「本訴之時宜」＝宗家の裁許が伝達されることを報じた文書である。また両使派遣を報じると共に「目出肝要候」というように、裁許が通老にとってよい結果となったことを伝達して下地が返付される見込みも報じている。この文書からわかることとして、発給者である義信が石神小野崎氏の所領問題に関する宗家への訴えに関して、深い関わりを持っていたことである。石神小野崎氏の訴えを正式に取り次いだかどうかは不明ながら、実態としては小野崎氏の訴えがその意志通りに裁許されるように義信が動いており、その動きを前提に小野崎氏が裁許の動向を「彼口上」の主をもって義信に問い合わせ、義信がそれに対して返答したものと解釈される。

この義信の石神小野崎氏の訴えへの深い関与は、義信が佐竹宗家の所領問題を扱う評定に際して何らかの関わ

りを持っていたことを示しており、佐竹氏権力内部で重要な政務を決断する段階で、一定の役割を果たしていたことを推測させる。そして、義信のこの地位を継承する中で、以後の三家は、佐竹氏の政策決定に関わる地位を保持していくこととなったと思われる。

また小野崎氏の訴え＝詫言実現のために、その訴えを義信が代弁する立場に立っていたことがうかがわれるので、小野崎氏の訴えを宗家に披露する役割を果たす、広い意味での詫言の上申に義信は関わっていたものと思われる。常陸北部において有力な国衆であった石神小野崎氏の詫言の上申に関わっていた奉行人層は戦国末期まで確認できないため、義信の後を引き継いだ北家が以後もその役割を果たしていた可能性が高いと考えられ、国衆の詫言の上申・下達に関しては三家が早い段階から関わりを持っていたことがわかる。政義については、義信のような文書は確認できないが、後に確認できる義堅・義喬・義久の活動から義信に準ずる活動を行っていたものと思われる。

Ⓑ研究史上の三家の位置

Aにみたような形で創出された三家であるが、ここまで行われてきた先行研究において佐竹氏における三家の活動の位置をどのようにとらえてきたかを確認することにしたい。

まず三家の活動に最初に着目したのは、市村高男氏の研究である。市村氏は、まず「戦国期東国における在地領主の結合形態」[80]（以下A論文）において三家が「祭祀以下の宗教的な場を共有しうる特別な地位」を佐竹氏の中で保持していたことを指摘し、その三家の家政への参加によって「三家の存在によって佐竹氏の『洞』が「洞」内で最も強大な『洞』たりえた」とし、佐竹氏の権力の重要な構成員として三家を位置づけている。そして、その視点を受け継ぐ形で「戦国期常陸佐竹氏の領域支配とその特質」[81]（以下B論文）において佐竹氏の権力構造を解明するために一家（本稿における三家と同義かと思われる）と本宗家側近家臣層の活動の比較検討を行った。その中で、側近家臣層の活動は組織された奉行人集団として活動を展開していた訳ではなく、あくまで本宗家当主との個別人格的な結合関係を前提とする活動にとどまることを明らかにした。その貧弱な側近家臣層の活動を補う上で佐竹一家の活動がみられ、それぞれ自立した家を基盤とする領主権力として存在しながらも、最終的には佐竹本宗家と有機的に結びついて一体化することによって、佐竹氏権力の基本部分を構成する存在であるとした。そして、知行の安堵・充行権・官途・受領の付与権を行使して当主のもとに結集することによって佐竹氏の領域統治を実現し、佐竹本宗家のみが形成する私的権力のレベルを超えて、佐竹名字四家の共同による公的な権力を形成したとして、一家の活動を佐竹氏の権力構造全体に位置づけた。現在における三家の活動の位置づけとしては到達点ということができる。

以後、市村氏の所論を受ける形で三家に関する研究が展開されることとなった。今泉徹氏は、市村氏が提示した洞という統合の形をとる権力像はイエの側面を強調してとらえているとして批判的な立場に立ち、後北条氏の支城領支配などの研究方法に学んで佐竹氏の領国支配の到達点を明らかにしようと試みた。(82)そして、「領」支配の視点から三家のうちの東氏（本稿における東家）の南郷領支配をとらえ、その結果、佐竹氏の南奥支配体制＝東氏の南郷領は天正三年七月上旬以前に成立し、南奥支配は東氏に一郡規模の地域支配の、全権を与えた形の支配体制であるとした。

それと対立する見解に立ったのが今泉氏に前後する形で発表された拙稿「戦国期権力佐竹氏の南奥支配の構造」(83)で、今泉氏が分析の対象とした佐竹氏の南奥支配における東家（今泉氏の所論では東氏）義久の政治的位置を中心に分析を行った。その中で、義久が宗家家臣との指南関係を基軸に南奥支配を展開したことを強調し、佐竹氏の南奥支配は、義久の指導に基づきながら、義久自身の所領＝赤館城領の支配と義久による南奥全域に対する仕置という二重構造をもって行われたことを主張した。この結果、東家義久を中心とする佐竹氏の南奥支配に関しては、すべての地域を義久の所領＝「領」ととらえて義久によって支配が展開されるとする今泉氏の主張と、南奥に関する宗家義重の最終的領主権を認めて宗家家臣との指南関係に基づく義久の仕置ととらえる筆者の主張が対立する形となった。

そこで東家、とくに義久の支配については、佐竹氏の南奥進出の過程を明らかにする先行研究の中ですでに取り上げられているのであり、その見解を整理する中で両者の見解の違いを浮き彫りにすることを試みることとする。まず奥野中彦氏は、はじめ[84]義久が南郷の総指揮権を持ち、諸役賦課権・軍事成敗権を持つが、所領の充行は当主が行ったとし、後に[85]義久が南郷の総指揮権を天正二年までに掌握し、所領充行権・諸役賦課権などで「義重の名代」としての役割を果たしていたと位置づけた。また小林清治氏[86]は、南郷の内の赤館城周辺を義久領とし、南郷全体を義久領ではないこと、「南郷についての全体的な軍事行政の指揮権」を義久が握る形であることを指摘した。また市村高男氏もB論文の中で、義久が外様家臣・本宗家家臣まで「総『指南』」し、義重より義久に充行権や官途付与権等が与えられたとし、義久「総『指南』」下の下級家臣と義久との関係は主従関係に準ずるものであるとした。それぞれ用いる語が異なるために整理が難しいが、奥野第一論文と小林論文は、義久が南郷全般にわたる指揮権を保持しつつ、所領充行等の領主支配の根幹部分については宗家義重が留保し、南郷全体を義久領ではないとすることで共通する。[87]市村氏も宗家の下級家臣と義久の関係を主従関係に準ずるものとしながらも、支配政策が「義重・義久の『申合』を基本とし」、義久が「佐竹氏当主の意思から完全に自立した立場で統治の諸権限を発動し得たのでない」とする以上、義久の南郷支配を全権を委任する形での支配とはとらえていないものと思われる。このように、義久の南郷支配を全権を委任された地域支配ととらえるのは、今泉氏の見解の独自性と評価することができる。

ここで先行研究も含めて見解が分かれている理由を考えると、まず義久が南郷の中の赤館城周辺の地に南奥進出の中で所領を有して領主支配を行っていたことについては、筆者も含めて見解は全研究が一致する。しかし、南郷、あるいは南奥全域に関しては他の外様家臣・宗家家臣の所領が存在しており、彼ら直臣層と義久・宗家義重の関係のとらえ方に、今泉氏と他の研究の違いがあるように思われてならない。今泉氏以外の研究は、ほぼ義久の指揮に基づき直臣層が活動を行ったことで共通する。このことに関しては、今泉氏は彼ら直臣層を「支城主」と評価し、南郷を義久の直接支配を受ける地域と、「指南」の形で間接的支配を受ける地域があったと考察している。これは、筆者が主張した義久による赤館城領支配と南奥全域への仕置という二重構造を佐竹氏の支配が有していたという評価と同様のことを主張するものと思われ、首肯しうる。しかし、彼ら「支城主」を「佐竹氏譜代家臣で東氏に臣従した者か、南郷の在地領主等」であるとする評価、とくに前者の評価は、寄親・寄子関係に準じて寄子として[88]宗家直臣が東家に付属され、義久の指南下で佐竹氏に仕えた家臣層の評価として適当ではないと思われる。東家に宗家から付属された家臣層を東家に「臣従」した者と考えるのであれば、南奥地域に義久の発給文書と共に一貫して発給され続けた、宗家義重の知行充行に関わる文書の意味をとらえることができないと考える。そのことを示す事実として、統一政権への従属によって、天正十八年に義久が南奥から鹿嶋へ配置替えになると、寄子として付属されていた直臣層が、南奥に残る者は義久に代わって南奥に入った北家義憲の指南下に入るか、常陸に復帰した者は宗家直属に復帰することからも、彼らが東氏（東家）に臣従したのではなく、寄子として義久の指揮下にあったことを確認できる。その意味で、今泉氏の主張と他の研究の南郷支配への評価の違いは、東家に寄子として付属された直臣層の評価に端を発しており、彼らと義久の関係は、今泉氏も「指南」関係と評価しているように寄親・寄子関係に擬せられる指南・被指南の関係であり、主従関係とは異なるものである。従って、義久による南郷・南奥支配は、宗家直臣である寄子と義久の関係を主従関係とする今泉氏の理解を一般的な理解に置き換えると、義久による直接支配と宗家家臣との指南関係を基調とした間接支配の二重構造を持つものであったとすることができ、筆者が主張した理解とほぼ同じものと考えることができる。そのため、本稿においても、義久の活動についての理解は前稿における理解を継承する。

義久以外の三家に関わる分析としては、義久と同時期に活動がみられる北家に関する分析を筆者が行った「佐竹北義斯に関する一考察」[89]がある。その中で義斯の発給文書の分析から、義斯が北家の家督として自らの所領支配や家臣団支配にあたると共に、上杉氏や宇都宮氏といった外部の勢力との折衝にあたり、佐竹氏の影響下に入ってきた真壁氏や江戸氏といった領主層と宗家とを結びつける媒体の役割を果たしていたことを主張した。また義斯については、宗家家臣の知行充行には、充行の前提となる詫言の取次を行いながらも、義久にみられたような副状の発給がみられないことを確認した。また北家に関しては、今泉徹氏が「佐竹北家の所領支配」[90]においてその所領支配の分析を試みている。

このような形で三家に関わる研究は行われてきたが、市村氏以降の分析は筆者も含めて個別分析にとどまるものであり、三家の佐竹氏権力における位置づけは市村氏の所論を到達点としているものと思われる。その意味で、市村氏以降の成果を受ける形で三家の活動の位置づけを試みる必要があり、佐竹氏を名乗り続けた三家が、佐竹氏権力の中で何を担ったのかを次項以降考察してみたい。その考察の手がかりとしては、分析の行われた東家の義久と北家の義斯の活動には、宗家家臣の知行充行の関わりにおいて大きな相違点が存在している。自ら宗家家臣へ知行充行の副状まで発給した義久と、家臣の詫言の上申下達にとどまっていた義斯という二人の活動には明らかに相違点が存在し、この違いに注目することによって三家の活動の意味を佐竹氏権力全体の中でとらえ直してみたいと考える。

〔二〕　三家による詫言の上申・下達

Ⓐ義久・義斯の活動

この節では、佐竹氏の領国支配機構おける三家の役割に関する分析を行うこととする。佐竹氏が領国支配を展開していく中でとくに重要な意味を持つのが、所領や農民支配を行う家臣の要求への対処、あるいは家臣相互の争いなどの調停行為であった。家臣層は、それら様々な要求を佐竹氏に対して詫言として提出し、佐竹氏はそれに対して家臣層が一定の了解を得られる形で裁許することが求められた。そのため、家臣層の意志である詫言の裁許を果たす主体である佐竹当主への上申と、その裁許を家臣層へ下達することは、佐竹氏の家臣支配・領国支配において重要な意味を持っていた。佐竹氏の権力の特徴として、前節において触れたように、詫言の上申・下達に一族の「三家」が介在していることであった。これを受けて、すでに第一節・第二節において戦国後期の北家義斯・東家義久の詫言の処理や領国支配への介在については、考察を試みた(91)。

その結果をまとめると、東家の義久は、佐竹氏が戦国期に進出を試みた南奥の地域支配を担当し、佐竹氏が支配下においた南奥全域への仕置と赤館領の支配を行っていた。とくに南奥全域に対する仕置の中で、南奥進出に関わっている宗家家臣の詫言の上申・下達に介在し、それに対して一次的な裁許権をも保持していたことが確認できる。また進出に関わる佐竹氏の奉行人層の詫言を当主へ伝達する例もあることも確認できた。当主義重より詫言の裁許として出される文書発給に際しては、書札礼としては当主の文書と識別が困難な形で自らの副状の発給をも行っていた。その副状発給を通じて詫言介在を行っていたことが確認できる。

それに対して北家義斯については、自らの所領支配の他は地域支配を担当することはとくになく、佐竹氏に対して自立性を保持する有力な一族や国衆等の詫言に上申・下達に介在していたことが確認ができた。その対象としては常陸国南部・下野国東部の領主層を主に行っており、その詫言の上申・下達に際しては、義久のように当主のものと類似するような形式の副状の発給は確認できなかった。上申・下達は、義斯を宛所とする当主の書状の文言中に詫言に関する当主の裁許や判断が記され、その文書が義斯を介して詫言を訴え出た領主層に授けられることによって伝達される形をとっていた。このような形で、詫言の伝達を義斯が介在したことは、義斯が主に担当した存在が真壁氏・茂木氏等といった常陸・下野の国衆層であり、佐竹氏の影響下に入りつつも家臣化をいまだ遂げていない領主層が多かったことが要因として考えられ、自立性を保ちながらも佐竹氏に境界紛争や所領の保証を求める領主層の詫言の上申・下達という極めて困難な問題に対処したこともあって、明確な上意下達の形をとった文書を発給できず、書状中に裁許を記す形の文書が用いられたものと思われる。

このように義斯の詫言への介在は、義久の詫言介在と様相を異にするものであるため、三家の活動を分析するに際して、その両者のどちらが、三家の活動のうちでより本質を示すのかを見極める必要があることとなる。そのため、両者に先行する三家の詫言への介在がどのような形で行われたかを確認してみたい。

Ⓑ義久・義斯以前の三家の詫言介在

（a）　北家義廉の事例

ここでは、義久・義斯の活動の相違の問題から、義久・義斯以外の三家の詫言の上申・下達への介在を検討してみたい。三家の詫言への介在を示す文書全体が多くないこともあって、提示できる史料も少ないが、まず義斯の父親である北家の義廉《よしかど》の例をみてみたい（義廉の兄義住《よしずみ》は若くして戦死し、発給文書は管見の限り確認できない）。

【史料8】

尚々、雖無申迄候、如此之上者今度之出陣別而被相捽候様ニ太周へ御意見専一候、委細者梅江斎ニ申候、

今度太山十郎進退之儀、侘言之旨承候、彼口如存知之候者、望之地無別条候、落居之時分於存分ニ者可申理候、恐々謹言

九月廿一日　　　　　義昭（花押）

左衛門太夫殿[92]

佐竹氏は、永禄七年（一五六四）に上杉氏と共同の軍事行動によって小田氏を攻撃し、常陸国小田城を攻略する。その結果佐竹氏は、小田城周辺の支配を上杉謙信によって委ねられることになるが、義廉（左衛門太夫）は、その動きの中で小田城に在城して小田領周辺の地域支配を担当することになる。この史料は、その支配に前後する時期（永禄六年ヵ）に佐竹氏の当主の義昭によって発給された文書である。内容としては、佐竹氏の有力一族である大山氏の庶子大山十郎義近の進退引き立てに関する詫言が大山氏より義廉に提起され、それを受けた義廉が義昭にその詫言を上申したことに対する、返答にあたる文書である。その中で、義昭は、小田城攻撃に関連すると思われる「今度之出陣」に際しての格別の稼ぎを大山義近および大山氏に求め、存知の如く状況が展開すれば大山義近の望みの地の充行を約束している。この後に実際に事態が好転し、永禄七年に大山義近は、義昭から小田周辺に所領の充行を受けることとなる[93]。

この事例から確認できる義廉の詫言への介在は、大山氏より詫言を義昭に上申すると共に、その大山氏との関係を前提に義昭から書状を与えられ、その書状の意志の披露を求められている。この文書の場合には、北家に文書が伝存されているが、義斯の事例や義廉の他の茂木氏の事例[94]からみると、当主の意志の披露と共に文書ごと詫言の主体に伝えられているのが通例であると思われる。従って、義廉の活動は、当主の文書の授受と意志の披露に介在する中で詫言の上申・下達を行うものであったことがわかる。

このような形での詫言の上申・下達は、同じ北家の義斯の活動と同様のものであり、このような事例の他は、義廉による副状等の発給は確認できず、北家の義廉においては義斯の活動に近い形で活動が行われていたことがわかる。

（b）東家義堅・義喬の事例

次に東家の義堅《よしかた》の例について検討してみることとする。義堅は義久の父にあたり、その意味で、義堅の活動の姿をみることとは、義久の活動が三家の活動の一般的な姿であるか示すことができるかをうかがえる存在である。

【史料9】

返々、御存分之透、度々御懇ニ承候、歓喜之至存計候、目出さ重而

去春以来御覚悟之旨、条々被仰分御懇ニ承候、祝着之至令存候、於向後大細事共無隔心尤可申合候、乍勿論内膳亮殿へも御同意ニ可申談外無之候、八幡大菩薩・日本之大小之神祇照覧候へ、如在を不可存候、目出さ重而、恐々謹言

十二月廿二日　義堅（花押影）

（封墨引影）

船尾野州江　義堅[95]

【史料10】

返々、ひかしへ進候つるとをり、速地行候へく候由、御心得候へく候

今度舟尾内膳正方身躰佗言候間、とこい之内五十貫之所進之候、速地行尤ニ候、此段御届専一候、重而直書可進候、かしく

梅江斎　義昭[96]

この二通の書状は、共に岩城氏の庶流船尾氏が佐竹氏に従属化してくる過程で出された文書である。史料9は、以前から従属の意を表していた船尾下野守隆輔が義堅に起請文を提出してきたことへの返答として、義堅が船尾隆輔に与えた書状であり、そのため起請文への返答の意を込めて神文が含まれている。この中で問題としたいの

は、隆輔の一族「内膳亮」に対しても隆輔と同様に扱うことが文言中にみえ、隆輔が提出した起請文中に「内膳亮」の従属に対する進退保障の文言が含まれていたことがわかる。

史料9における義堅と船尾氏の間の指南関係の成立の結果が確認できる史料が、史料10である。この書状は、佐竹宗家の当主である佐竹義昭が南奥の支配を担当している岡本梅江斎禅哲に知行充行の指示を行った文書である。そして、その充行対象となったのが、前者の文書において「内膳亮」と表現されている人物と同人物と考えることのできる「舟尾内膳正方」[97]で、「とこい之内五十貫之所」(福島県塙町常世北野・中野周辺)を佐竹氏の当主である義昭から与えられている。史料9と10の間に「船尾内膳正」が何らかの佐竹氏に奉公を行い、その見返りとして知行充行が行われたものと思われる。

その充行の中で注目できるのが、「ひかしへ進候つるとをり」という形で義堅へも「舟尾内膳正方」への知行充行を報じる文書発給が成されていることを記す追而書である。この追而書と、先にみた北家の義廉の事例を併せて考えると、東家義堅から上申された船尾氏の所領要求に対して義昭より義堅宛に要求への解答が文書として出され、それを受けて義堅から文書と義昭の意志の披露が行われたことが想定ができる。しかし、南奥に関しては地域支配を岡本禅哲が担当していることもあり、義堅宛の知行充行を指示する文書のみでは伝達が不備になる可能性があったと思われる。そのために義昭から発給された文書が史料10である。その結果、史料10と義堅宛の知行充行を指示する文書の両者の文書を所持して船尾氏が岡本禅哲に実際の所領給付を求めたものと思われ、地域支配を担当する者と詫言の上申・下達を担当する者が異なる場合の知行充行の文書授受過程を垣間見ることができる。

このように東家においても少なくとも義堅に関しては、北家の義廉や義斯が行っていたような詫言の処理において当主の意志を伺うための上申・下達にあたり、その文書の授受に介在する形で活動していたことがわかる。

また子供の義喬《よしたか》（義久の兄）においても基本的に同様なものであったと考えることができる(98)。

また東家の場合としては、その子供の義久にみられるように義堅・義喬と佐竹氏の南奥進出に深い関わりを持ち始めており、史料9・10の船尾氏や上遠野氏(99)との指南関係を確認することができる。これよりみれば義久が行う地域支配の先駆的要素を想定することもできるが、史料10など(100)にみられるように岡本禅哲が共に南奥支配を担当しており、義堅単独による裁許や知行充行の事例を確認することはできない。むしろ岡本禅哲に対して寄騎層への知行充行を委ねる内容の義重の発給文書が確認でき(101)、地域支配の実務は禅哲が掌握していたものと考えられる。

（c）南家の事例

最後に南家の事例であるが、南家が義里（義隣）によって創出されるが、その死と共にしばらく断絶するためもあり、詫言の上申・下達にあたっている文書は確認できない。しかし、陸奥国石川郡の石川氏の庶流泉氏に進退を保障するものと想定できる前欠の起請文(102)が残されている。断絶期があったことなどから南家は継続的に地域支配にあたることがなかったこともあり、南家の活動においては、北家の義廉や東家の義堅と同様に佐竹氏との交渉を求める国衆層の詫言の対応にあたっていたものと思われる。

このように義久・義斯以外の三家の活動を確認してみると、ほぼ一貫して義斯の活動のような詫言の上申・下達にあたる活動を行っていたことがわかる。そして、その活動は、義信の活動で確認できたように三家が創出された段階からみられるのであり、三家の創出理由と密接に関わっているものと思われる。その意味を次項で検討することとしたい。

[三]　佐竹氏権力の構造と三家の位置

Ⓐ三家の役割

前項で検討したように、佐竹氏における三家の活動は、家臣や国衆層の要求＝詫言を佐竹氏に上申・下達することであった。そして、その活動は、基本的には自らの文書発給を前提とするものではないことを確認することができた。文書発給を伴っても、義信が公式には両使による伝達を報じながら、あくまでも最高意志である当主の時宜を内々に伝える形＝私信の形（副状といい得るか）をとっていた。三家とその他の奉行人の詫言の上申下達過程を整理してみると、次のような形になる。(103)

宗家家臣の詫言の上申・下達過程模式図

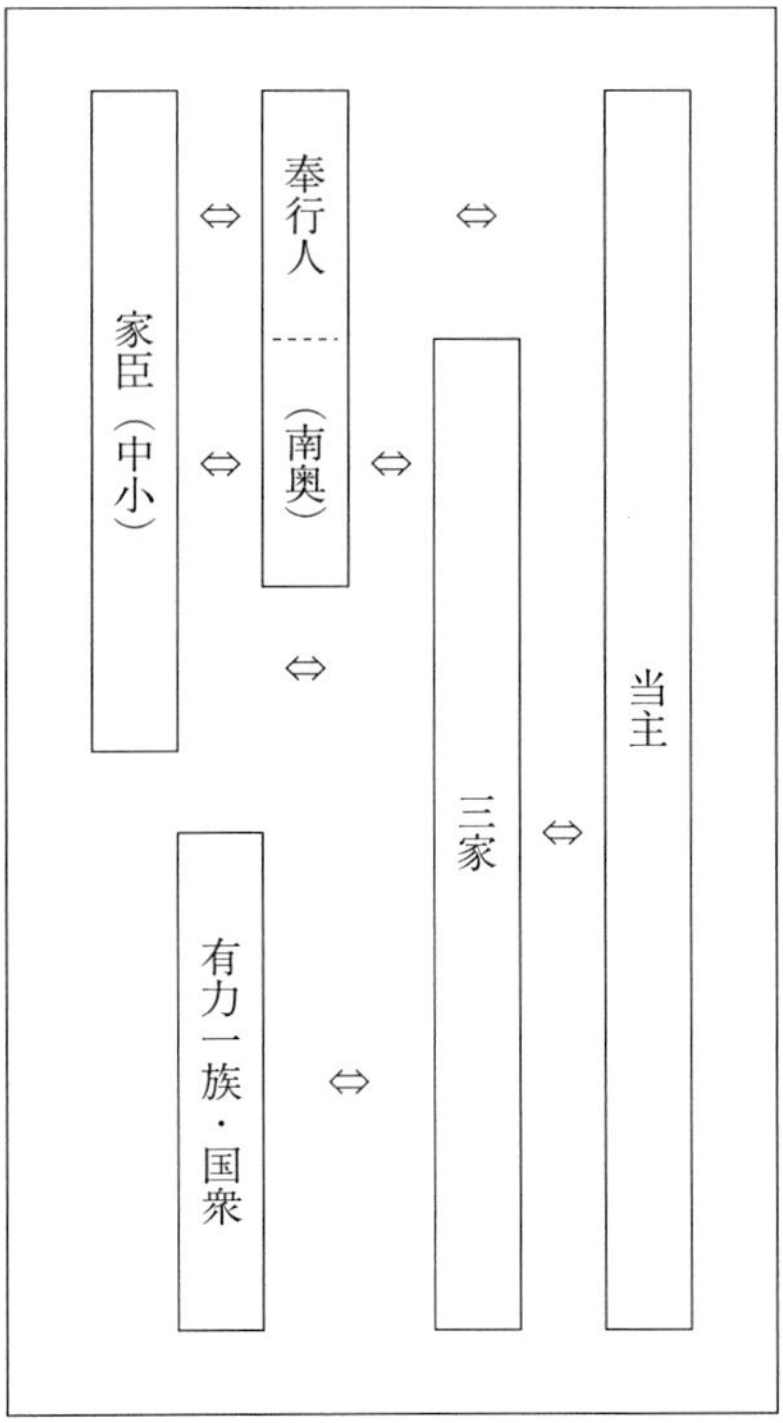

その結果から考察すると、三家の活動は、主に有力一族や国衆や新たに帰属してくる周辺諸勢力の詫言の処理を担当していることになる。家臣層の詫言の上申・下達も一部行っているが、それは実は東家の義久に限定してみられる事例であり、義久が南奥進出を担うという、佐竹氏の三家の中では特殊な立場に立っていたことに反映したことと思われる。義堅期より東家は佐竹氏の南奥進出に深い関わりをみせるが、前節でみたように義堅・義喬期には地域支配については岡本梅江斎禅哲が担当していた。義久が、岡本禅哲が行っていた地域支配と父兄が行っていた活動の双方を継承する中で、義久が家臣層や一族層に副

状発給を伴う詫言の上申・下達を行うことになったもので、進出の進展に伴う措置であったと思われる[104]。

Ⓑ三家創出の必然性

三家が一貫して国衆や有力一族の詫言の上申・下達にあたっていたことは創出期から確認できるので、この活動が佐竹氏の中で三家が担った最も大きな役割であったものと考えることができる。その意味を考える上で重要と思われるのが、当該期に佐竹氏が内包していた問題である。三家が創設された時期とは、佐竹氏において義舜が苦戦の末に「佐竹の乱」といわれる約一世紀にわたる内紛を解決した時期にあたる。そして、山入氏という宗家に匹敵する家格を有する一族の排除に成功したものの、宗家を中心として佐竹氏の再編を試みていった義舜の課題としては、依然として久慈川以西・以南に蟠踞する有力な一族や国衆をどのような形で佐竹氏の権力に包摂していくかであったと思われる。佐竹氏と義舜はそれに対して彼らの多くが南北朝・室町期より佐竹氏より分出されるか、あるいは従属していたという由来を持つという共通点をもって、擬制的な族縁秩序に位置づけることによって包摂し、安定的な体制を作り出すことをめざす[105]。その体制において大きな障害となったものと思われるのが、有力な一族や一族に擬せられた国衆の保持する族縁的な秩序における家格の高さである[106]。一族層の中には、大山氏のように永享期に鎌倉公方足利持氏より直接文書を授受されたり[107]、あるいは国衆の中では江戸氏のように幕府より文書を授けられている者も存在している[108]。そういった具体的な史料を持たない者も、文書を伝存した者との文書のやりとりで確認する限り、格としては同格と考えられる者も多い。そのような当該期の領主階層における一定の家格の高さを保持する存在を、宗家を中心とする擬制的な族縁秩序に位置づけていくことは、彼らの自立性を一定度に容認していくことをも意味する。

このように、領主階級の秩序における家格の高さや現実の勢力の強大さから有力一族や国衆の自立性を容認する中で、宗家を中心とする佐竹氏の権力は再建される。そこで求められるのが、自立性を保持した彼らと宗家を結びつける役割を果たす存在であった。有力一族・国衆は先に触れたように高い家格を保持することもあり、佐竹氏の宗家直臣層が交渉にあたるには家格から考えて不十分である。また一族・国衆と交渉にあたることは、その活動自体が一族・国衆層の佐竹氏における権利や立場を擁護する側面を持つことになる。そのため交渉にあたる存在には、佐竹氏の権力の内部において一定の影響力を持つ存在である必要も求められることになる。その佐竹氏内外の領主階級における格の高さと、佐竹氏における影響力という二つの側面を併せ持つ存在として、三家のような一族衆の活動が求められたものと思われる。室町幕府においても将軍家の一族が一定の政務への関わりを持っていたことは、上杉禅秀の乱が発生した際に諸大名が集められた評定会議において、将軍義持の叔父小河権大納言入道満詮が持氏支持の発言を行い[109]、その意見により幕府の持氏支持が定まっていったことからもわかる。

このような政務を決する評定の場において、発言する権利を持つなどの影響力を保持して、佐竹氏の擬制的な族縁秩序の中で宗家に次ぐ格を有する存在として、三家が創設されたものと思われる。その意味で、宗家を中心とする秩序を再建していった義舜の弟義信・政義によって三家が創出されたことは、三家が佐竹氏の戦国期権力として展開していく上での欠かせない存在として生み出されたことを意味している。三家が詫言の上申・下達にあたっていたことは、自立性の高い有力一族・国衆層の要請を宗家に上申し、その要請実現に影響力を駆使することによってその実現に努めると同時に、佐竹宗家の意思を円滑に伝達して、時にはその代行者として指示を与える役割を果たすことを意味した。これによって、三家は、佐竹氏への領主層の要求と佐竹氏からの領主層の要求の中間に位置し、必然的にその両者の調整を受け持つこととなる[110]。そのため三家は、宗家が一族・国衆層に対してその権力の優越性を確立できず、いまだ宗家家臣層が統治機関の主体たり得ない状況において、宗家と有力一族・国衆の双方を結びつける働きを果たしていたことになる。その意味で、義舜期における三家の創出とは、佐竹氏が室町期以来の族縁秩序を再編しながら戦国期的な族縁秩序を生み出す過程で、権力結合の強化のために生み出した政策と位置づけることができる。

また本節では佐竹氏における三家の政治的位置を明確にするために、佐竹氏より三家が創出されたという視角をとっている。ただ、三家の創設には、その前提として自らの領主支配の拡大・保全をあらゆる手段を用いて実現しようとする領主層側から、様々な方法で詫言に裁断を下す評定の場や当主の意思決定への働きかけが背景として存在していたものと思われる。三家の発給文書に多くみられる「指南」文言が、当該期の一般的な用語として領主層の進退を指導する意を表すか、佐竹氏が権力内で整備した「指南」関係を示すか、単純に峻別することは難しい。しかし、既成事実として佐竹氏の意思決定に関与する一族衆へ領主層からの働きかけによって生じていた指南関係が存在し、その関係を整序する意味をもって、三家が創出されていった側面を考えることもできる。三家が、佐竹の名字を名乗り続けるという他の一族衆との差別化は、その過程で行われ、他の一族との差別化を通じた佐竹名字の独占により総体として宗家の地位の安定化をめざしたものと思われる。

Ⓒ佐竹氏の勢力拡大と三家の活動

義舜期に創出された三家は、その以後も家政に参画する活動を継続していく。活動が継続されていく理由としては、南家の創出のように義篤から義昭への家督継承が義昭の幼期に行われたという、義舜から義篤へ継承される時に起きたことと同様の事態が生まれたことにもよる。しかし、活動が継続された最大の要因としては、佐竹氏の勢力の拡大があげられる。佐竹氏は、義篤期に部垂の乱という一族内紛[111]を克服して以降、陸奥国依上保・高野郡、下野国那須地方などの本来の佐竹氏の所領である常陸国奥七郡から周辺地域へ勢力拡大を果たしていく。またその勢力の拡大と共に、戦国期の戦乱の激化と同時に起きる広域化に伴って、敵対する勢力や古河公方・関東管領を標榜する小田原北条・越後上杉氏などの様々な勢力との交渉の頻度が急増することとなる。

そして、その中で佐竹氏において重要な意味を持ったのが、その勢力下に入ってきた領主層との関係の保持であった。佐竹氏の影響下に入ってきた領主層としては、常陸国では真壁・多賀谷氏、下野国では茂木・武茂氏、陸奥国では赤坂・石川氏や岩城氏の一族などがあげられる。また完全な影響下に入っていないにしても（一時的にも）大きな影響力を保持したものとしては、岩城・白川・宇都宮氏などがあげられる。彼らの特徴としては、室町期においては鎌倉府や幕府に対して佐竹氏と同格か、あるいは同格ではないとしても上部権力とは佐竹氏と関わりがない形で体制下に組み込まれていた。そのような領主層の統制を行っていく上で一般的な方法としては、上部権力を利用する方法があるが、しかし、佐竹氏は、下野や常陸の領主層に対して小田原北条氏と戦っていくために「東方之衆」という連合勢力の盟主となっていったこともあり、古河公方の権威を上杉氏や北条氏に独占されていた。そのためもあり、佐竹氏は、「東方之衆」という対北条氏の集団安全保障体制の盟主[112]としての立場に立ち続けたまま、その体制下の領主層への影響力を強め、その中で権力に領主層を組み込む形で権力の確立をめざしていくことになったと思われる。その意味で、戦国後期の佐竹氏の権力構造としては、宗家自身の支配に属する家中と宗家から一定の自立した領主支配を容認された有力一族・国衆層[113]、更にその外側に様々な動きの中で佐竹氏の影響下に入りつつある領主層が位置し、三重の構造を持っていた。最外縁の領主層には、完全な影響下に入ってほぼ有力一族・国衆層と同じ扱いを受けるようになりつつある者、影響を受けながらもいまだ自立した権力を志向する者など様々な層が含まれていた。

そのような状況の中では、佐竹氏の影響下に入りつつあり、徐々に統制を強めていった領主層との交渉には、それに見合う当該期の領主階級における格を持った存在が必要である。また戦闘が活発化する中で、軍事行動で領主層を指導する存在も求められた。また領主層にとっても自らと対等に近い格を持ち、佐竹氏の当主への影響力を保持する者と親近な関係を築き、佐竹氏を中心とする勢力にあって自らの立場を保全してくれる者が求められた。佐竹氏においてそのような立場に立ちうる存在としては、すでに佐竹氏に属する有力一族・国衆層に対して同様な活動がみられる三家が存在した。戦国後期に三家が飛躍的に発給・受給文書などの関係文書を増加させ、創出期に行っていた活動を継承してむしろ発展させるのは、この佐竹氏の勢力拡大に対応したものと思われる。そして、三家の活動は、①三家の創出でみたように影響下に入ってきた領主層にとっても望まれるところであり、戦闘の激しさの増加・広域化に伴って三家の活動はより広範な活動を求められていったと思われる。

また本研究では、外交面と内政面における三家の活動をとくに分別せずに検討してきた。その理由としては、三家の活動のほとんどが地域支配を担った例外を除いて、創出期より有力一族や国衆、のちには新たに従属しつつある領主層という、いわば佐竹氏の権力の外縁部に向けられている。従って、後には佐竹氏に従属して内政の問題に転化する多くの領主層との接触が外交問題として、またそれに近い形で現出する。その意味で、上杉・伊達氏といった他勢力の交渉を除いて、三家の活動においては外交と内政を峻別することが困難なのである。

小括

三節にわたって、「三家」の活動について、その佐竹氏における政治的位置づけを試みてきた。内容については、第三節で総括しているので、ここではとくにまとめることはしない。分析の結果としては、三家に求められた役割は、創出期においては領国や一族内部において佐竹氏の宗家の権威が確立していないという状況の中で、有力一族や国衆と宗家との結びつきを補完するものであった。三家が一族や国衆とは個別・人格的な関係を保持することによって、彼らと宗家との結びつきを強化し、両者の媒体の役割を果たしていたものと思われる。また後にはその活動を敷衍して周辺の影響下に入りつつある領主層に拡大し、創出期以上の役割を担うこととなったことを想定した。

佐竹氏は、第一章でみたように、屋形という地位を権力の出発点として権力を形成しており、勢力下に入ってきた領主層を、佐竹氏の族縁的秩序の中に位置づける形の権力編成のあり方をとっていた。佐竹氏の持つ権力編成の構造は、その度合いは別にして、家を中心に権力を形成する戦国期の他の権力に共通したものであるが、佐竹氏の場合には、他の公的な地位に基づくのではなく、族縁集団の長たる屋形を出発点とすることから、その構造をあらわに示していると思われる。三家の活動が顕著にみられることは、佐竹氏の権力編成に対応したものということができる。

そして、三家の活動の意味を考える時に注目できることは、活動の前提となることとして佐竹氏の当主の権威が未確立なことである。三家が主に活動対象とした者は、当主との主従関係が未確立な存在であり、多くが佐竹氏宗家と脆弱な結びつきを持つにすぎない存在であった。三家は、その脆弱な結びつきを個別・人格的な関係によって補完する役割を担っていたものと思われる。三家の活動が佐竹氏内部において明らかに後退を始めるのが、当主の権威が統一政権や幕藩体制に組み込まれることによって確立されて以降であったこともそのことを物語る。その意味で、三家の活動は当主の権威が未確立な佐竹氏の権力構造を補完するものであったのである。

当主の権威が未確立な状況が三家の活動の前提になると考えると、一つの危惧として三家によって当主が打倒されることを想定できる。当主に次ぐ貴種性を持つ三家は、同時に家督たりうる条件を一族内部で持っていることになる。その点に関して注目できることは、東家の義久を除いて領域支配を継続して担当する者がみられないことである。例外的な存在である義久も、元亀二年（一五七一）に南奥と深い関わりを持っていた有力奉行人和田昭為が失脚すること、その事件に関わるかは不明ながら翌年の兄義喬の引退という事態を受けて、東家の家督を継承して南奥支配に関わることになった結果といってよいものであった。そして、その義久に対しても、当主の義重は、第一節でみたように領域支配権を留保しているのであり、三家が領域支配を行うことには制限を加えていた。また指南下の宗家家臣層の所領を除く三家それぞれの所領も、北家の義斯の例から考えて単独で宗家の脅威になりうるものではなかった。三家の活動は、一族層や国衆層との個別・人格的な関係を基本とするものであり、領域支配とは距離を置く立場にあった。彼らの自立化や当主への造反は、そのことを通じて未然に防がれることとなったと思われる。

（1）代表的なものを掲げると、福島正義「東国における戦国大名領の成立過程――常陸国佐竹氏の場合――」（『史潮』七一号、一九六〇年）、同『佐竹義重』（人物往来社、一九六六年）、奥野中彦「戦国大名佐竹氏の南奥進出過程――東国戦国大名と民衆――」（『民衆史研究』二四号、一九八三年）、同「戦国大名佐竹氏の領国形成と支配構造」（『米沢史学』創刊号、一九八五年）、市村高男「戦国期東国における在地領主の存在形態」（『歴史学研究』四九九号、一九八一年、以下区別のためA論文）、同「戦国期常陸佐竹氏の領域支配とその特質」（『戦国期東国の都市と権力』第一編第三章、一九九四年、以下B論文）。

（2）前掲註(1)参照。

（3）「東家家伝書抄」（秋田県立図書館蔵）参照。

（4）山方城については、佐伯正廣「常陸山方城について」（『中世城郭研究』第七号、一九九三年）、また赤館城については同「佐竹氏の南奥進出について――赤館城を中心に――」（『中世城郭研究』第六号、一九九二年）参照。

（5）東館の破却をめぐる問題を扱った論文としては、伊東正義「講和の条件――領境の城郭破却――」（『帝京大学山梨文化財研究所報』一三号、一九九一年）があげられる。

（6）天正六年の和睦の意義やこの時期の南奥の政治情勢については、拙稿「佐竹東義久の発給文書とその花押」で若干触れた。

（7）これら南奥に関する状況を取り上げた研究としては、立花京子「後北条・伊達同盟前期の展開」（『地方史研究』二四一号、一九九三年）、同「後北条・伊達同盟中期の展開」（『三浦古文化』五四号、一九九四年）、粟野俊之「戦国末期南奥羽における伊達氏包囲網について」（『流域の地方史』所収、雄山閣出版、一九八五年）等があげられる。

（8）前掲市村B論文参照。

(9) 遠藤白川文書（『福島県史』7　資料編古代・中世所収）。
(10) 同右。
(11) 天正九年卯月廿一日付奥山隠岐守宛義久起請文（蓬田文書、『茨城県史料』中世編Ⅴ所収。以下『茨県』Ⅴと略す）。
(12) 大縄文書（『茨県』Ⅴ所収）。
(13) 同右。
(14) 秋田藩家蔵文書五、生田目文書（『茨県』Ⅳ所収。以下秋田藩家蔵文書は、家蔵と略す）。
(15) 同右。
(16) ある意味で見分け難いところに佐竹宗家と三家の関係の特質がある。
(17) 義久の使用した花押の問題については、拙稿「佐竹東義久の発給文書とその花押」を参照のこと。その中で花押型の変化には、彼の政治的立場や彼を取り巻く政治情勢が大きく影響を与えていることを指摘した。
(18) 赤館領に含まれる在地領主層については、義久自身による充行が行われていることから、東家家臣という形で掌握が行われたものと思われる。
(19) 大縄文書（『茨県』Ⅴ所収）。
(20) 大縄氏のこうした新たな知行獲得の「侘言」はかなり早い時期から出されていたようで、関連すると思われる義重・義久双方からの書状が大縄文書にみられる。
(21) 天正三年八月四日付義久起請文写（家蔵二五、船尾昭陳文書『茨県』Ⅳ所収）。
(22) 家蔵二五、船尾昭陳文書（『茨県』Ⅳ所収）。
(23) 69号文書（年欠七月二十四日付義久書状写、家蔵二五、船尾昭陳文書、同右所収）には「貴所御侘言之儀、屋形被聞召届候」と義重の裁許を伝える文言がみえる。
(24) 51号文書（天正十八年三月十四日付義久充行状写、家蔵四十、井上文書、同右所収）。
(25) 「塵芥集　一三三条補注」（『中世政治社会思想』上、岩波書店、一九七二年）。
(26) 年欠六月十七日付義久書状（家蔵四四、片岡源七文書『茨県』Ⅴ所収）。
(27) 指南する側の義久からは、起請文を出す場合と誓約文言のある書状が出される二つのパターンがあり、その区別は、おそらく佐竹氏を中心とする身分的な秩序によったものと思われる。
(28) 宗家家臣から義久に宛てた起請文は、管見の限り、目にしていないが、義久の起請文に「以御誓書、条々被仰分御懇ニ承候」(元亀三年閏正月十日付、家蔵二五、船尾昭陳文書)とあることから、当然提出されたものと思われる。また起請文の代わりに、文中に起請文言を持つ書状も用いられた。
(29) 大縄文書(『茨県』Ⅴ所収)。
(30) 元亀三年閏正月十日付佐竹義久起請文写(家蔵二五、船尾昭陳文書『茨県』Ⅳ所収)。
(31) こういった事柄を含めた、広い意味での身柄の保護関係が存在したことは、「結城氏法度」にみられる指南の者たちの相論への荷担という条項からもうかがえる。
(32) 大縄文書中には、大縄氏による「不屑」の奉公への恩賞が行われないことに対する義久の慰留ともとれる書状(年欠十一月七日付義久書状)が存在する。
(33) 前掲市村A論文参照。
(34) そのような意味で、山入の乱や天文期の部垂の乱を、地域的な利益保全の欲求による結集が佐竹宗家の分裂を呼び起こしたという観点からの位置づけが求められよう。
(35) 『茨城県史研究』五三号、一九八四年。
(36) 以下、目録中に記載されている文書の出典については目録参照。
(37) またこの奉加帳は、義斯と共に署判している東家の義久の花押型からほぼ天正二年から六年にかけてに比定できる。
(38) 家蔵四十、伊藤祐久文書(『茨県』Ⅳ所収)。
(39) 家蔵十六、和田為重文書(同右所収)。
(40) 今泉徹「佐竹東義久の花押について」(『戦国史研究』三〇号、一九九五年)。
(41) 拙稿「佐竹東義久の発給文書とその花押」(『日本史学集録』十八号、一九九五年)。
(42) 「烟田旧記」『鉾田町史　中世史料編　烟田氏史料』参照。
(43) 佐藤進一『花押を読む』(平凡社、一九八八年)。
(44) 本書第一章第三節参照。

(45) 家蔵九、武茂右馬亮文書（『茨県』Ⅳ所収）。
(46) 家蔵二五、船尾昭陳文書（同右所収）。
(47) 荒川善夫「戦国期東国政治史考察の一視点――方位呼称からのアプローチ――」（『千葉史学』二二号、一九九二年）。
(48) 第一節でみたように、東家の義久もこの時期に花押の変更を行っている。
(49) 前掲市村A論文。
(50) 『金砂郷村史』（金砂郷村、一九八九年）参照。
(51) 拙稿「佐竹氏の支配の一断面」（『日立史苑』五号、一九九二年）参照。
(52) 那須方面の勲功を賞されて、永禄十年十月十九日付で義重より「太隅守」を与えられて、書札礼が改められたようで、10号文書では義斯から「進退向後老名敷者同意成之候」とされている。
(53) たとえば永禄九年十月二十三日付松平弾正少弼宛佐竹義重官途状写（家蔵四五、高柿彦右衛門文書『茨県』Ⅴ所収）や永禄十年十月十九日付岩間佐渡守宛佐竹義重官途状写（家蔵四十、岩間文蔵文書『茨県』Ⅳ所収）。
(54) 本書第二章第一節参照。
(55) 家蔵七、大山弥大夫文書（『茨県』Ⅳ所収）参照。
(56) 茂木文書（『茨県』Ⅴ所収）。
(57) 年欠九月二十日付佐竹北義信書状写（『茨県』Ⅳ所収）。
(58) 年欠八月二日付佐竹義昭書状（茂木文書『茨県』Ⅴ所収）。
(59) 年欠二月五日付宇都宮国綱書状（『佐竹古文書』所収、一二一号文書）。
(60) 年欠卯月二七日付佐竹義重書状写（家蔵二十、赤坂文書『茨県』Ⅳ所収）。
(61) 輪王寺文書（『栃木県史』史料編　中世一所収）。
(62) 天正十二・十三年前後に比定できる。
(63) 単なる使者としては奉行人層が派遣されたと想定される。
(64) 『佐竹家譜』「義重家譜」、元亀二年条参照。
(65) 14号文書はその間の状況で発給されたと考えることができる（松野文書『茨県』Ⅴ所収）。

(66) 家蔵十二、真壁甚大夫文書（『茨県』Ⅳ所収）。
(67) 『真壁町史料』中世編Ⅰの解説参照。
(68) 五月二日付真壁道無書状（写）（戸村文書『真壁町史料』中世編Ⅲ所収）。
(69) 霜月十日付多賀谷重経書状写（家蔵十七、小貫頼忠文書『茨県』Ⅳ所収）。
(70) 元亀三年閏正月六日付酒出義久起請文写（大縄文書『茨県』Ⅴ所収）。
(71) 今泉徹「佐竹南家の存在形態」（『中世東国の政治構造』所収、二〇〇七年、岩田書院）参照。
(72) 前掲市村B論文。
(73) 『新編常陸国誌』（宮崎報恩会、一九六九年）。
(74) 『佐竹家譜』（東洋書院、一九八九年）。
(75) 家蔵十五、石井蔵人文書（『茨県』Ⅳ所収）。
(76) 同様の連署知行充行状としては、閏十月廿日付某知行充行状写（水府志料所収文書『茨県』Ⅱ所収）がある。『茨城県史料』では連署の両名とも某とするが、国会図書館本の花押写の確認によって義信と政義に連署を比定できる。
(77) 久慈郡薩都宮奉加帳（『続群書類従』第三編下所収）。
(78) 前掲『新編常陸国誌』九所収。
(79) 阿保文書（『茨県』Ⅳ所収）。
(80) 『歴史学研究』四九九号、一九八一年。のち前掲『戦国期東国の都市と権力』所収。
(81) 前掲市村B論文。
(82) 「戦国大名佐竹氏の地域支配体制」（『国史学』一五七号、一九九五年）。
(83) 「戦国期権力佐竹氏の南奥支配の構造」（『年報日本史叢』一九九五、一九九五年）。改稿して本書第二章第一節。
(84) 「佐竹氏の南郷進出」（『矢祭町史』第一巻）。以下、奥野第一論文。
(85) 「戦国大名佐竹氏の領国形成と支配構造」（『米沢史学』一号、一九八五年）。以下、奥野第二論文。
(86) 「戦国争乱と南郷」（『塙町史』第一巻）。
(87) 奥野第二論文の見解については、第一論文と前後する形で発表されたもので、かつ佐竹氏全体の領主支配を扱った中でわずかながら義久の支配に言及したことを思えば、評価は難しいように思われる。
(88) 寄親・寄子関係の理解については、「寄親・寄子」(『国史大事典』第一四巻所収)に基づいた。
(89) 「佐竹北義斯に関する一考察」(『茨城県史研究』七八号、一九九七年)。改稿して本書第二章第二節。
(90) 「佐竹北家の所領支配」(『戦国史研究』三七号、一九九九年)。
(91) 義斯については前掲註(89)論文、義久については前掲註(17)論文による。
(92) 佐竹義尚文書(『茨県』Ⅴ所収)。
(93) (永禄七年)八月二日付佐竹義昭知行充行状写(家蔵七、大山義次文書『茨県』Ⅳ所収)。
(94) (永禄七年)八月二日付佐竹義昭書状(茂木文書『茨県』Ⅴ所収)。
(95) 家蔵二五、船尾昭陳文書(『茨県』Ⅳ所収)。
(96) 同右。
(97) 同一人物と考える理由としては、前者の文書における「内膳亮」が船尾氏の一族として考えることができ、ほぼ前後する時期に二つの史料が発給されていることから同一人物と比定した。
(98) 年欠六月二十一日付佐竹義重書状写(家蔵二二、上遠野弥左衛門文書『茨県』Ⅳ所収)。
(99) 年欠五月二十三日佐竹東義喬書状写(同右所収)。
(100) 史料Eは、義喬と岡本禅哲に宛てられた文書である。
(101) 年欠九月十八日付佐竹義重条目写・年欠九月二十日佐竹義重書状写(両文書共に、家蔵十、岡本元朝文書『茨県』Ⅳ所収)参照。
(102) 年欠二月十八日付佐竹南義里起請文(沢井八郎文書『茨県』Ⅴ所収)。
(103) 奉行人層の詫言上申・下達に関わる活動については、不十分ながら「戦国期権力佐竹氏の支配の構造」(二〇〇〇年古文書学会大会発表)で検討を試みた。
(104) 義久が父兄の活動と禅哲の行っていた活動の双方を継承した理由としては、それ自体が佐竹氏の権力構造の変化を示すとともに、元亀二年の和田昭為の失脚などの政治的事件を受けた可能性を指摘できる。
(105) 前掲市村A論文参照。

(106) 当該期の領主層の自らや他の家格に対する意識の高さは、それを文書上に端的に示す書札礼に深い関心を示し、様々な書札礼を残したことからもうかがえる。
(107) 正長元年八月十八日付足利持氏感状写（家蔵七、大山義次文書『茨県』Ⅳ所収）。
(108) （文明三年九月十七日）足利義政御内書写（「御内書符案」『栃木県史』史料編中世四所収）。
(109) 「看聞日記」応永二十三年十月二十九日条（『続群書類従』補遺二上所収）。
(110) 宗家と領主層の狭間における三家の活動の役割については、前掲註(17)論文で叙述した。
(111) 『常陸太田市史』・市村前掲B論文参照。
(112) 拙稿「佐竹氏の小田進出と越相同盟」（『戦国史研究』四二号、二〇〇一年）参照。
(113) 今泉徹「戦国大名佐竹氏の家格制」（『国史学』一七七号、二〇〇二年）においては、「洞中」という概念をもってこの立場を表現すると思われるが、市村高男氏が定義した「洞」概念との違いや、同氏が論じた三種の「洞」のどれに対応するのかなどいまだ概念として検討が必要な部分が存在すると思われるため、本研究ではあえて使用しなかった。

第三章　佐竹氏権力の地域編成

はじめに

本章は、佐竹氏権力と地域社会との関わりを考察する。

第一節では、佐竹氏権力の全体像を考えていく上で、領国全体の地域編成の状況を検討する。まず室町期の佐竹氏の所領支配のあり方を確認し、それを踏まえながら佐竹氏が戦国期に発給した知行充行状の分析を通じて領国の地域編成の状況を考える。その中で、佐竹領国が政治的に一様ではないことを明らかにし、権力による地域編成の偏差を俯瞰的に論ずる。

第二節では、佐竹氏が南奥においてどのような支配を地域社会に展開していたのかを検討する。第二章で論じたように、佐竹氏権力の南奥支配は宗家と東家との二重支配が行われており、南奥の領主に対しては宗家の知行充行と東家による指南がみられたのである。このような二重支配は、南奥社会全体の中でどのような位置を占めるのか、この問題の考察には、佐竹氏権力の南奥地域社会の編成策全体を吟味する必要がある。実際の戦国期権力佐竹氏の南奥支配は、知行政策・都市建設・宗教統制・流通支配・家臣団編成等の様々な施策が互いに絡み合い、連関し合って展開されたのであり、その支配のあり方やその特質をとらえるためには、それらの施策の連関性を認識して総体としてとらえ直すことが求められていると考えるからである。その一つの試みの意味を込めて、戦国期から統一政権期にかけての佐竹氏の陸奥国高野郡（南郷）支配を素材とし、佐竹氏が展開した様々な施策を検討し位置づけてみたいと考える。

第三節では、佐竹氏が進出を展開していく状況に直面した在地領主と佐竹氏の主従関係を中心に考察を行う。戦国期権力同士の領国や勢力圏の境界領域に存在していた在地領主と権力の間に結ばれた主従関係は不安定なものであり、在地領主同士の争いや戦国期権力との関係の変化が、戦乱を生み出す大きな要因ともなっていた。佐竹氏と在地領主層との関係を考えていくために、岩城氏の一族という出自を持ちながら、佐竹氏に従属した船尾氏を取り上げ、船尾氏の動向の分析を通じて領主層と戦国期権力の主従関係に関する問題を考えていきたい。

第一節　佐竹氏領国内編成の地域的偏差

本節では、佐竹氏の知行充行を中心に考察を行いながら、佐竹氏の領国の全体像を考える。

〔一〕　佐竹義篤譲状と室町期の常陸北部

まず戦国期の佐竹氏領国を考える上で前提となるのが、室町期における佐竹氏の所領の状況であり、この項では、まずその点を確認してみたい。室町期の佐竹氏所領の全体像をうかがうことができる史料として、室町初期に佐竹氏の当主であった佐竹義篤《よしあつ》の譲状をあげることができる。

【史料1】

譲與嫡子佐竹左近大輔将監義香所

一、常陸国佐都西郡内太田郷

同国久慈東郡内高倉郷　同国久慈庄

同国那珂西郡　同国多珂庄
同国石崎保　同国那珂東郡内戸村
同国小場縣
一、陸奥国中野村　同国小堤村
同国佐渡南方　同国江名村
同国絹谷村
一、越中国下支（与カ）河村
一、加賀国中林村
右所領等、代々相伝御下知、安堵御下文以下状相副之、嫡男義香仁、永代所令譲与也、更不可有他妨、但此内庶子等分、以同筆面々譲之、此又不可成違乱煩、凡於本知行分者、代々譲公験分明也、至于新恩地者、悉上（公カ）方　御存知之間、為後証書置之、所申与御判也、守此旨、可令知行、仍状如件

文和四年二月十一日　　右馬権頭義篤　在判

嫡子左馬助義香に文和四年二月十一日将軍家御判を申あたふ、京都御物忩の時分たるによつて別而面々御判を申あつかるにおよはす[1]

【史料2】

子共に譲與所領等事

□（一カ）□（左カ）馬助義香（佐竹義宣）に、文和四年二月十一日、将軍家御判を申あたふ、而京都御物忩の時分たるによて、別して面々御判を申あつるにおよはす、此内をもて庶子等ニ分譲よし、書のする所也

一、大炊助義躬（小場）分常陸國那珂西伊勢畑郷・久慈西鹽子郷・多珂庄關本郷五分四・南荻津郷五分四・別符村・

珂東小庭村、次那珂西中泉村、京御方一期後知行すへき也
一、次郎宗義（石塚）分那珂西石塚郷・久慈西遠野村・多珂庄桜井郷木佐良村、次那珂東戸村郷、太方殿御一期の後
知行すへき也
一、乙王丸分那珂西穴澤村東西・竹原崎郷内人見左衛門大夫給分・久慈西岩崎郷・多珂庄高萩村・北小木津村、次
久慈東高倉内和久村・那珂西益井村・御梅御局一期の後知行すへき也
一、福王丸（大山義孝）分那珂西高久半分・大山村、次内田村、清水局知行して、福王を可有扶持也
一、松王丸（藤井義貫）分那珂西藤井郷北方内平澤蔵人給分油井五郎入道跡・久慈西上村田郷人見修理亮給分、次鳥喰、小弁局知行して、松王を
扶持すへき也
一、後家分那珂西下泉村永代、久慈西上岩瀬郷、一期の後ハ左馬助知行すへき也
一、小田御〻分久慈西久慈窪村・那珂東上野村・吉田郡石崎保
一、中御〻分那珂西佐久山村・久慈西別所村
一、乙御〻分久慈西下村田村、次佐都西伊達村、御かゝ一期の後知行すへき也
一、周樞侍者分久慈西下横瀬村半分、一期あひた知行すへき也
一、京御方分那珂西中泉村、一期の後ハ大炊助知行すへき也
一、御梅局分那珂東高倉和久村、一期の後ハ乙王丸知行すへき也
一、勝楽寺領久慈東大里郷内一分方、同名主方那珂西大多呂幷寺邊屋敷田地・大和久田壹町・那珂西赤澤村
和気兵庫助入道給分
一、同塔頭正法院領久慈西福田村此外益井幷枕石屋敷等在之
一、正宗菴領那珂西椎尾観音堂領彼観音堂同禄之、聊有存旨之上、堂菴本尊又観音也、同像一躰之間、専為興隆所令寄附也

太田郷田壹町・益井屋敷等
一、清音菴領那珂西古内郷勝美澤村・大橋郷平澤蔵人給分
一、同塔頭師子院領那珂西青山郷
一、壽聖寺領久慈西小岩井村
一、興國寺領久慈東大里郷地頭方大嶋村・久慈西門部郷
右所領等、面々に譲あたふる所也、子な○《か》らんものハ、志あらん兄弟の中に譲へき也、其外の仁に譲へからす、若此旨を背く輩あらは、不孝のものとして、浄喜か跡を知行すへからす、凡寺家奇進の地といひ、各知行分といひ、違乱をなさんにおいてハ、子細同前、次安堵と申、譲状ニ同筆をもて書をくよし、のすといへとも、其後子共あまたいてくるによて、所領（を）と分譲うへ、所労危急のあいた、他筆をもて書ところ也、且後證のために義香判行をくはふる所也、仍置文如件

康安二年正月七日　　左馬助義香（花押影）
沙弥浄喜(2)（花押影）

義篤の譲状は、二通が伝えられており、一通が史料1の嫡子義香（のち義宣）分、もう一通が史料2の庶子等の譲状である。史料1には、譲状の作成された文和四年（一三五五）二月に室町将軍家の安堵の「御判」を受けたことが記されるとともに、「庶子等分」については「同筆」をもって譲与する旨が記されている。史料2には、史料1は作成時に将軍家から「御判」を申し受けたが、「庶子等分」については、京都が緊張時であったために個別には将軍家から「御判」を預からなかった旨が記されている。そのこともあり、またその後に子供も誕生したこともあって改めて所領の分与を行うために作成されたのが、康安二年（一三六二）正月に作成された史料2の譲状である。史料2が作成された康安二年正月七日は、義篤の死去する四日前にあたり、「所労危急のあいた（間）、他筆を

以《もっ》て書ところ也」とある文言そのままに、義篤が、文字通り末期《まつご》に作成した譲状である(3)。

南北朝期における常陸北部は、旧北条氏所領が多く分布しており、楠木正家の拠る瓜連城（那珂市）をめぐって激しい攻防が行われ、南朝に味方する那珂通辰等が活動したことを考えると、多くの佐竹氏以外の勢力の所領が存在していたと考えることができる。そして、北朝側を代表する佐竹氏が、南朝勢力を打倒していく過程で、多くの所領を獲得していったものと思われる。その過程が、佐竹貞義《さだよし》から義篤に至る時期にあたっている。貞義の弟の義綱・景義は、それぞれ長倉（那珂西郡、現常陸大宮市）・高久（同）に住して名字の地としており、また義篤の弟義春も同じく小瀬（同）を名字の地とするなど、貞義・義篤期に旧北条氏所領・南朝勢力の所領が存在した那珂郡への進出が本格的に行われたこともそれを裏付けている。

譲状の内容をみていくと、史料1の義香の所領は、那珂西郡・久慈庄（久慈西郡）・多珂庄（多珂郡）を中心としながら、佐都西郡・久慈東郡・那珂東郡の一部に及び、常陸北部の奥七郡のうちの佐都東郡を除く、実に六郡にその所領が広がっていることがわかる。七郡のうちで欠けている佐都東郡は、主に一族山入氏が所領としていたと考えられる。山入氏は、国安・高柿・松平・小田野・小里郷（常陸太田市）を所領とし、さらに隣接の陸奥国依上保（大子町）をも所領としていたとされる(4)。山入氏の祖である師義《もろよし》は、兄義篤とは異なって京にあって尊氏の側近くに奉公していたと伝えられるので、義篤の庶子とは違い、師義には幕府より将軍家から直接に所領給付が行われていたものと思われる。史料1には、山入氏と同様に、貞義の兄弟である義綱・景義、義篤の兄弟である義春等の義篤譲状以前に分出されていた庶子家の所領についてはみえないことから、山入氏と同様に、貞義やその父の行義からの譲与分については、義篤の譲与の対象になっていなかったことがわかる。山入氏以外の庶子家が、将軍家より直接の所領給付を受けていたかは不明であるが、長倉氏は鎌倉府と対立して足利持氏の討伐の対象となっており、少なくとも東国内部において認知された存在であった。山入氏や長倉・高久・小瀬氏といった庶子家の所領を加えて考えると、佐竹氏は、室町初期に常陸北部において圧倒的な所領を獲得していたことがわかる。

史料2は、先に触れたように義篤の庶子他宛の譲状である。庶子への譲与分は、那珂西郡を筆頭に書きながら久慈西・多珂庄等の所領を記す記載順で共通して記されている。これは、これら義篤の庶子達が早死した乙王丸を除いて、小場・石塚・大山・藤井氏というように、いずれも那珂西郡を名字の地として庶子家を創出していることから、譲られた所領が那珂西郡を中心としたものであり、それに対応した記載順であることがわかる。譲与分には、「小田御ヽ(前)」「中(那珂)御ヽ(前)」「乙御ヽ(前)」といった義篤の娘にも譲与分が含まれている。

また史料1と作成年次が違って記載の方法も若干異なるものと思われるため、安易に同一視することはできないが、地域的にみれば史料2で記されている所領は、史料1で嫡子義香に譲られた所領が分布する地域と重なるものである。そのため、庶子等の譲与分は、将軍家より安堵を受けた義香分の所領から分割されて与えられたことが想定できる。義篤の悔返権の発動によって、嫡子義香相続分の再分割が行われたとも考えることができるが、それを考える上で興味深いことは、史料1の作成時に同時に作成された庶子分の譲状については史料1とは異なって将軍家の安堵を受けていないことである。史料1の作成された文和四年には義篤は在京しており、侍所の頭人や山城守護職を務める等、京都の政局において重要な役割を果たしていた時期にあたる。その時期に庶子分の譲状への署判は行われなかったことは、史料1と共に将軍家の下に出されなかったことを予想させるもので、義篤自身の何らかの意図によって将軍家の安堵を受けなかったことを示すものである。史料2には、史料の安堵を受けなかった理由として、「両京都御物忩の時分たるに」＝京都近辺の緊急な情勢を配慮することをあげている。しかし、一方で、嫡子分の史料1については安堵を受けながら、もう一方で庶子他の譲状に安堵を受けなかったことは、緊迫した状況下であったとしても不自然に思われ、安堵を受けなかった理由には、他の理由が存在したと考えることができる。
その理由については、義篤自身が壮年期にあたることや、史料2を改めて作成していることから考えて、再び譲状を作成する機会があることに配慮した可能性を指摘できる。庶子分についても、将軍家の署判を受けている場合には、悔い返しの確認のために再度の将軍家の署判が必要となる。そのために、義篤は、あえて譲状への署判を申請しなかったことが想定できるのである。将軍家の署判の代わりとして、史料2には、嫡子義香の署判が行われる。史料2における譲与分が家督たる義香が将軍家の安堵を受けた所領と領域がほぼ重なるものであり、一期分に義香への返還の文言が存在することから義香所領の細分という性格をも持っていたと思われる。義篤の譲状へ嫡子義香の署判が行われるのは、家督たる義香の承認を受けて相続が成立することを前提としたものであった可能性が高い。
史料2については、江戸時代までこの譲状を伝えた大山氏には、大山氏のみに宛てた譲状が伝えられている。

【史料3】

譲與　福王丸（大山義孝）
常陸國那珂西高久半分大山村・内田村等事
右、永代をかきて譲與所也、福王もし幼少にて子なくハ、大炊助義躬（小場義躬）ニゆつるへし、凡大炊助ニすいちく（随逐）してうとかるへからす、仍譲状如件
康安二年正月七日
沙弥浄喜（佐竹義篤）（花押影）（5）

この史料3をみると、史料2にみえる大山氏の祖となる福王丸分の個別宛の譲状であることがわかる。譲与に際しては、嫡子ばかりでなく同じ庶子である小場義躬に「すいちく（随逐）」すべき旨が注記されて確認されている。義

躬は、嫡子義香の庶兄にあたる人物であったと伝えられ、[6]そのこともあって譲与に際して地位が尊重され、那珂郡に分出される庶子家の中での優位が確認されていると考えることができる。史料は管見の限りで確認できないが、史料3の存在を考えれば、史料2にみられる人物個々に対して個別の譲状が作成されていたものと思われる。

史料2で注目できることとして、たとえば「那珂西藤井郷北方内平澤蔵人給分 油井五郎入道跡」や「久慈西上村田郷人見修理亮給分」とあるように、佐竹氏所領下にその家臣層の所領が重層して存在していることである。佐竹氏が将軍家より充行を受けた所領を、その家臣へ二次的に与えていたことを意味し、所領支配を展開しながら佐竹氏が家臣団を形成していたことがうかがえる。時期は若干ずれるが、応永年間に同様の所領給付を確認することができる。

【史料4】

常陸國那珂西郡内小田倉一方小野崎甲斐守跡事、所充行也者、守先例可致沙汰之状如件

應永廿九年正月十八日　（佐竹義憲花押）

小野崎越前守（通信カ）[7]殿

史料4は、応永二十九年（一四二二）に佐竹義憲が小野崎越前守に旧小野崎甲斐守（通胤カ）所領である那珂西郡小田倉一方を与えた史料である。小田倉については比定地が未詳であるが、佐竹氏は、室町前期より自らの所領を家臣に充行状を発給して与えていたことを確認できる。また次のような事例も確認できる。

【史料5】

常陸國多賀庄政所事、如先例申沙汰あるへく候、仍状如件

永享七年十二月廿七日　（佐竹義憲花押）

小野崎越前三郎殿[8]

史料5は、多珂郡の別称[9]である多賀庄の政所を小野崎通房に与えた文書である。このように、佐竹氏が自らの

所領の所職を与えているのであり、所領給付や所職の給付を通じて家臣団支配を行っていたことがわかる。

以上のように、室町期における佐竹氏の所領の状況を確認してきたが、佐竹氏は、常陸北部において他を圧する所領を獲得していた。これを庶子に分割して惣領制に基づく所領支配を行うと共に、所領を家臣層に充行うことを通じた家臣団支配をも展開していたのである。

その中で、庶子家や家臣層に与えられていた所領は、以後の動向を考えると、多少の異動を伴いながらも、その家の所領として定着していったものと思われる。それと同時に、庶子家や小野崎氏・江戸氏といった大身の家臣層は、永享の乱から享徳の乱、その後に続く古河公方家の内紛の中で、鎌倉府や古河公方から宗家を介しないで直接に文書を与えられ、古河公方を中心とする武家社会の中で、一つの家として一定の位置づけを獲得していた。そのため、その所領も父祖伝来の知行として固定化し、各家が佐竹氏の家秩序に属しながらも、その所領については家固有の知行と認識されるに至ったと考えることができる。

〔二〕 佐竹氏の充行状の発給状況とその分布

前項で佐竹氏の室町期における所領の状況を確認したが、室町初期の段階で、佐竹氏は、「奥七郡」といわれる常陸北部全域の大部分を一族で所領としていたことが確認できた。本項では、そのような室町期の佐竹氏の所領の状況に対して、戦国期に佐竹氏が発給した知行充行状の発給状況から、佐竹氏が行った地域編成の状況をとらえていくこととする。

Ⓐ義舜期

戦国期佐竹氏の中興の祖である義舜の知行充行状は、二〇通確認できる。その内訳は、主に山入氏との抗争に関係するものと依上保進出に関するものの二つに分けることができる。山入氏との抗争に関係するものは、文亀二年（一五〇二）から四年に集中しており、乱の収束過程に発給されたものである。代表的な史料をあげると次の史料である。

【史料6】

今般恩賞之事申上候、染之村たき一間遣者也、於此以後忠節仕候者、尚以可有恩賞者也

文亀三年癸亥七月廿九日　（義舜花押影）

滑川式部殿(10)

文亀期の充行は、地域的には山田・里川沿いの旧山入氏所領と思われる染・国安（常陸太田市）等の地域が中心であり、滑川氏に集中して行われている。史料6に恩賞文言がみられるように、山入氏との抗争の中での恩賞として発給されたものとわかる。

白川氏領の依上保進出に関するものは、永正八年（一五一一）から十三年にかけて発給されたものであり、第一章第二節でみた下野国那須地域への出兵を繰り返す過程で出された文書群である。地域的には、現在の大子町生瀬・高倉地域の石井氏に対する充行が中心であり、依上保域に隠然たる勢力を誇っていた近津神社への大規模な寄進が行われている。依上保域には、旧山入氏の所領が存在しており、応永三十一年六月十三日付の足利持氏御教書(11)で、白川氏朝に「依上三郎庶子分」が与えられている。依上氏は、山入氏の庶流にあたる。同年四月二十六日付で山入氏本流もその所領を持氏より小峰朝親に与えられているので、第一章第一節でみたように山入氏は幕府と結んで鎌倉府と対抗し、没収された所領も当知行を続けたものと思われる。そのため、依上氏も同様に依上保に対して当知行を継続したものと思われるが、山入氏の滅亡の過程で白川氏にその支配権を奪われていた。そのため、佐竹氏にとって依上保進出は、旧山入氏系所領の掌握を意味していたのである。

充行対象	充行の表現	書止文言	備考
「野田郷之事、高土橋限西可有御成敗候」		仍如件	家蔵十四、茂木家文書
「小野かふと中つかさ屋敷五貫之在所」	「被遣候」	…者也	家蔵四四、片岡多家文書
「小野崎越前守田屋敷」	「被遣候」	…者也	家蔵四四、片岡多家文書
「染之村たき一間」	「遣者也」	可…者也	家蔵八、滑川半家文書
「染之村山下・国安くにき内」	「遣者也」	可…者也	家蔵八、滑川半家文書
「染之村たう山・国安ぬか田・しゃう之内二間」	「遣者也」	可…者也	家蔵八、滑川與家文書
「平沢・花町・にたゐ平」	「遣候」	仍如件	家蔵八、滑川半家文書、このうちの「一間」は「国安くぬき内」に取り替える
「太平」	「とらせ候」	恐々	水府志料所収文書(『茨県』Ⅱ所収)
「東野之内十郎内之事」	「被成下之候」	仍如件	家蔵八、小田部家文書
「曾目之内塔山在家一間・高倉之内花町在家一間」	「宛行所」	…所也	家蔵八、滑川與家文書
「なませ之内五次良内」	「被遣之候」	仍執達如件	家蔵八、石井家文書
「高柴之村之内宿」	「被遣之候」	仍執達如件	家蔵十五、石井縫家文書
「下野国山内郷幷小深郷」	「進置候」	…者也	家蔵十四、茂木家文書
「依神之保黒澤・矢田野内六百五拾貫文之所」	「寄進」		近津文書(『茨県』Ⅱ所収)、「近津寄進之目録如件」
「吉成外記跡田嶋山幷かんとふ」	「遣之候」	…候	家蔵六、根本三家文書
「曾端蔵主所分之事」	「令得其意」	恐々敬白	家蔵十、岡本家文書
「あら川・もり・いいぬま・大かとの内之田」	「太田へいたし候」	謹言	家蔵四八、矢野家文書、「太田へ大かとのうち遣候」
「平之闕所三間」	「進候」	恐々謹言	家蔵四五、高柿家文書
之事」違乱あらば、「黒木田屋敷之事」を安堵する		恐々謹言	家蔵十七、小田野家文書
「小川い屋敷之事」	「心得候」	謹言	家蔵十七、小田野家文書
「小田野やしき・くろきやしき」	「せいはい」	…者也	家蔵十七、小田野家文書
「大はしとよた方」	「是進候」	恐々謹言	家蔵十、岡本家文書
「横瀬兵庫」(を「御恩之地」と申成)	「可遣候」	謹言	家蔵十五、石井蔵家文書、前々抱の「御恩之地」を返上に付き
「いけ田之内さくら岡屋敷・たいこのうち北宿両地十貫文地」	「可申立候」	可…候	水府志料所収文書(『茨県』Ⅱ所収)
「大窪内匠助抱之所」	「遣之候」	仍執達如件	家蔵四五、田中縫家文書
「三村之内すハ平」	「可有成敗候」	可…候	家蔵十七、小田野家文書
「天神下一町幷荒所」	「遣之候」	…者也	家蔵六、根本三家文書

表5　戦国期佐竹氏知行充行状目録

No	年　月　日	形式	差　　出	充　　所	充行理由
1	(延徳4)・6・3	判物	義舜	茂木殿	
2	文亀2・5	判物	花(義舜)	片岡二郎左衛門殿	忠節文言
3	文亀2・11・1	判物	花(義舜)	片岡次郎左衛門殿	忠節文言
4	文亀3・7・29	判物	花(義舜)	滑川式部殿	恩賞文言
5	文亀3・7・29	判物	[花(義舜)]	滑川藤四郎殿	恩賞文言
6	文亀3・7・29	判物	花(義舜)	滑川兵庫助殿	恩賞文言
7	文亀4・閏3	判物	義舜	滑川藤四郎殿	忠節文言
8	永正2・6・28	書状	義宣	栗田二郎さゑもん方へ	「屋敷之事」を申すに付き
9	永正4・3・27	判物	花(義舜)	小田部式部丞殿	恩賞文言
10	永正8・2・22	判物	[花(義舜)]	滑川兵庫助殿	
11	永正8・3・2	奉書	花(義舜)	石井六良兵衛殿	恩賞文言
12	永正9・3・27	奉書	花(義舜)	石井源次良とのへ	恩賞文言
13	永正10・8・晦	判物	義舜	茂木筑後守殿	
14	永正11・6・23	目録	右京大夫		
15	永正12・11・16	判物	花(義舜)	ねもと三郎ゑもん殿	忠節文言
16	永正13・12・7	譲状	義舜	竹隠軒	
17	年欠・2・18	書状	義舜	矢野孫太郎殿	忠節文言
18	年欠・8・16	書状	義舜	弾正少弼殿	
19	年欠・10・3	書状	義舜	小田野刑部少輔殿	「天神林ニ其方本所
20	年欠・12・17	書状	義舜	[小田野刑部少輔殿　御宿所]	「申されるに付き」
21	年欠・12・17	判物	義舜	小田野殿	
22	年欠・12・27	書状	義舜	竹隠軒	
23	(永正14)・閏10・19	書状	花(義信・政義)	石井隼人佑殿	忠節文言
24	(永正14)・閏10・20	判物	花(義信・政義)	関彦三郎殿	
25	永正17・4・26	奉書	義篤	田中新九郎殿	恩賞文言
26	永正17・6	判物	花(義篤)	小田野彦次郎殿	
27	大永3・3・13	判物	花(義篤)	根本五郎二郎殿	

「天神林之内田一丁」	「遣之候」	…状如件	家蔵四五、田所家文書
「天神林之内七貫文之在所」	「宛行之候」	…状如件	家蔵四六、長井家文書
「天神林之内田一丁五たん」	「遣之候」	…状如件	水府志料所収文書（『茨県』Ⅱ所収）
「宿」	「遣之候」	可…者也	家蔵十五、石井縫家文書
「天神林之内藤田うたの助居屋敷之荒地」	「被遣之候」	可…者也	家蔵四四、片岡源家文書
「あくつ」	「相渡候」	…如件	水府志料所収文書（『茨県』Ⅱ所収）
「松木内三貫・塩子二貫之地」	「被遣之候」	…候也	家蔵四七、黒沢家文書
「任先判知行」	「可遣者也」	可…者也	家蔵六、根本三家文書
「玉下分」	「遣之」	…者也	家蔵六、根本三家文書、「已前ニ不相替」
「天神林之内小板橋田一丁」	「遣之候」	…者也	家蔵四五、吉原五家文書
「依上之内足蔵村」	「可有知行候」	…状如件	家蔵十、岡本家文書
「依上池田之内横嶺竹之内」	「遣之候」	可…者也	家蔵五、斎藤多家文書
「依上池田之内外之内」	「遣之候」	可…者也	家蔵八、滑川與家文書
「依上之内久野瀬」	「遣之候」	可…者也	家蔵十五、石井縫家文書
「依上鍬柄之内」	「遣し候」	可…者也	吉成文書（『茨県』Ⅱ所収）
「としかずの内りつきよくかた」	「遣之候」	…状如件	家蔵四八、前沢家文書
訪大明神」へ寄進の事		…状如件	家蔵四八、二方八家文書
神」へ寄進の事		…状如件	家蔵五九、伊織家文書、「稲荷大明神寄進之状」
明神」へ寄進の事		…状如件	家蔵五九、伊織家文書、「鹿嶋大明神寄進之状」
「安井太郎右衛門抱分十貫之所」	「遣之候」	謹言	小田部文書（『栃木県史』史料編中世二所収）
「天神森之内田一丁」	「遣之候」	…候	家蔵四十、石井加文書
「いはて之内白石かた之事」	「可遣之候」	…状如件	大縄文書（『茨県』Ⅴ所収）
「みなミの内わりあまし」	「遣之候」	…候也	家蔵六、中田郷家文書
「あいの内」	「遣之候」	…候也	家蔵十三、中田弥家文書
「みむら小田野かた」	「成敗」	…也	家蔵十七、小田野家文書
「河山之内十二貫」	「つかハし候」	謹言	家蔵十五、石井蔵家文書
「深荻坂之上之内三貫文之地」	「遣之候」	可…者也	家蔵三、矢野造家文書
「□く井の内十五貫之在所」	「可致知行」	謹言	家蔵五二、平沢清家文書
「泉之村之内五貫文之所」	「遣之」	…者也	家蔵四七、長井理家文書
「北之村之内十貫文之所」	「遣之」	…者也	家蔵五十、赤須市家文書
「和田之内小野崎藤三郎抱」	「さし添遣之」	謹言	家蔵十六、和田家文書
「菅俣之内□貫文之在処」	「遣之候」	謹言	家蔵四三、小野崎友家文書
「南郷川上之内十貫文之所」	「遣之候」	…候也	家蔵二二、迎家文書

28	大永3・3・16	判物	花(義篤)	田所弥三郎殿	
29	大永3・3・16	判物	花(義篤)	長井清四郎殿	
30	大永3・3・16	判物	花(義篤)	関彦三郎殿	
31	大永4・2・吉	判物	花(義篤)	石井縫殿助殿	「本訴」により
32	大永4・3・16	判物	花(義篤)	片岡源七殿	恩賞文言
33	享禄2・4・吉	判物	義信	栗田左衛門五郎殿	忠節文言
34	享禄3・9・2	判物	花(義篤)	黒沢備五郎殿	
35	享禄4・12・2	判物	花(義篤)	根本源衛門殿	忠節文言
36	享禄5・11・13	判物	花(義篤)	根本源衛門殿	
37	天文2・3・6	判物	花(義篤)	吉原弥七郎との	
38	天文3・11・1	判物	義篤	掬月斎	
39	天文5・3・14	判物	花(義篤)	斎藤とふ兵衛との	
40	天文5・3・14	判物	花(義篤)	滑川兵庫助殿	
41	天文5・3・14	判物	花(義篤)	石井監物殿	
42	天文5・3・14	判物	花(義篤)	吉成相模守との	
43	天文6・7・26	判物	義篤	前沢九郎二郎殿	
44	天文9・5・12	寄進状	源義篤	「部垂之内天王之近辺畑二段一貫文之地」を「諏	
45	天文9・5・12	寄進状	源義篤	「部垂之内由賀之道添畑一貫文地」を「稲荷大明	
46	天文9・5・12	寄進状	源義篤	「部垂之内天王之近辺畑一貫文之地」を「鹿嶋大	
47	天文9・9・12	書状	義篤	塩谷刑部太輔殿	忠節文言
48	年欠・9・24	判物	花(義篤)	石井源三郎殿	
49	年欠・10・13	判物	義篤	大縄七郎四郎殿	
50	年欠・11・23	判物	花(義篤)	中田孫三郎殿	
51	年欠・11・23	判物	花(義篤)	中田次郎左衛門殿	
52	年欠・12・2	判物	花(義篤)	小田野彦八殿	
53	(天文13)・4・26	書状	義隣	石井蔵人殿	
54	天文18・5・24	判物	義廉	矢野修理亮殿	忠節文言
55	天文20・1・25	書状	義昭	平沢蔵人殿	
56	(天文22)・閏1・吉	判物	花(義昭)	長井助七郎殿	
57	天文22・閏1・吉	判物	花(義昭)	赤須弥平左衛門殿	
58	(天文22)・2・12	書状	義昭	和田掃部助殿	
59	天文22・2・吉	書状	義昭	小野崎藤三郎殿	「為和田代之地」
60	天文23・2・14	判物	花(義昭)	迎隼人佑殿	忠節文言

「あふかの内かし村抱・野部かかい・長山雅楽助抱・たなへかかい、以上卅貫之所」	「遣之候」	…者也	家蔵五十、赤須治家文書
「多ツの口ニ竹内・塩原ニ七郎内、両地之小役幷山」	「遣之」	…者也	家蔵四七、黒沢喜家文書
「川上之内ほりの内」他の「以上七間」			家蔵二五、船尾家文書
「いけのふくろならひにわたと」	「さしそへつかハし」	かしく	石井家文書(『栃木県史』史料編中世一所収)
「高野前之けつ所・久米田一丁・小沢屋敷分」	「遣之候」	…候也	家蔵三、矢野隼家文書
「佐藤前のけツ所」	「遣之候」	可…者也	家蔵三、延生介家文書
「ふかをき料所之内五貫文之地」	「遣之候」	謹言	家蔵三、矢野造家文書
「片平白具」	「可有知行」	恐々謹言	家蔵九、武茂家文書
「沼崎之郷・前野郷佐村幷山木」	「進之候」	恐々謹言	「歴代古案」三所収
「貳貫文之地」	「遣之候」	仍如件	家蔵三、矢野隼家文書
「坂田・田中之本郷・高岡・磯部以上四郷」	「進之候」	恐々謹言	家蔵七、大山家文書、「坂田之儀、田土部抱付而者」相違ない
「おさかう屋」	「遣之候」	可…者也	家蔵四八、福地家文書、「見地之上三十貫之分」を相渡す
「あけし」	「遣之候」	可…者也	家蔵四八、深谷家文書、上に同じく「五十貫之分」
「田村・前木・太村」	「遣之候」	可…者也	家蔵五十、安藤家文書、上に同じく「七十貫之分」
「おきの島」	「遣之候」	謹言	家蔵五二、平沢家文書、上に同じく「万疋之分」
「かりま之郷」	「預ニ相定」	可…者也	家蔵四十、石井彦家文書
「五貫文之地」	「遣之候」	仍如件	家蔵五七、萩庭家文書
小野崎彦七郎かたへ遣候事、無之」		恐々謹言	家蔵七、大山家文書
「鹿島神領菖蒲之内十貫文之外五貫之所」	「可致所務」	謹言	家蔵四六、根本孫家文書
「菅生之地」	「進之候」	恐々謹言	家蔵二二、上遠野家文書
「常世之内羽田摂津守抱之透」	「遣之候」	謹言	家蔵十六、和田家文書
「川上之内七間」	「進之候」	恐々謹言	家蔵二五、船尾家文書
「北かた」	「可有知行」	恐々謹言	家蔵七、大山家文書、今般の「弓矢」に関する誓書により
「近年抱之地行」	「刷之儀相任候」	恐々謹言	家蔵四三、小野崎吉内家文書
「とこい之内五十貫之所」	「進之候」	かしこ	家蔵二五、船尾家文書、「舟尾内膳正」に与える

61	天文23・3・晦	判物	花(義昭)	赤須治部少輔殿	
62	天文23・11・6	判物	花(義昭)	黒沢内匠助との	
63	天文24・7・10	印判状	印(義昭)	船尾九郎三郎殿	
64	永禄5・10・6	書状	「みなミ」(義重)	石井しゅりのすけとのへ	「うるののかいちとして」
65	永禄6・9・27	判物	但阿	矢野藤七殿	
66	永禄6・9・27	判物	但阿	延生彦八郎殿	
67	永禄6・9・27	書状	但阿	矢野修理亮殿	「新恩」として
68	永禄6・11・12	書状	義昭	武茂上野介殿	忠節文言
69	(永禄7)・7・2	書状	源真	北条丹後守殿	輝虎への取次により
70	永禄7・7・8	判物	花(義廉)	矢野藤七殿	「侘言」により
71	(永禄7)・8・2	書状	源真	太山十郎殿	「侘言」により
72	永禄7・8・12	判物	花(義昭)	福地彦太郎殿	「当地踞付」
73	永禄7・8・12	判物	花(義昭)	深谷外記殿	「当地踞付」
74	永禄7・8・12	判物	花(義昭)	安藤太郎左衛門との	「当地在城」により
75	永禄7・8・12	書状	源真	平沢蔵人殿	「当地踞付」
76	永禄7・9・24	判物	花(義昭)	石井和泉守殿	当地に「踞」により
77	永禄7・10・8	判物	花(義廉)	荻野谷新左衛門との	「侘言」により
78	年欠・2・15	書状	義昭	大山因幡守殿	「其方抱中里之地、
79	年欠・7・21	書状	義昭	根本彦八殿	
80	年欠・7・26	書状	義昭	上遠野右衛門太夫殿	「侘言」により
81	年欠・8・20	書状	義昭・義重	和田掃部助殿	「羽黒之地拘」により
82	年欠・10・10	書状	義昭	船尾九郎三郎殿	当地に「在滞」により
83	年欠・12・2	書状	義昭	太山孫次郎殿	
84	年欠・12・26	書状	義昭	小野崎玄蕃助殿	「三人」別条なきにより
85	年欠	書状	(義昭)	梅江斎	「侘言」により

「袋田之内両人抱之地」	「相任候」	仍如件	家蔵四八、野内家文書、「両人所へ替地」を遣す
「塩地内三貫文之所」	「遣之候」	可…者也	家蔵三、延生介家文書
「信濃抱候深荻之内五貫文之地」	「遣之候」	可…者也	家蔵三、竹内家文書
「久米之内一町・磯部ニ五端・稲木ニ屋敷分・田名部河内守名代」	「遣之候」	可…者也	家蔵三、延生弥家文書
其身にあつけをき候」「十五くわんすまし申へく候」		かしく	石井家文書(『栃木県史』史料編中世一所収)
「南郷野之内八貫・竹野内うちまへ二くわん、已上十くわん之所」	「進之候」	恐々謹言	家蔵三一、大窪家文書
十貫之所	「相渡之」	…者也	家蔵五、神部家文書
「深荻料所之内五貫文之所」	「遣之候」	謹言	家蔵三、矢野造家文、「(老名敷者」と同意に成す
「薬谷里内之田五貫文之在所」	「遣之候」	可…者也	家蔵三、竹内家文書、「河嶋政所」の替地として
「五貫文之所」	「遣之候」	可…者也	家蔵三、竹内家文書、「□間切符分」の替地として「薬谷住寺」を返し進せる
「三森・小菅生二ヶ所」	「渡置候」	恐々謹言	家蔵五、小川忠家文書、「赤館落居之上」
「開田之村、関沢之事」		謹言	家蔵八、糸井家文書、「讃岐守以後」は「其身」に遣わす
「小泉前之闕所」	「被遣候」	可…者也	家蔵五八、萩庭家文書、「一騎公役」を求める
「太山田并田部田」	「進之候」	恐々謹言	家蔵九、武茂家文書、「那須事切」に付て
「五貫文之所」	「遣之」	…者也	家蔵五一、白土家文書、「唐人」の「水上」たるべし
「屋敷分高久之闕所三貫文所」	「遣之候」	可…者也	家蔵四三、岡見家文書
「長井村之事」「しゅく近辺ニ五貫文之所」	「被指添候」	恐々謹言	上遠野文書(『福島県史』7所収、「舟尾・窪田自訴之儀」に付き
「野上一跡」	「遣之候」	謹言	家蔵四六、根本孫家文書、安房守「家風」を与える
「高倉新兵衛拘之地」	「進之候」	恐々謹言	家蔵十七、今宮伊織家文書
「宇留野源兵衛尉真弓別当論之地」	「遣之候」	…者也	家蔵四五、吉原五家文書
「太森宮内少輔抱」	「遣之候」	…者也	家蔵四六、根本嘉家文書
「薬谷河原之内釘用之儀」	「遣之候」	…者也	家蔵三、竹内家文書
「伊野之内たれ・はかま内榎木・下天之内たかわらひ」	「遣之候」	謹言	家蔵五十、安藤家文書
「関之上并下平二ヶ所」	「遣之候」	…者也	家蔵五十、佐藤家文書

86	永禄10・3・28	判物	義重	野内隼人殿	「侘言」により
87	永禄10・6・16	判物	花(義斯)	延生玄蕃亮殿	「新恩」として
88	永禄10・9・晦	判物	花(義斯)	矢野藤次右衛門尉殿	
89	永禄10・10・27	判物	花(義斯)	田名部玄蕃亮殿	「侘言」により
90	永禄10・11・7	書状	「南より」(義重)		「まなはたのりう所、
91	永禄12・12・7	書状	義喬	太窪伊賀守殿	
92	永禄13・4・13	書状	義重	壁監物との	「寺山之地在城」により
93	永禄13・4・15	書状	義斯	矢野太隅守殿	「新恩」として
94	永禄13・4・18	判物	花(義斯)	矢野平次右衛門殿	「替地」として
95	永禄13・4・18	判物	花(義斯)	矢野平次右衛門殿	「替地」として
96	永禄13・6・23	書状	義重	小川大蔵丞殿	「侘言」により
97	永禄13・9・26	書状	義重	糸井能登守殿	
98	永禄13・10・5	判物	花(義斯)	萩谷新左衛門との	「侘言」により
99	(永禄13)・10・9	書状	義重	武茂上野介殿	当方と「御入魂」により
100	元亀2・5・12	判物	花(義重)	白土わかさのかミとの	「加恩」として
101	元亀2・6・19	判物	義重	岡見藤左衛門殿	「侘言」により
102	元亀2・6・晦	書状	義重	上遠野常陸介殿	
103	元亀2・7・12	書状	義重	根本紀伊守殿	「侘言」により
104	元亀2・7・20	書状	義重	源三郎殿	
105	元亀2・12・15	判物	花(義重)	吉原修理亮殿	「侘言」により
106	元亀3・2・10	判物	花(義重)	根本平次衛門との	「侘言」により
107	元亀3・3・24	判物	花(義斯)	矢野平次右衛門殿	「侘言」により
108	元亀3・6・14	書状	義重	安藤太郎左衛門殿	
109	元亀3・12・17	判物	義喬	佐藤日向守殿	

「高武入江之庄」	「所務可仕」	可…者也	家蔵四、高部家文書
「とちもとの郷」	「遣候」	謹言	家蔵四、大窪家文書
「たちま・いたはし・くらへいし・かミこや」	「遣之候」	謹言	家蔵三四、和田家文書
「入野之内二貫之所」	「遣之候」	…者也	家蔵五、斎藤家文書
「入野之内仁貫幷釜子三貫之所」	「被遣之候」	…者也	家蔵五、木口家文書
「野手嶋之内十貫之所」	「被遣之候」	恐々謹言	家蔵五、鹿子畑家文書
「入野之内仁貫五百幷野手嶋七貫五百之所」	「被遣之候」	…者也	家蔵五、根本家文書、「高わるひ」に指し置かれるにより「かまのこ之内三貫之所」を添える
「入野之内三貫幷釜子十仁貫之所」	「被遣之候」	…者也	家蔵五、生田目家文書
「かまのこの内にたの原六貫たらや六貫			家蔵五、生田目家文書
「南郷仁貫文之所」	「加恩申付」	可…者也	家蔵三、矢野摠家文書、「一騎公役」を求める
16名の知行の書立		…候	家蔵二九、加藤田家文書
「船田大膳亮抱之地」	「進候」	恐々謹言	家蔵五、上遠野家文書
「河東田之地」	「進之候」	謹言	家蔵二九、加藤田家文書
「本領之透、増見之地」	「進之候」	恐々謹言	家蔵五、芳賀小家文書
「長坂之地」	「進之候」	恐々謹言	家蔵五、芳賀六家文書
「滑津之地」	「渡置是候」	恐々謹言	家蔵二五、船尾家文書
「手沢之内三間・入野之内指添以上卌貫文之所」	「遣之候」	謹言	家蔵二九、加藤田家文書
「中内六貫文之所」	「遣之候」	…者也	家蔵四五、田崎家文書、「其身一代」に限る
前々の如く別条あるべからず		恐々敬白	八槻文書(『茨県』Ⅱ所収)
合いの如く別条あるべからず		恐々謹言	家蔵二五、船尾家文書
「内蔵丞前」	「遣之」	可…候也	家蔵四十、井上家文書
「廿貫之所」	「遣之候」	…候、如件	家蔵五、滑川家文書
「羽田兵庫亮抱所幷常世之内まかつ田」	「相渡候」	恐々謹言	家蔵五十、安藤家文書
「せん河之内一貫、あくと一貫、三百」他	「比　透、相付」	…候也	家蔵七、近藤家文書
「篠崎掃部左衛門抱」	「遣之候」	謹言	家蔵五十、安藤家文書
「根岸前之闕所十貫文之所」	「任置候」	恐々謹言	家蔵三、小野崎家文書
「野内若狭抱之地」	「遣之候」	可…者也	家蔵四十、井上家文書
「山方六右衛門抱」	「遣之候」	恐々謹言	家蔵四二、太縄家文書、「侘言」について「東」より「承候間」

110	天正元・12・3	判物	花(義久)	高武駿河守殿	
111	元亀5・2・23	書状	義重	太窪伊賀守殿	忠節文言
112	元亀5・3・10	書状	義重	和田安房守殿	忠節・「侘言」により
113	元亀5・3・15	印判状	印(義重)	済藤平次左衛門との	先刻の「首尾」により
114	元亀5・3・15	判物	義久	木口平内左衛門殿	
115	元亀5・3・15	書状	義久	鹿子玄蕃助殿	忠節・「新所」として
116	元亀5・3・15	判物	義久	根本内蔵助との	
117	元亀5・3・15	判物	義久	生田目大蔵丞殿	
118	(年欠)	印判状	印(義重)	生田目太蔵殿	
119	天正3・3・17	判物	花(義斯)	矢野藤八郎殿	「加恩」として
120	天正3・6・22	書状	義久	河東田河内守殿	芳賀玄蕃助以下の
121	天正3・7・9	書状	義久	上遠野藤兵衛尉殿	忠節・「承」により
122	天正3・7・9	書状	義久	河東田河内守殿	忠節・「侘言」により
123	天正3・7・14	書状	義久	芳賀玄蕃亮殿	忠節文言
124	天正3・7・14	書状	義久	芳賀兵部少輔殿	忠節文言
125	天正3・7・17	書状	義重	舟尾山城守殿	「赤館」の替地として
126	天正3・8・14	書状	義久	河東田兵部少輔殿	
127	天正3・9・9	判物	花(義重)	田崎遠江守殿	「侘言」により
128	天正3・11・26	書状	義広	八槻別当江　参	「近津御神領之儀」、
129	天正4・3・晦	書状	義久	舟尾山城守殿	「二子塚之儀」、申し
130	天正4・10・15	判物	花(義久)	井上信濃守殿	忠節文言
131	天正4・11・8	判物	義久	滑川蔵人殿	「当地在陣」により
132	天正5・3・29	書状	義久	安藤肥前守殿	忠節・「侘言」により
133	(天正5)・閏7・6	判物	花(義久)	近藤弥左衛門殿	
134	天正6・7・18	書状	花(義重)	安藤新次郎殿	
135	天正6・7・26	書状	賢哲	小野崎新蔵人殿	
136	天正7・4・5	判物	義久	井上信濃守殿	「侘言」により
137	天正8・6・19	書状	義重	太縄讃岐守殿	「侘言」により

「五貫文土貢」	「可渡進」	恐々謹言	家蔵十七、松野家文書、「相当之欠所」なきにより
「窪田十二貫之所」	「遣之候」	恐々謹言	家蔵四二、太縄家文書、「幷東河内預り」の事
「窪田十二貫文之所」	「被遣之候」	恐々謹言	家蔵四二、太縄家文書、「東河内政所」を相任さる
「まこのかつさに□原前」	「遣候」	…候	家蔵五、荒巻家文書
赤館為在城之十騎ニ可及配当」		可…者也	家蔵四十、井上家文書
「つゝミ之内岩井戸」	「遣之」	…者也	家蔵四十、井上家文書
「はき応とさ抱」を「新左衛門尉遣之候」		恐々謹言	家蔵五一、菊池家文書、「菊池新さへもん」に遣す
「後藤一郎抱」を「桐沢主計助遣之候」		恐々謹言	家蔵五一、桐沢家文書、神妙に「奉公」を申し付くべし
「千平地行之儀」	「任之候」	謹言	「常陸遺文」二所収、「一騎公役」を求める
「宇佐美抱」	「遣之候」	恐々謹言	家蔵四五、田代家文書
「安部抱之所」	「遣之候」	仍状如件	家蔵四七、黒沢家文書
「大曾根蔵人抱」	「遣之候」	仍如件	家蔵四七、国安家文書
「斎藤たくミ抱」	「進之候」	恐々謹言	家蔵十七、松野家文書
「片岡蔵人抱之所」を「野上彦三郎ニ遣之候」		謹言	家蔵三四、和田家文書、神妙の「奉公」を申し付くべし
「伊藤河内守抱所」	「遣之候」	謹言	家蔵四十、伊藤家文書
「小室伊勢抱」	「遣之候」	恐々謹言	家蔵四三、大山家文書、「一騎之奉公」を求める
「佐藤若狭守抱」	「遣之候」	謹言	家蔵四三、小貫家文書
「宮田主膳抱之所」	「遣之候」	恐々謹言	家蔵四五、田代家文書
「井野之郷成敗之儀」	「任之候」	恐々謹言	家蔵二五、船尾家文書、「赤館一落居之上」
「おか田乃地」	「さをい」	かしこ	家蔵二五、船尾家文書
「千本一跡・同市場・文屋迄」	「可渡進候」	恐々謹言	家蔵七、大山家文書、「千本之儀」に付き、一途に走り廻らるにより
「手沢・山本荒所之所」	「遣候」	…者也	家蔵五、鹿子畑家文書、先以って「今来年」供える
「片岡隼人抱」	「遣之候」	仍如件	家蔵四三、小貫木家文書
「三十貫」	「可及合力」	謹言	家蔵十六、和田家文書
「七貫之所」	「遣之候」	…者也	家蔵八、片岡七家文書
「七貫之所」	「遣之候」	…者也	家蔵四三、小貫郷家文書、断簡
「関二右衛門拘」	「遣之」	…者也	家蔵八、片岡七家文書

138	天正8・10・21	書状	義重	松野次郎左衛門尉殿	忠節文言
139	天正9・1・27	書状	義重	太縄讃岐守殿	「加恩」として
140	天正9・2・3	書状	義久	太縄讃岐守殿	忠節文言
141	天正11・7・29	判物	義種	荒巻駿河守殿	「らひの刀」献上により
142	天正12・12・7	判物	花(義久)	井上信濃守との	「白土左近抱之儀、
143	天正13・3・7	判物	花(義久)	井上信濃守殿	「侘言」により
144	天正13・10・19	書状	義重		「侘言」により
145	天正14・2・8	書状	義重	御代安芸守殿	「侘言」により
146	天正14・4・13	書状	義宣	千平別当	
147	天正14・12・25	書状	義重	田代雅楽亮殿へ	「切符分」
148	天正15・2・13	判物	義重	黒沢早助との	「切符分ニ」
149	天正15・2・18	判物	義久	町田右馬助殿	忠節文言
150	天正15・3・26	書状	義重	松野上総介殿	
151	天正15・3・26	書状	義重	和田安房守殿	「侘言」により
152	天正15・3・26	書状	義重・義宣	伊藤新蔵人殿	「侘言」により
153	天正15・3・26	書状	義重	太山采女正殿	「侘言」により
154	天正15・3・26	書状	義重	小貫越後守殿	
155	天正15・3・26	書状	義重	田代雅楽亮殿	「侘言」により
156	年欠・1・6	書状	義重	舟尾兵衛丞殿	忠節文言
157	年欠・1・7	書状	義重	あさ加ハはりまそく女へ	
158	年欠・1・12	書状	義重	大山因幡守殿他一名	(備考参照)
159	年欠・1・21	判物	義重	鹿子三郎殿	「取出」に付き
160	年欠・3・11	判物	義重	小貫右馬亮殿へ	「侘言」により
161	年欠・4・3	書状	義重	和田安房守殿	忠節文言
162	年欠・4・16	印判状	印(義重)	片岡源六殿	「新地」の「奉公」により
163	年欠・4・16	印判状	印(義重)	□□□三郎殿	「新地」の「奉公」により
164	年欠・6・18	判物	花(義重)	かたおか三八	「侘言」により

「森田輪之内」	「進之候」	恐々謹言	家蔵七、大山家文書
「かり宿・本沼」	「進之候」	恐々謹言	上遠野文書(『福島県史』7所収、「其方好身当方へ契約」により
「柿岡地」	「進之候」	恐々謹言	真壁文書(『武家文書の研究と目録(上)』所収)
「太田和・小貫」	「相任候」	恐々謹言	浅川文書(『福島県史』7所収)、浅川大和守に与える
「一番目師発子丸斎藤内蔵亮前遣之候」		恐々謹言	家蔵四八、野内家文書
「両人之扶助仁貫文之切布」	「可遣之候」	仍如件	家蔵四七、国安家文書
「□□之所」	「可及指南」	恐々謹言	家蔵五、天神林家文書
「小野崎内蔵頭一跡」	「任置候」	以上、如件	家蔵五、滑川権家文書
「かまのこ杉之内七貫之所」	「遣之候」	…候也	家蔵二九、石川家文書
「まつたまのち」	「おしんち候」	謹言	家蔵四、大窪家文書
「まいの内一貫五文」	「相渡候」	可…候也	水府志料所収文書(『茨県』Ⅱ所収)
「高倉甚平□之儀」	「遣之候」	恐々謹言	家蔵十五、糸井家文書、「手前」にて奉公申されるにより

Ⓑ義篤期

義篤期の充行状としては、常陸太田の天神林・依上保への充行および現在の大宮町の部垂への寄進がまとまった形で確認される。依上地域に関しては義舜期に引き続いた進出に対応したものと思われる。永正十四年の叔父北家義信・東家政義連署によるものから天文五年段階にかけて大別して二段階に分かれて発給されている。

天神林地域（常陸太田市）に関しては、大永三年三月段階で四通が集中してみられる。この充行が、どのような経緯で行われたのかについては不明であるが、充行が従来の充行ではみられなかった規模の所領単位で行われていることが注目できる。

【史料7】

天神林之内田一丁遣之候、可致知行之状如件

太永三年癸未

三月十六日 （義篤花押影）

田所弥三郎殿(12)

この史料は、義篤が田所直胤に対して「天神林

165	年欠・6・21	書状	義重	大山因幡守殿	
166	年欠・7・11	書状	義重	上遠野常陸介殿	「承」により
167	年欠・10・20	書状	義重	真壁安藝守殿	
168	年欠・10・23	書状	義重	中務太輔殿	「侘言」により
169	年欠・2・14	書状	義久	野内大膳亮殿	忠節文言
170	年欠・3・5	判物	義久	町田右馬助殿	「侘言」により
171	年欠・3・10	書状	義久	天神林下総守殿	「侘言」により
172	年欠・4・3	判物	義久	滑川伊賀守殿	「侘言」により
173	年欠・5・2	判物	義久	石川出雲守殿	
174	年欠・8・12	書状	義久	大くほいかのかミ殿	忠節文言
175	年欠・12・晦	判物	花(義久)	加固大隅守殿	忠節も
176	・□・28	書状	義久	糸井摂津守殿	(備考参照)

註1：破損・虫喰・判読不能個所は、□などで示した。
　2：『茨城県史料』中世編については『茨県』Ⅱ、秋田藩家蔵文書については、家蔵と略した。
　3：差出の項目の「花」については、花押のみの署判を示し、「印」は印判のみの署判を意味する。
　4：文書採集の期間としては、義舜家督期から義重・義宣連署出現の天正15・3・を下限とした。

之内田一丁」を与えたことを示す文書である。注目できるのは「田一丁」という単位で、義舜期では現在の小字に該当する地名や在家を単位に行われていた充行の単位よりも更に細分化された知行の単位である。この他にもこの天神林の充行は、「一町幷荒所」「七貫文之在所」「田一丁五たん」(13)という同様の充行が行われているのが特色である。天神林の地については、義治期・義舜期より「小田野屋敷」をめぐって天神林氏と小田野氏が相論をしていたことが確認でき(14)、また天神林氏は、佐竹の乱において一時的にしても山入氏方に属していたことが確認されている。充行の規模や以前の状況を考えると、この時期に天神林をめぐる天神林氏の没落等の状況の変化が起きたことが推測でき、それに伴って義篤によって天神林が所領分割が行われたものと思われる。それを受けて従来よりも所領を細分化する充行が登場したもので、それが義篤期に登場しているのは、注目できる事実で

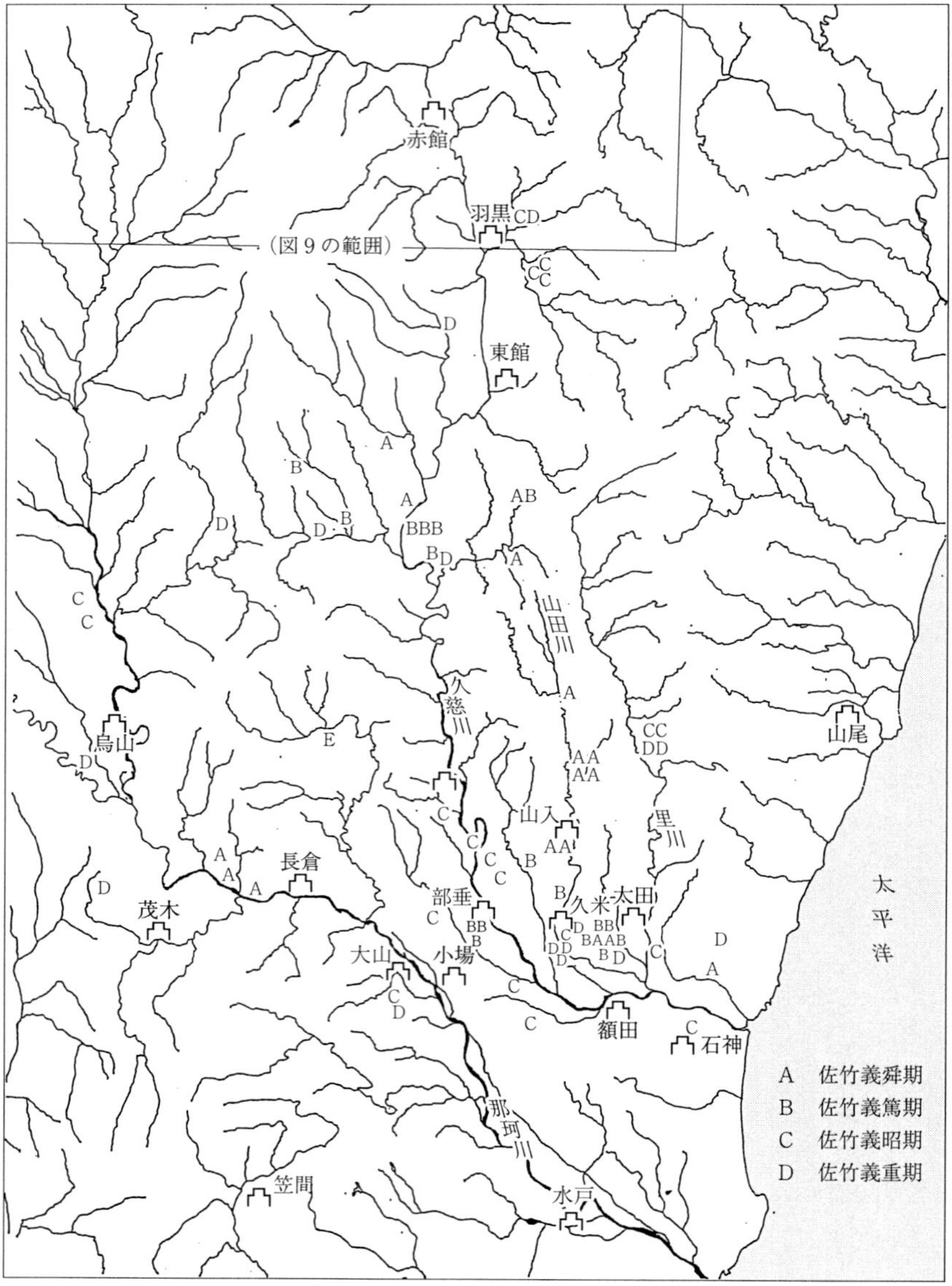

図８　戦国期佐竹氏の知行充行状の分布図

ある。

部垂地域（常陸大宮市）については、享禄二年（一五二九）から天文九年（一五四〇）にかけて部垂城に拠った弟部垂四郎義元と義篤は長期間にわたる抗争を行っている。そのため、44～46号文書（表3参照、以下同）の寄進は、この抗争に関わって出されたものである。天文九年三月に、部垂城は義篤によって攻略されており、寄進は抗争の終結に伴って行われたものである。(15)

Ⓒ義昭期

義昭期の充行状については、久慈川中地域への充行、依上保、更に陸奥国高野郡南郷への進出に伴う充行および常陸南部の小田への充行に大きく分けられる。久慈川中流域については、充行の直接の理由は不明ながら、義篤期の部垂義元との抗争にみられるように、この地域がそれまで佐竹宗家にとって把握が行われていなかった地域である。(16)天文十四年の義篤の死後、佐竹氏と水戸を本拠とする江戸氏との抗争が発生し、天文二十年六月まで行われていたことを藤木久志氏が明らかにしている。(17)時期的な状況を考えると、部垂の乱後に久慈川から那珂川流域に影響力を及ぼしてきた佐竹宗家と江戸氏が抗争し、佐竹氏の優位を確認して抗争は終結する。その状態が安定化した時期に、充行が主に行われた天文二十二年はあたっている。その意味で、この充行は、佐竹宗家の影響力の拡大と常陸北部における権力基盤の確立と密接に結びついて行われたのである。

次の高野郡進出に関してであるが、この進出は、白川氏との抗争と岩城氏系・白川氏系在地領主の包摂によって展開されるものであった。従って、充行状もそのような事情に対応して、羽黒山城等の攻略に際するものや、在城料や恩賞としての充行がみられる。

小田進出に関しては、検地条項の充行状上の初見などが注目できる。その例としてあげられるのが次の史料である。

【史料8】

当地踞付、おさかう屋遣之候。見地之上三十貫之分可相渡者也

永禄七年甲子
八月十二日（義昭花押影）

福地彦太郎との(18)

この史料は、「見地之上」とあるように、知行充行の前提として検地を実施した上で「おさかう屋」（つくば市長高野）の内で三十貫文の知行を充行うことを記した文書である。現在のところ、佐竹氏の知行充行に関する文書で検地条項を示すものは、管見の限りこの義昭の小田進出に関わる文書しか確認できない。その意味を考えると、義昭期の小田進出が実現した状況が大きな影響を与えたことがわかる。義昭期の小田進出は、第一章第三節で述べたように上杉謙信の関東進出の一環として行われ、その過程で小田周辺の支配権を謙信から付与されることによって実現したものである。そのことをよく示しているのが、充行を受けている存在は、佐竹氏の一族や家臣層に限定されていることである。同時期に平行して行われていた南奥進出では、前述のように元々白川氏に属していた在地領主に対する充行が多く確認されている。それに対して、小田進出では旧小田氏系の在地領主層への知行充行はほとんどみられない。この両者の違いは、長期にわたって争乱を繰り返しながら在地領主層を包摂して進出を実現した高野郡と、上杉氏との共同作戦によって獲得した小田という、その領域獲得の性格の違いを反映したものと考えられる。史料にみられる「当地踞付」は、本領を離れた小田への在滞に対応した文言である。そのため、検地条項も、新たに獲得した大規模な新領への知行割という宛行の状況に応じたものと考えることができる。しかし、検地条項は、他の地域での充行に確認できないながらも、佐竹氏が新領の獲得、検地の実施、知行割という在地掌握の方向性を持っていたことがうかがえる。

Ⓓ義重期

義重期の充行状の特徴としては、著しい南奥方面への集中と多数の比定不明の充行の存在である。比定地不明が増えてしまう原因としては、「……抱（拘）」という形で知行を表現している充行と貫高の充行があげられる。「……抱」の充行の例をあげると、次の史料である。

【史料9】

和田之内小野崎藤三郎拘さし添遣之候、謹言

二月拾二日　　　義昭（花押影）

和田掃部助殿(19)

【史料10】

為和田代之地菅俣之内［焼テ不見］貫文之在所遣之候、謹言

天文廿二年貳月吉日　　　義昭（花押影）

小野崎藤三郎殿(20)

史料9（58号文書）は、義重の充行ではないが、義重の父義昭が、和田掃部助昭為に対して和田（常陸太田市和田）の内で「小野崎藤三郎拘」を加増として与えた充行状である。「小野崎藤三郎拘」と文言で表現されている内容が問題となるが、その意味を考えるのに参考になるのが、史料10（59号文書）である。史料10で、義昭は、小野崎藤三郎に菅俣（常陸大宮市菅又）の地で何貫文かは不明ながら知行を充て行っているのだが、充行の理由としては、「和田代之地」であることが記されている。このため、史料10は、史料9の和田昭為に宛てた充行によって「和田之内」での知行を失った小野崎藤三郎に対して義昭が替地を与えた充行状であると考えることができるのである。

このことから考えれば、佐竹氏が知行を表現して用いた文言「……拘」とは、「……」と記された人物が所持した知行として解釈することができ、この解釈は、他の「……抱」にも敷衍することができるものと思われる。

「……抱」を「……」の人物の所持した知行分の表現と考えれば、「……抱」で知行を表現する充行とは、佐竹氏の領国拡大に伴って新たに支配下においた旧敵方知行への充行を除いて、自領内の知行の再配分・割替を意味することになる。「大窪内匠助抱」(25号)・「長山雅楽助抱」(61号)・「野内若狭抱」(136号)や「山方六右衛門抱」(137号)といった知行を所持していた人物名は、実名を確認したり、関係文書を充行状以外で確認できない者がほとんどであるが、いずれも同じ姓を持つ佐竹氏家臣が確認できる人物であり、その同族で、一族と同じく佐竹氏の家臣であった可能性が高い人物達である。そのことを踏まえれば、「……抱」表現の充行は佐竹氏家臣の所領の再配分であるために、その所領の所在が充て行われる者にとってもすでに知られた所領であり、そのために地名等を省略しているものと思われる。

「……抱」の充行の中に佐竹氏領内の知行の再配分が相当数含まれていると考えると、「……抱」表現の充行が、義篤発給の全二七通のうちで二通、義昭発給の全二五通中の五通[21]、義重発給の全四六通中の一六通というように、戦国末期に近くなるに従って充行全体における比率や数が増加することは、注目しなければならない事実である。次第に家臣の知行割替を実施することが増えていることは、佐竹氏が、家臣と知行との結びつきを弱め、家臣統制を強めつつあったことを示している。知行の再配分は、充行の地が不明であるため、佐竹氏の勢力範囲においてどの地域にみられるかを判断することは困難であるが、家臣達が父祖より伝来して知行していた本領よりは、佐竹氏の勢力拡大によってもたらされて在番料等のために与えられた新規の知行地・支配地から、実施されたと考えるのが自然ではないかと思われる。

そのような「……抱」充行の中でも注目しなければならないのは、表中の148号~155号文書(義久発給の一通を除く）にある天正十五年（一五七七）の二月から三月にかけて集中して行われた充行である。この充行に関しては、時期的に天正十五年三月十五日の義重次男白川義広の蘆名氏入嗣工作実現と結びついたものと思われるのだが、義重・義宣連署の充行状発給にみられるように蘆名氏入嗣・義重から義宣への家督移譲[22]へ向かう佐竹氏の権力構造の変化の流れの中で、大規模な知行割替が行われた可能性を示している。

また貫高による充行の傾向としては、「五貫文之所」(102号)や「窪田十二貫之所」(139号)といったように小規模な充行にとどまる傾向がみられる。このような小規模な充行は、貫高の充行が本格的な所領支配を前提としない、在番料等の充行に用いられたことを示すと考えることができる。

南奥方面の充行については、義昭期に引き続いて進展をみせた進出に伴うものであるが、義重の充行状と共にそれを補完する、あるいは重なり合う形で三家の東義久の充行状が発給されていることが注目できる。このことは、第二章第一節でみたように、南奥進出の実質的活動の担い手が義久であったことを反映したものである。

以上のように義重期の充行のことをみてきたが、義重期は、それ以前の佐竹氏当主に比して発給文書が多く残されている。しかし、その傾向としては、南奥方面への充行の集中に代表されるように、むしろ常陸国外の、新たに佐竹氏の勢力下に入った地域への充行を中心としていることが特徴である。小規模な貫高による充行は、多くが進出地への在番料として充て行われた傾向を持ち、また知行の再配分を示す「……抱」表記の充行が常陸北部の佐竹氏とその家臣の本領域よりも新規知行において実施されやすいことを併せて考えると、義重の充行が新たに支配下に編入した地域に集中しているとみなすことができる。

実は、新領国に集中する義重期の充行の特徴は、義重以前の当主達にもいうことができる。義舜・義篤・義昭各代とも、当該期に戦闘が行われた地域に充行が集中している。それに対して、家臣の本領安堵や相続安堵等を示す充行の例は、多くはみられず限られた数しか確認できない。本領周辺に関して発給される場合も、境界問題

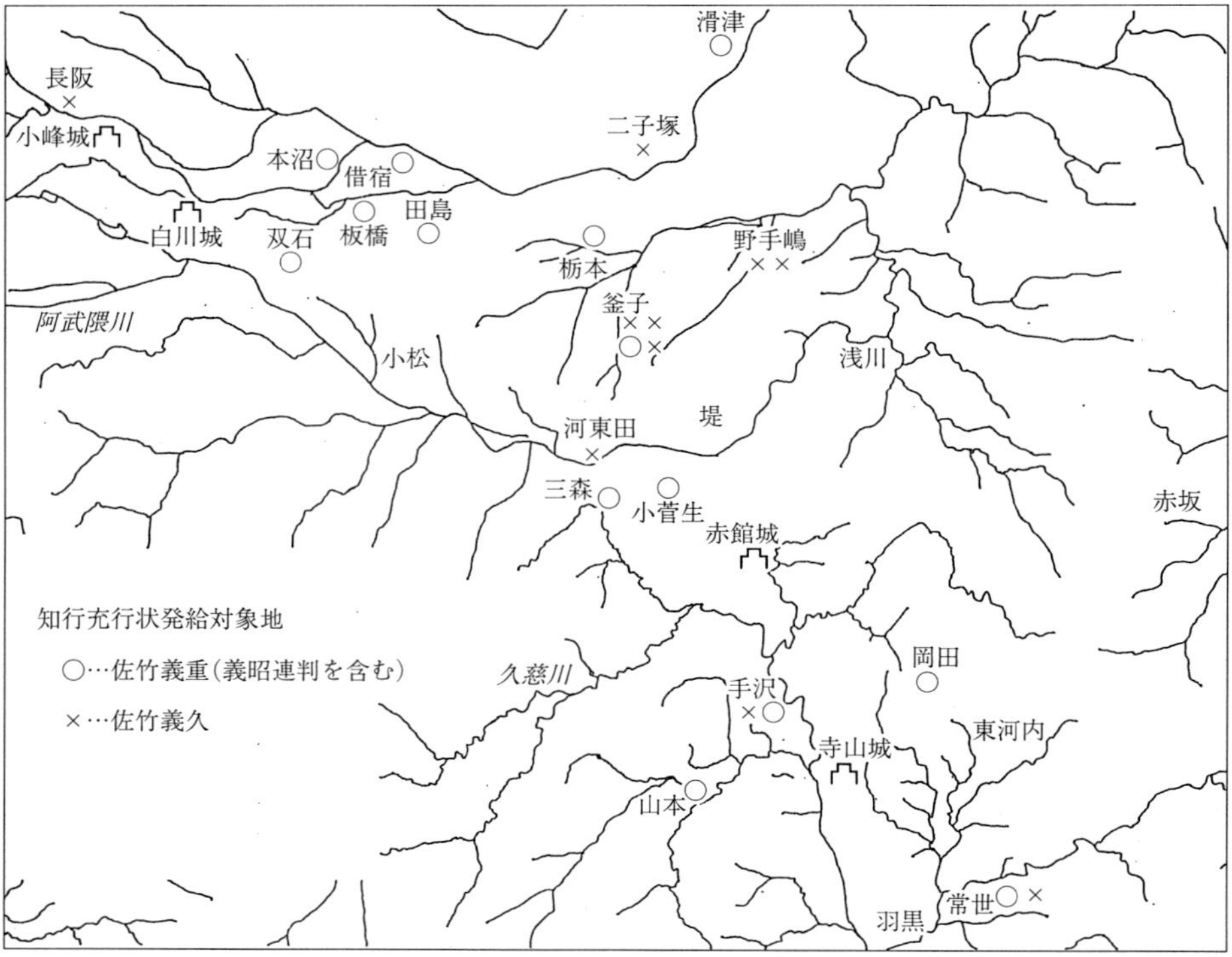

図9　知行充行状発給対象地(南郷周辺)

等の相論によるものが多い。このことは、前項でみた庶子家や家臣層の父祖伝来の本領に関して、佐竹氏は、基本的にはその知行権を認め、佐竹氏に反抗する[23]等の問題がなければ知行は維持される状況であったことを示し、充行や安堵が文書の形として発給されなくとも家として伝承されるものと認識されていた可能性を示している。本領の安堵に関する充行状の例が非常に少ないのはそのためと思われる。従って、佐竹氏が戦国期に行った充行は、新領への充行や戦闘が行われる地域に集中しているのである。

　このことは、大半の充行状の収集源が、近世初頭に秋田まで佐竹氏に従って移住した佐竹氏と密接に結びついた家臣層の伝来文書の書写であるという秋田藩家蔵文書(24)の史料的性格による部分も一部あると思われる。しかし、室町初期において圧倒的な所領を常陸北部に保持し、その所領を庶子家や家臣層に早期に与え、所領として相続させてきた状況を踏まえて考えれば、充行状の集中は家蔵文書の史料的性格に限定されるものではないと思われる。前項でみたように、佐竹氏は、庶子家や家臣層が保持する彼らの本領といってよい旧領への既得権については基本的に保護していたものと思われる。しかし、他勢力との競合や衝突の中で獲得した所領を、その地域の領主層に充行・安堵すると共に、自らの催促に従って在陣・軍忠をあげた庶子家・家臣層へは充行を行う必要がある。既得権を安堵する性格を持つ前者に比べて、新恩給与として発給される後者の充行の方が、現実の文書発給の要請を求められる性格が強い。佐竹氏の充行が新領へ集中する傾向にあることには、知行充行が持つ、旧領への本領安堵と新領への新恩給与という二つの性格のうち後者に発給の要請がより強いという性格に起因するものと思われる。

そのため、佐竹氏の領国内における充行は、いきおい旧領安堵を原則とする常陸本国ではその領域の規模に反してあまりみられず、新恩給与を中心とする新領部分に多くみられるのである。

以上のように、充行状の分析を中心にして戦国期の佐竹氏権力の領域編成について考えてきた。確認できたことは、佐竹氏が発給した充行状の多くが、戦国期に佐竹氏の勢力下に入ってきた新領部分か、佐竹氏の本領にあたる常陸北部においても戦国期に佐竹氏が戦闘を行った地域に対して出されていることであった。

佐竹氏が室町期以来所領としていた常陸北部については、庶子家の創出が行われて庶子家固有の所領化している所領が多くみられたり、室町前期の段階から所領を佐竹氏によって与えられた家臣層が、以後その所領を伝承して固有の所領としている状況が多くみられる。また、室町期から戦国期にかけて所領を伝来されている庶子家や家臣にあたる有力な国衆・在地領主層に対して、幕府や古河公方から直接文書が授受されており、佐竹氏の一族の家や常陸の国衆として広く武家社会に認められ、位置づけられることも行われていた。佐竹氏は、これに対して、常陸北部の大部分を所領とする家の宗家として、家産制的な秩序に位置づけることによって統合を行っていたのである。(25)そのため、一族や家臣層が持つ所領に関する既得権に関しては、基本的に安堵する立場にあったものと思われる。

これに対して、新領や戦闘が行われた地域についていては、勢力下に入ってきた国衆・在地領主層に対する充行・安堵、あるいは軍忠のあった家臣層への新恩給与と在番・在城領の給付が行われることは必須な事柄であった。その要請に基づいて佐竹氏は、新領域等を中心に充行状を発給したのであった。

そのような状況を踏まえると、佐竹氏の権力編成上には常陸の本領部分と新領部分については、編成上に偏差が存在することに気づかされる。旧態依然とする室町期以来の旧領安堵を出発点とする本領部分と、戦国的状況の中で地域編成を積極的に行っていった新領部分のどちらに佐竹氏が指向する政策が反映されやすかったのかは、その充行状の発給頻度、家臣層との結びつきから考えて、新領部分であったことは自ずから明らかである。そのため、佐竹氏の領域編成を考える時、常陸北部の本領部分とその他の地域の新領部分との性格の違いを踏まえて分析を行っていかなければならない。

しかし、佐竹氏にとって常陸の本領部分における編成が戦国末期までそのまま継続されたと考えるのも、必ずしも的を得ているとはいえないと思われる。本領部分に所領を持つ多くの庶子家や家臣層は、少なからず佐竹氏の下で勢力拡大に参加し貢献していく。その結果、彼らには新恩としての所領や在番・在城料が佐竹氏より与えられる。

在番料・在城料を与えられる場合、庶子家や家臣層から分出された庶子がその充行を受ける傾向があるが、彼らは分出されているとはいえ、自らの一族とのつながりを保持した存在である。そのため、彼らの佐竹氏の軍事行動等への参加は、彼らの一族へ影響を及ぼし、少なからず彼らの宗家にあたる庶子家や家臣層に変質を余儀なくさせていったものと思われる。

従って、佐竹氏よりの新恩給与を通じて、所領の拡大を指向する庶子家や家臣層と佐竹氏の関係は次第に変質を遂げるのであり、それまでの本領のみで結ばれた先祖以来の擬制的な血縁集団として統合される存在から、次第に所領を給付されることを通じた統制を受ける関係へ変化していくことになったと思われる。その変化の度合いは、庶子家や家臣層が出発点として持つ家の性格や、それぞれ持っている指向性や地域性等の様々な要因に規定されて異なるものであるが、その影響の深さや速度は別にして、変化をそれぞれの庶子家・家臣が迫られていったのである。

このように佐竹氏が戦国期に勢力下においた領域には、常陸北部の旧領部分と新領部分との性格の違いが存在した。しかし、それは勢力拡大した戦国期権力が持つ固有な矛盾である。知行充行が頻繁に行われていることからわかるように新領部分の掌握の中で、佐竹氏は政策を積極的に推進する。その政策の展開は、同時に旧領部分も波及的な効果を与え、新領部分ほどの速度ではないのだが、従来の地域編成に変化を迫るものであった。その意味で、佐竹氏権力の持つ指向性や特質を考える上で、新領部分に関する分析は重要な意味を持つのである。

[三]　佐竹氏の充行状の形態

最後に佐竹氏の発給した知行充行状の形態について考えてみたい。充行状は、まず何よりもその発給者・受給者双方の充行の対象物との関係を示すと共に、発給者との間の従属・被従属の関係、身分的格差、親疎の度合い等もその様式・形態によって表現している。よって、本項では充行状の様式・形態から佐竹氏の支配について考えてみたい。また、その考察にあたって宗家と共に支配を行っていたとされる北・東・南の三家の充行状も別個に考察を行ってみることとする。

Ⓐ宗家の充行状

目録より宗家の充行状は一一八通確認できたのだが、これらの充行状の様式についてみると、判物形式が五四通（四六％）、書状形式が五一通（四三％）、その他一三通（一一％）であった。通常戦国期権力によって充行状に用いられる文書形式は、判物（直状・書下）形式であることが多いのだが、佐竹氏の場合は、私的な場面に用いられる書状形式が判物形式とほぼ同じ割合を占めているというのが特徴である。

その特徴を象徴するものといってよいのが、佐竹氏の充行状の中で充行を直接的に表現する語として、「進」を用いる充行状が一五通みられ、全体の中でも一三％を占めていることである。「進」は、対等あるいはそれ以上の相手に対して用いられる謙譲語であり、所領支配を承認・許可あるいは付与するという機能を持つ充行状に用いるには、ある意味で適さない表現である。これに対して他の戦国期権力でもよく使用される「遣」という表現も六九通（五八％）に使われており、その比率から考えて佐竹氏においても充行表現として「遣」が一般的であったことがわかる。

そこで注目したいのが、宛所となった充行を受けた家臣の階層である。「進」が用いられた家臣層は、義舜期では茂木（13号）・高柿（18号）・岡本氏（22号）、義昭期では北条（69号）・大山（71号）・上遠野（80号）・船尾氏（82号）、義重期では武茂（99号）・今宮（104号）・松野（138・150号）・大山（158・165号）・上遠野（166号）・真壁氏（167号）があげられる。この中で、高柿・大山・今宮氏は佐竹氏の一族であり、茂木・岡本・上遠野・松野・武茂氏は常陸国外に本領を持つ有力在地領主、真壁氏は真壁城（桜川市）を本拠とする常陸内部の有力在地領主である。このように、「進」表現を佐竹氏が充行で用いた相手は、いずれも常陸内外の有力在地領主か一族層である。一族層以外の有力在地領主は、いずれも佐竹氏の勢力拡大によって戦国期に新たに佐竹氏の権力の内部に包摂された存在であり、またそれ以前の彼ら自身の東国武家社会における地位をそれぞれに持った存在である。同時に、佐竹氏よりみても、彼らは勢力拡大に伴って包摂したとはいっても、彼ら在地領主の去就が勢力の維持に重要な意味を持つのであり、彼らの従来の武家社会における地位に応じた扱いをせざるを得ない存在であった。「進」表現による充行は、このような佐竹氏と在地領主層の関係に基づいて行われたものと思われる。一族層に関しても、佐竹氏内部における彼らの礼的な地位の高さを考えれば「遣」表現を用いるのをはばかって「進」表現を用いたものと思われる。

興味深い点としては、この「進」表現を用いた充行が義篤期には確認できないことである。義篤期は、部垂の乱と呼ばれる、義篤弟の義元が義篤に対して反抗する争いが長期間にわたって起きた時期があり、一族層の中にも義元に同調する動きがみられた。その義篤が一族層に用いられることの多い「進」表現を充行に用いていないことは、義篤の一族層に対する基本的姿勢が「進」表現を用いる宥和的な姿勢ではなかったことを示すものと思われ、義篤期の分析において重要な視点を提示している。

また義舜・義篤期に比べて義昭・義重期に書状形式の充行状の比重が高い（前者七通、後者四八通）ことは、後者の時期に急激な勢力圏の拡大が行われ、それによって在地領主層との個別的結合の増加や家臣団編成の進展等の佐竹氏権力の構造変化が行われていくことを示すものと思われる。

Ⓑ三家の充行状

次に南・北・東の三家についてみると、[26]充行状は計五三通確認できた。うち判物形式は三二通（六〇％）、書状形式は二一通（四〇％）である。傾向的には書状形式の比重が高く、宗家の傾向と一致する。しかし、数字の内訳をみていくと、総数のうちの半数以上が東家義久の充行状であった。義久の充行状を総数から差し引いて計算すると、二四通のうち判物形式が一七通、書状形式が七通となり、書状形式の比率が減少した。その充行状の内容をみていくと、二四通のうちで約半数近い九通が北家による矢野氏への充行であることから、これらの充行状が三家による自らの家臣層への充行という性格を強く持ち、そのことが書状形式の充行の減少につながったと思われる。

東義久の充行状については、二九通中判物形式一五通、書状形式一四通となった。他の三家の充行状と異なって書状形式の比率の高さが目立っている。この事実は、北家における矢野氏のような充行状を集中的に受けている存在がない点、充行状を受給しているのが宗家の家臣や白川氏系の在地領主等多岐にわたっている点等から考えて、義久の南奥における活動に反映したものと思われる。

以上、三家の充行状の形式は、東義久のものを除いては判物形式を中心としたもので、書状形式の比重の高い宗家の充行状と少し傾向の異なるものであった。では、なぜにこのような違いが、同じ佐竹氏を名乗る者同士で生じたのか。この問題を考える上で、まず三家の活動から東義久と他の三家の文書の違いの意味を明らかにし、その上で宗家と三家の違いについて考えてみたい。

Ⓒ形式の違いの意味

三家の活動についてその発給文書から考えていくと、自らの家臣へ官途・所領等を付与すると共に、宗家へ国人・在地領主の「詫言」を申し次ぐ「取次」の働きを行ったり、宗家に代わって軍事行動の実際的指導、周辺の戦国期権力・国人・在地領主等との外交活動を活発に行っている。そして、そのような活動の根底にあったものが国人・在地領主と個々に起請文を取り交わす等の個別的な結びつきであったと考えられる。第二章で分析しているように、東義久は、他の三家と異なって佐竹氏の地域支配を代行する活動を行っていた。そのため、佐竹氏と結んで勢力下に属した在地領主層から宗家の義重の充行状と共に、義久の充行状も保証として発給が求められることがあった。義久の充行状の中には義重の充行状と重なる内容を持つものがあり、義重の充行状の副状として発給されたものが存在することは、本書第二章第一節で指摘した。また地域支配を代行する立場から宗家家臣の在城・在番料等の充行も発給する必要があるのであり、そのような義久の活動が、形式的にも宗家に似て多様な形式を持つものとなったのである。[27] 従って、他の三家と義久の充行状の形式の傾向的な違いがみられるのは、他の三家と異なって、義久が南奥において外部勢力との接触や地域支配を担当するという活動を行っていたことによるものである。

宗家と三家の文書様式の違いについては、すでにⒶで触れたが、書状形式の増加が、義昭・義重期に顕著にみられる。それは急速な勢力の拡大による外部勢力との接触や在地領主層の包摂の増加が、義昭・義重期にみられることと結びつくものと思われる。一定の東国武家社会の礼秩序における独自の地位を持つ存在に対して、佐竹氏が充行状を発給する場合に、書状形式さらには「進」表現を用いた充行状が用いられたものと思われる。従って、外部勢力との接触や領主層の包摂の増加は、書状形式の充行状の増加に直接的に結びついたものと考えることができる。

義久以外の三家の充行状と宗家の充行状の文書形式の傾向の違いは、そのような佐竹氏権力自体の拡大に伴って書状形式の充行状発給を増加させる宗家、自らの家臣層にのみ充行状を発給する三家という立場の違いによって生みだされたものと思われる。その意味で、書状形式の充行状の増加は、佐竹氏権力の拡大と変質に密接に結びつくものと考えることができる。

第二節　佐竹氏の陸奥南郷経営

本節では、佐竹氏による地域社会の編成策全体を吟味するため、佐竹氏が戦国期に新領として獲得した陸奥国高野郡支配を素材に検討する。

〔二〕　佐竹氏による支配の確立

Ⓐ佐竹氏支配以前の高野郡北郷

まず最初に佐竹氏による高野郡[28]支配が開始される以前の高野郡の状況について少し触れたい。佐竹氏以前の高野郡は白川氏の支配下にあった。白川氏時代の高野郡についての研究の代表的なものとしては、奥野中彦氏[29]と小林清治氏[30]の研究がある。両氏共に、白川氏は高野郡に根強い勢力を持っていた都々古別《つつこわけ》信仰に依拠する形で支配を実現していたとしており、この見解は発給文書等からみて首肯しうる。

都々古別信仰とは[31]、現在の福島県南部に分布する産土神信仰で、中世では高野郡や石川郡において根強い勢力を持っていたといわれている。高野郡では北郷に馬場都々古別神社、南郷には八槻都々古別神社が存在し、信仰の中心となっていた。とくに八槻社は、南郷から依上保（大子町）・北郷に至る地域に檀那場（都々古別社の場合には桝場と表現する）を持ち、その別当家を室町期に世襲化していた八槻家を中心に強大な勢力を誇っていた。そして、八槻社の氏子圏には、有力な国人領主が存在しなかったことから、その祭祀組織は、白川氏にとっては棟別銭や段銭等の徴収に際して重要な意味を持っていたのである。またそういった支配の側からの視点からではなく、祭祀組織を構成する氏子の側からみれば、都々古別社の祭祀組織は、そこに属することによって白川氏の支配にある程度制限を加える力を持っていたと思われ、そのため、ある意味で、祭祀組織は氏子である在家百姓の地域的結合という性格をも保持していたと推測される。そのためもあって白川氏は、とくに八槻社との結びつきを強めることによって支配を展開していたのである。

それに比して北郷の馬場都々古別社は、高野郡の都々古別信仰の発生地である建鉾山を檀那場に含むことから、その祭祀組織自体が八槻社のそれと異なる形で出発したと思われること、社人層に八槻家のような修験職と神主職を兼帯して世襲するような権威を持った存在がなかったことや、領主権力の白川氏の勢力と境を接していたことから八槻社程の勢力は保持していなかったと思われる。とくに社川流域については、高野郡の中では白川により近いこともあって、白川氏家臣層が所領を保持しており、所領支配を進展させていた。また、この地域に関しては都々古別信仰ばかりではなく、開発伝承に基づく信仰が存在しており、字福井に所在していた宇賀神社を中心とする信仰であった。宇賀信仰は、ため池である大清水にまつわる開発伝承を持っていて、かつ大清水に隣接する中丸館に居住したと思われる開発領主の存在が予想されるため、社川流域の福井周辺では根強いものがあったことが予想される。従って、馬場社は北郷において八槻社ほどの氏子達の勢力を結集させる宗教的な権威を保持していなかったと思われ、北郷の、とくに社川流域については、領主権力白川氏の勢力がかなり浸透していたと思われるのである。

また佐竹氏の進出が開始されると、白川氏は高野郡の南部の東館、中部の羽黒山・寺山城、北部の赤館城を支城として対抗した。とくに赤館城は、初発の時点では馬場社の別当の一族である赤館氏によって築城されたとも伝えられるが[32]、比較的白川氏の勢力の浸透した社川流域に隣接していたこともあって、白川氏の高野郡における根拠地として佐竹氏と対峙していたのである。

Ⓑ佐竹氏による高野郡支配体制

佐竹氏による高野郡全域の支配は永禄三年（一五六〇）の寺山城攻略、さらには天正二年（一五七四）から三年にかけての赤館城をめぐる激しい攻防をへて天正六年八月の白川氏との和議成立を受けて確定する[33]。以後の佐竹氏の高野郡支配は、赤館城に在城する東家の義久を中心に寺山城・羽黒山城・東館という四つの支城を通じて展開され、軍勢催促の状況からみて小規模ながら個別に衆編成されていたようである。

その体制が大きな転換をみたのは、天正十八年八月に豊臣秀吉によって宇都宮仕置が行われ、高野郡支配を担当していた義久の常陸国鹿島郡への配置替えが、統一政権の意向を半ば受ける形で行われたことによってであった。その後に赤館城に入ったのは同じ佐竹氏の北家の義憲であった。

義憲の活動については、あまり多くのことはわからないが、天正十九年閏正月から二月にかけて数通の充行状を自らの家臣である北家家臣を中心に発給している。事例は少ないため検討は難しいが、その文書の形式や充行の表現がほぼ義久と同じことから、義久と同様な赤館城領等を知行しながら高野郡を指導する体制で支配を展開していたと考えることができる。(34)しかし、義憲による高野郡支配も短期間で終わり、岩城氏に入嗣した義重三男の能化丸(貞隆)の後見のため岩城に移動したものと思われる。

その後の高野郡支配を担当した者は、佐竹氏の奉行人であった和田安房守昭為と人見主膳正藤道であった。しかし、彼らは、むしろ宇都宮仕置で常陸一国の支配権を得た佐竹氏の全領国規模の政策遂行に携わっていたものと考えられ、(35)常に二人のうちどちらかが赤館城に在城して政務を執り行うということはあまり考えがたい。従って、おそらく実質的に高野郡に関する政務を執り行ったのは、その下で活動していた安藤太郎左衛門や菊池掃部助等であったと思われる。とくに安藤氏は、高野郡支配の確立以前からこの地域で活動しており、南郷惣役銭賦課の催促を黒印状で義宣から直接に命ぜられたり、和田・人見宛の赤館の普請を命ずる義宣の黒印状を近世期に入っても所持していることなどから、和田・人見の下で活発に活動していたことがうかがえる。(36)またその後、下野の那須に出自を持つ松野資通も慶長期に赤館城に在城して活動している。

このように、佐竹氏の高野郡支配は、天正期には義久・義憲といった佐竹氏の一族層によって行われたのち、和田・人見の奉行人層によって担当されたのだが、その実質は彼らよりも下の吏僚層にあたる安藤・菊池氏や、あるいは後で触れる井上氏等によって政策が担われていたのである。(37)

Ⓒ支配確立期の佐竹氏の知行構造

この時期の知行構造について考えていくと、蘆名・白川氏との戦闘を継続する中で在地領主層の掌握を進めるという状況下に規定されて、おそらく佐竹氏は独自の支配方針をなかなか打ち出せなかったのではないかと考えることができる。

　そのような状況をよく示すと思われるのが、次の史料である。

【史料11】

芳賀玄番〔蕃〕亮　　本領ますミ之地　手さく　屋敷
同兵部少輔　　長坂之地　あく津に手作一石まき　屋しき
同形〔刑〕部少輔　　近年之分限半手なし　手作　屋しき
河東田右馬亮　　近年之分限半手なし　屋敷　手さく
同兵部丞　　小松之地　半手なし　手作　あく津に一石まき
大田和監物　　小野大蔵かゝいのとをり
白石美作守　　只今之分限并早山六郎兵衛かゝいそへて
粥目兵庫助　　つりうの地半分　近年之屋敷
白石主水佑　　近年之分限半手なし
須田平兵衛　　ますミに大賀源十郎かゝい之地
深谷甚四郎　　近年之分限半手なし
黒木右衛門佑　　近年之分限半手なし
大賀主水佑　　角田甚六かゝい之地
上遠野藤兵衛　　舟田清八郎かゝい之地　半手なし
　　芳賀弥二郎かゝい　あく津ニ手さく　一ちやう六たん

藤三身躰　一途之方之名跡取成其上　あく津に手作三石まき

河東田河内守　此間之知行半手不可有之候、別而知行重可進之

半手なし

白石九郎兵衛　高田弥衛門か、い之地　こまやさくハん　手さく

書立如被遣候、致之進候、時宜成就之上、めいめい、に一筆を可進候、各へ可被相心得候事尤候、以上

天正三年乙亥
六月廿二日　義久（花押影）

河東田河内守殿(38)

この史料は、白川氏方の国人や在地領主層を佐竹氏と結びつかせる段階で発給されたものである。文言に「書立如被遣候、致之進候」とあるように、この文書は、旧白川氏系の在地領主達が佐竹氏に帰属する際に自らの現在の所領（充行を望んだ地も含む）について保証を求めて「書立」てきたものに対する、佐竹氏側からの解答として出された文書である。そういった文書の性格やこの文書にみられる人名が白川氏の家臣団構成を示す白川年中行事にみられることなどから、この文書にみられる充行の対象となった存在は、元は白川氏に仕えていた家臣層であると思われる。従って、彼らが佐竹氏に求めてきた自らの知行の保証は、若干の変化を予想することもできるが、基本的には旧白川氏の体制下の知行構造を継承したものと考えることができる。

次に文書にみられる充行内容について分析していくと、雑多な内容のため理解しにくいが、大きく分けて①地名、②「……か、い」、③手作・屋敷の三種の記載に分ける事ができる。

①地名についてはそのまま地名と③手作・屋敷については充行を受けた者の文字通り手作分と屋敷分と理解できる。そこで問題となるのが、②の「……か、い」である。これは他の佐竹氏の充行にみられる「……抱」と同

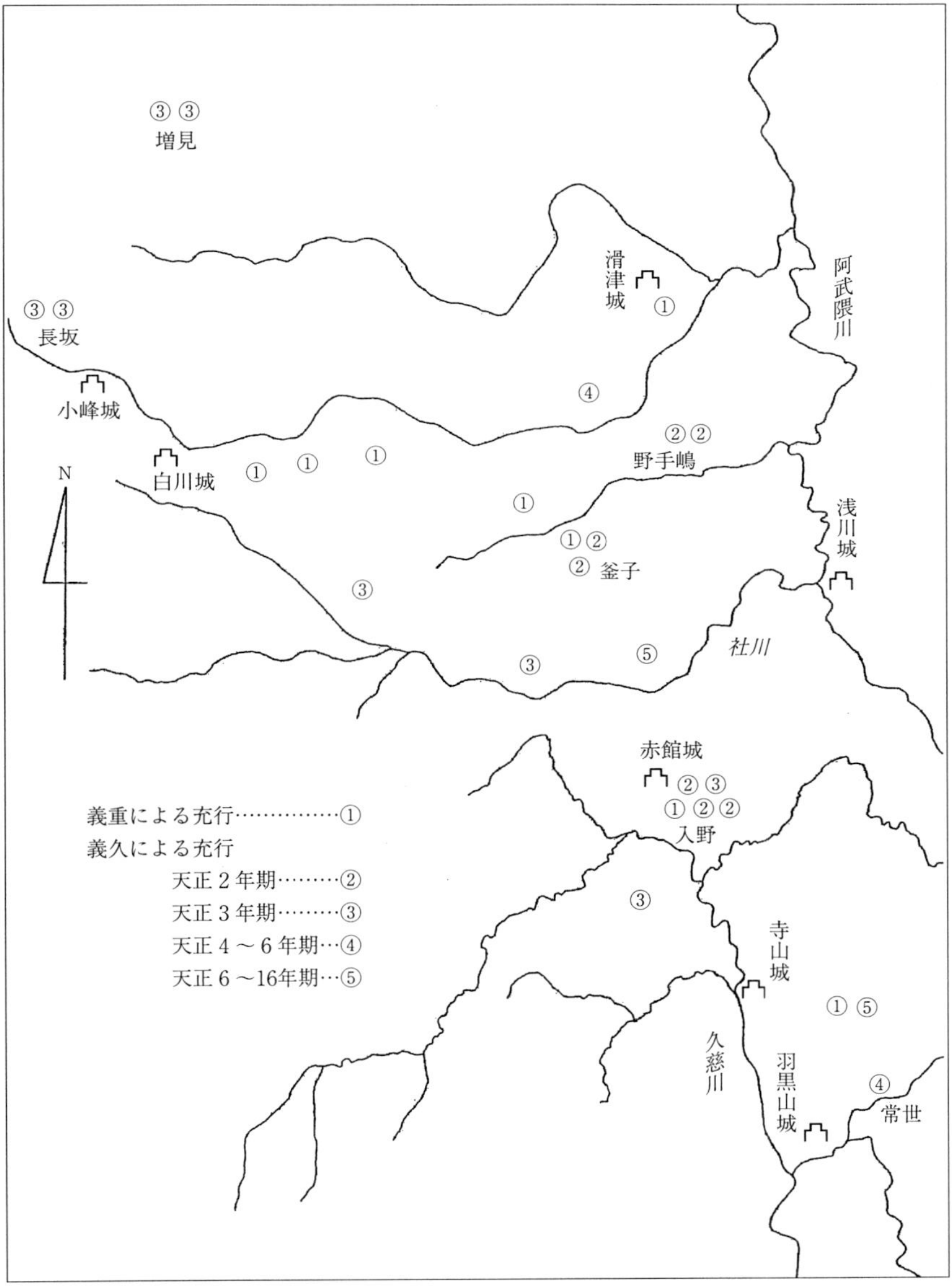

図10　天正２～16年期　佐竹氏南郷充行比定図

様のことと考えられる。「……抱」は文字通りに「……が知行している地や所職」と理解することもできる場合もあるが、場合によっては同じ地（現在の大字単位の範囲）に対して貫高の充行と並行する形で充行の表現としてしばしば用いられている。(39)またこの史料でも、一行目の芳賀玄番亮分の「本領ますミ之地」と一〇行目の須田平兵衛分の「ますミに大賀源十郎かヽい之地」と同じ地に対して並行して用いられており、そのまま解釈すると、佐竹氏が芳賀玄番亮に本領として安堵した増見の地に、大賀源十郎の「かヽい」分が存在していて、それを須田平兵衛に安堵していることになる。そう解釈すると、芳賀氏が知行する所職と須田氏が「大賀源十郎かヽい分」として知行する所職は異なるものであると考えられ、芳賀氏が「本領」として知行している以上は、両者が重層的あるいは並列的に存在していると解釈されるのである。従って、「抱」とは地名とは異なる所職を表現する語であると考えることができ、佐竹氏や白川氏の領国には地名で表現される所職と「抱」で表現される所職、更には手作分等が重層的あるいは並行して存在していたことになる。(40)

以上、先にみたような情勢から、佐竹氏は同時期に自らの家臣層にも欠所地等の充行を行っているが、佐竹氏による高野郡支配開始の当初は、全体の知行構造は基本的には白川氏支配期のそれを継承したものと考えることができる。またその知行構造は、地名で表現される所職や「抱」で表現される所職といった様々な所職が重層的ないし複合的に存在していた知行構造であると思われる。

〔二〕 南郷（高野郡）の再編成

Ⓐ知行の再編成

前節では、佐竹氏による支配の開始期の知行構造をみたが、ここではそれ以降秀吉による宇都宮仕置前後の時期の知行構造をみていきたい。

佐竹氏による高野郡支配が白川氏や内外の諸勢力によって認知されて以降、佐竹氏の知行政策として注目されるのが、天正十七年末から十八年初頭にかけてまとまってみられる知行充行状である。この発給の背景としては、天正十七年六月の蘆名氏権力の崩壊によって急速に転換した政治情勢があげられる。具体的には旧蘆名氏勢力圏を吸収することによって急速に勢力を拡大した伊達氏に対して、佐竹氏は有効な対策を講ずることができず、一種の雪崩現象によって白川氏をはじめ石川氏・浅川氏等が佐竹氏勢力から離脱し、伊達氏に属してしまった事態である。それによって佐竹氏と伊達氏が勢力を接する境界は、須賀川城の落城等もあって一気に変化し、高野郡（南郷）の北に位置する滑津城周辺にまで南下した。とくに赤館城の北東に位置する浅川城（福島県浅川町）を本拠とする浅川氏の伊達氏帰属によって、南奥計略の拠点である赤館城も直接的に伊達氏側の攻勢にさらされることになった。こういった状況の変化によって佐竹氏は高野郡の支配の再編成を迫られることになる。

そのような状況の中で行われた一連の充行は、赤館城の北を流れる阿武隈川支流の社川流域を中心に行われた（図11参照）。充行の背景としては、この地域が西は白川氏の勢力圏、東は浅川氏の勢力圏に接することから周辺の在地領主層の動揺が激しかったことが考えられる。実際問題として彼らは以前属していて、また伊達氏の勢力に入る事によって勢いを取り戻しつつある白川氏と、現在属している佐竹氏の両者のどちらに属するかの二者択一を迫られていたと思われる。たとえばこの時期に充行を受けていないが、芳賀氏や河東田氏・和知氏等では嫡流と考えられる一族は、旧来の密接な関係から白川氏に属しており、その一族は白川氏を通じた関係から江戸時代には伊達氏の家臣として存続することとなった。そのような彼らが選択を迫られる状況を安定させるために、直接的に武力的な脅威にさらされていた社川周辺域に対して、おそらく元の在地領主層が白川氏に属してしまったような欠所地等を中心にして知行充行が行われたのである。

充行の状況についてみていくと、この時期の充行の特徴として支配を担当した義久の文書の形式がすべて比較

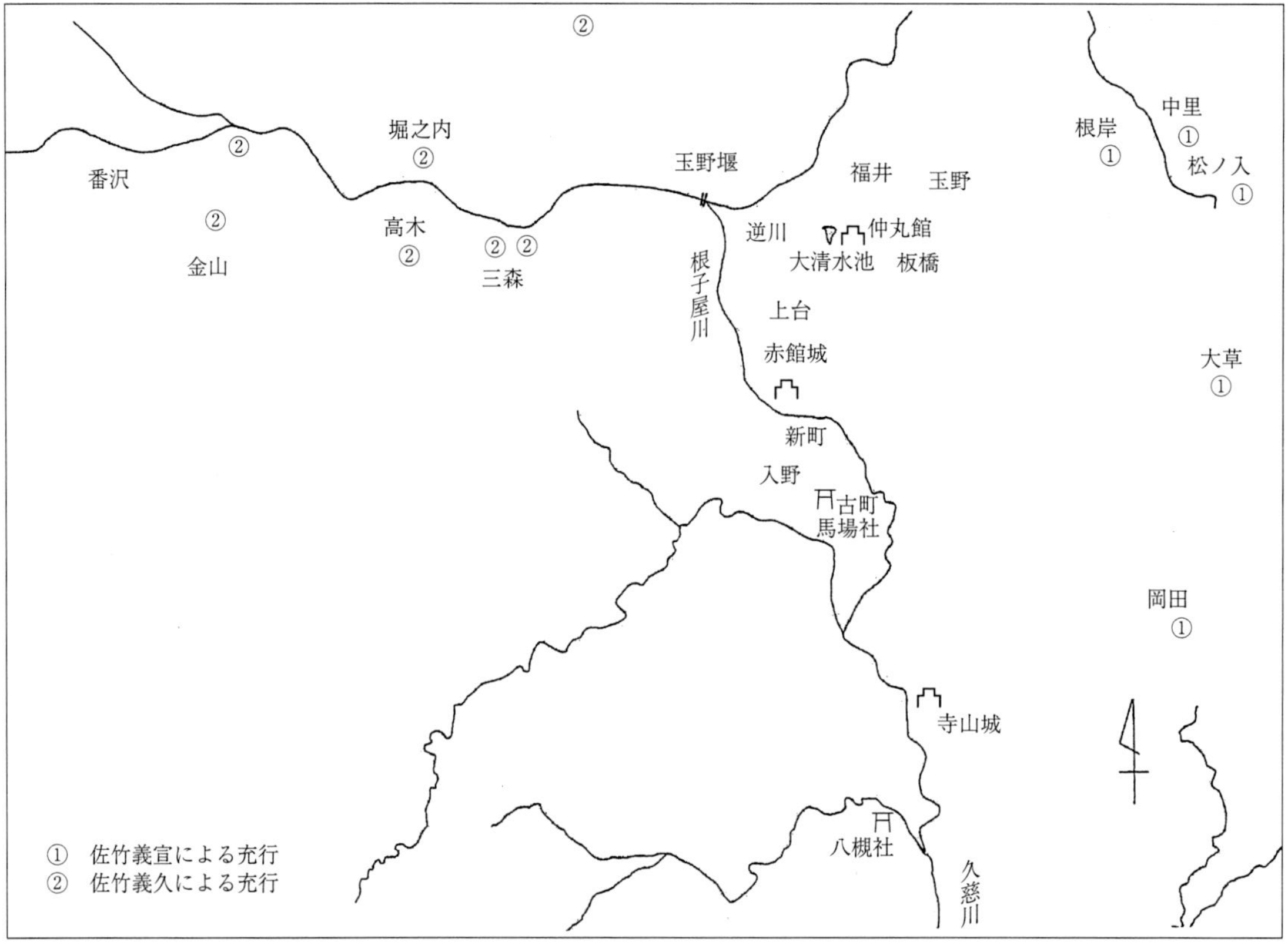

図11　佐竹氏天正17・18年知行充行比定および赤館城周辺関係図

的薄礼な判物形式によって行われていることであり、充行の表現としても一貫して「遣」を用いて文書を発給していることである。これは、この時期の充行が義久による赤館城領の再編成として行われたことを意味している。[41]従って、天正十七年末から十八年にかけての佐竹氏による高野郡の再編成は、宗家の義宣による赤坂氏や船尾氏等といった在地領主層への知行充行と、東家の義久による赤館城領を中心とした知行充行という二重構造を持っていたと理解できるのである。

またこの時期の充行の表現としては、地名と貫高と田積が用いられている。支配の確立期の「抱」や「手作」といった表現はみられないが、三種の表現が同時期に用いられていることから、この段階でも第一章で触れた知行の重層性や複合性は克服されていなかったと思われる。

その義久の充行の中で注目されるのが井上氏の存在である。井上信濃守は天正十七年十二月八日付佐竹義久判物写[42]の追而書に「配当之所、井上信濃守ニ可被致相談候」とあるように、実際に充行の際に現地との調整や他の給人たちとの利害の調整にあたっていたことがわかる。同様なことはこの時期ではないながら天正十二年十二月七日付の佐竹義久判物写[43]でも確認することができ、義久による高野郡（とくに北郷）経営において重要な役割を果たしていたことがわかる。

その井上氏についてであるが、戦国以前のことについては不明なのだが、その家伝文書からみて芳賀氏や河東田氏のようには白川氏から文書を受けておらず、佐竹氏から信濃守が充行を受けたものを初見としている。[44]従って、井上氏は、芳賀氏等のような白川氏時代からの家臣層とは少し異なって、おそらく在地領主的な展開を遂げずに在地社会の中でその勢力を培ってきた存在であったと思われる。先にみた井上信濃守の活動ぶりはそのような井上氏の在地社会における位置に対応していると考えることができる。また義久の充行の形式としては、この期の充行は比較的に薄礼であることから、充行を受けた存在は芳賀氏等の在地領主層よりも階層的には下位の存在であったと思われ、このことは白川氏期には在地社会に属していた土豪や有力百姓層をも佐竹氏が掌握しつつあったことを示すと考えることができる。従って、対伊達氏との緊張下という状況下において、佐竹氏は自らの勢力を離脱した国人や在地領主層の所領を他に充行ったり、あるいはその下に属していた土豪・有力百姓層の作職等を安堵することを行い、それによって支配の安定化・深化を図ったのである。

Ⓑ開発の進展と城下の設定

佐竹氏による高野郡の支配に前後する時期に高野郡周辺で注目できることに、社川から灌漑用水を取水する堰として玉野堰が設営されたことがあげられる。玉野堰は、社川に設置された取水堰で、社川流域の福井や玉野・一色の田畑を潤すと共に、赤館城の立地する山の脇を抜け現在の棚倉町市街、当時の入野にまで水が引かれる堰であり、その水は入野側では灌漑用水ばかりでなく、生活用水にも用いられた(45)。その設営時期については不明なのだが、少なくとも近世初頭には存在していたことが文書的に確認できる。また伝承として入野側への用水路となっている根小屋川は、赤館城を水攻めで攻撃しようとした蘆名盛氏によって開削されたとされている(46)。従って、時期は未確定ながら少なくとも佐竹氏が関係する時期にその開削が行われたことが想定でき、佐竹氏の支配の中でその整備が進められたと考えることができるのである。そのように考えると、根小屋川の開削を誰が行ったにしろ、白川・蘆名との戦闘をへた後の佐竹氏の支配期に、この用水を利用した新田開発、そして後述する町立が安定的に行われることになったと思われる。

そして、もう一つこの時期の事柄として注目することができるのが、赤館城の城下の設定である。旧来の白川氏時代の赤館城は、対佐竹氏を想定して築城された城であり、あくまで南から北上してくる敵への備えとして築かれたものと思われる。その間の事情は、「赤館城覚書」(47)の「上台・一本木・中丸」に居住していた「上遠野美濃守」を蘆名盛氏が「赤館城代」に差し置いたという記載からうかがえる。赤館城が、福井周辺の灌漑用水の用水源である大清水脇に立地する領主の館であった中丸館の役割を発展・継承すると同時に、対佐竹氏の作戦基地としての要素を主目的に築城されたことが読み取れる。このように佐竹氏への備えとして築城された赤館城を状況の転変の中で、佐竹氏が南奥経略の根拠地として使用することは、自ずからその性格に変容を迫ることとなった。それは具体的には、城の構造自体の北への防御の強化[48]と高野郡支配の拠点としての城下集落の整備として行われたと思われる。

それでは赤館城の白川氏時代の城下集落についてであるが、先に述べたような赤館城の性格や中丸館との関わりからみて城より北の上台・福井地区を中心にしていたと思われる。それに加えて、城の南部に位置する馬場都々古別神社（現在の棚倉城の立地）を中心とする門前集落をも城下集落の視野に入れていたと考えられる。佐竹氏は、その二つに分かれていた城下集落に対して、城の北にあった上台地区の集落を馬場社の門前集落と城の間の地区に移動し、門前集落を古町、旧上台地区の集落を新町として町立を行った。この上台地区の集落の移動がいつ行われたかについてを明確に示すような史料は存在しないが、新町の住人が自らを上台地区から移動してきたことを伝えていること[49]や、慶長八年の彦坂小刑部検地の検地帳[50]にはすでに新町の地字がみえること、正保三年の祭礼破りの一件についての八槻文書に「佐竹殿内衆」である「赤館城主杉（松カ）野上総」の時に古町から新町が分かれたと記載されていることから[51]、少なくとも佐竹氏による支配期に古町と新町という二つの町を中心とする城下集落が形成されたと考えることができる。このように、従来上台と馬場社の門前に分かれて存在していた町場を統合することによって、佐竹氏は、高野郡北郷の経済的中心を一つに集中し、赤館城を中心とする軍事的支配体制を構築しようとしたことがわかる。

また更にこの城下集落の統合と先に触れた玉野堰の設営・根小屋川の用水路としての整備は、新町の位置関係からみて連関して行われたことが想定できる。近世における棚倉の町場は、生活用水を含めて水不足が深刻な問

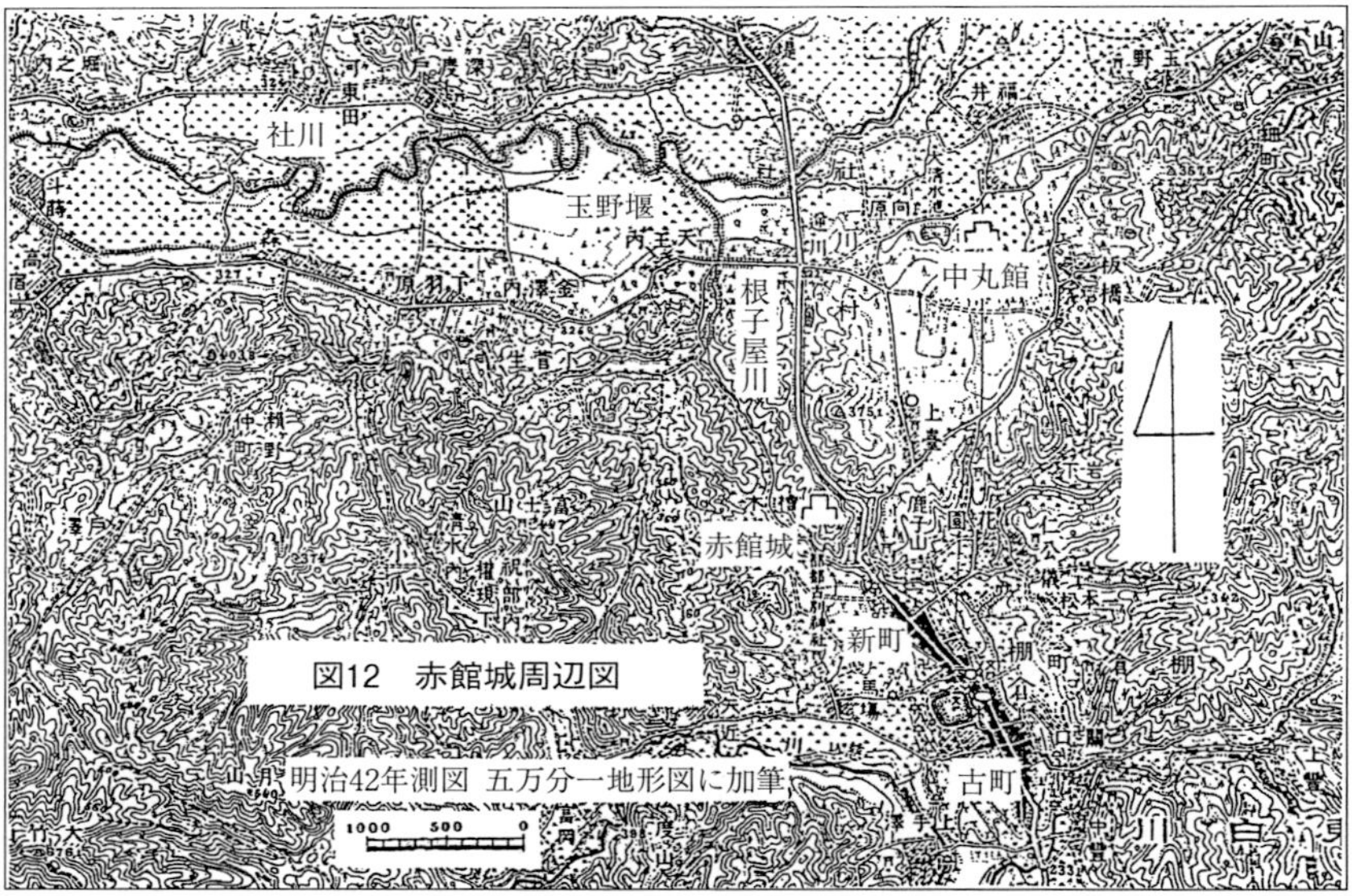

図12　赤館城周辺図

題となっていた(52)。それを考え合わせると、根小屋川の整備以前では従来の馬場社の門前集落以上の町場の設定が水の確保の面から不可能であったものを、玉野堰の設営・根小屋川の整備により生活用水・灌漑用水を確保することによって可能にしたのであり、その整備をもって新町の町立を行い、かつ周辺の新田開発を展開したと考えることが整合的であると思われる。従って、高野郡において用水の整備とそれを受けた町場と新田開発が佐竹氏の支配期に推進され、大きな展開を遂げたということができるのである。

また、もちろんこれらの変革の功績はすべて佐竹氏の政策に帰せられるのではない。むしろ佐竹氏の支配期に行われた事柄は、佐竹氏の秋田転封以降に行われた馬場都々古別神社の町場から現況の地への移動とその跡地への棚倉城の築城、更には宇賀神社の移動と棚倉の町の鎮守化といった近世初頭の棚倉周辺の変革の一貫としてとらえられなければならないと考える。そして、これらの変革が立花氏・丹羽氏・内藤氏と次々と領主が交代する中で一貫して行われたことを考えれば、その変革の主体が在地社会の側にあったと考えざるを得ないのである。その変革の主体を解きあかすことは本稿では行えないが、手がかりとしては立花氏期から近世末まで棚倉町の検断として登用されて民政を任されたのが、すでに①で触れた井上信濃守の系譜を引くとされる井上家であったのは興味深い事実である。

Ⓒ修験今宮氏の寺山入城

次に、佐竹氏の一族であると同時に修験でもある今宮氏の高野郡の寺山城への入部と、その活動が与えた影響についてみていきたい。

まず佐竹氏と都々古別信仰の関わりについて整理しておく。高野郡において強力な勢力を保持していた八槻社は、その勢力に比して佐竹氏と関係を持ったのは比較的に遅かったと思われ、天正三年八月に義久より神主職を安堵されている(53)。これは八槻に北に隣接している寺山城の佐竹氏帰属が永禄三年か四年に確定していたことを考えれば遅すぎるといわざるを得ず、白川氏との密接な関係が八槻社の去就に大きく影響していたことがうかがえる。年記がないながら、義重から八槻別当の帰社後の身躰保証を確認する文書が出されている(54)状況より考えて、八槻氏と佐竹氏の間には緊張関係が存在していたものと思われる。

それに対して馬場社は、天正二年霜月の某判物の中に「太田」（佐竹の本拠の常陸太田を指すと考えられる）へ進退を頼み入ることを祈念したことへの謝意を表されており(55)、赤館落城の前後には佐竹氏との関係は緊張したものではなかったと予想できる。このように佐竹氏の高野郡進出に対する両者の対応は対照的であったと思われ、旧来の密接な関係から白川氏との協調路線をとる八槻社に対して、馬場社は八槻社ほど白川氏と密接でなかったこともあって、比較的に柔軟に佐竹氏に対応していく姿勢を示していたのである。それに対して佐竹氏は、義久による高野郡支配体制を固めると共に、一族の今宮氏を高野郡に入部させることになる。

今宮氏は、佐竹氏の戦国期における中興の祖といわれる義舜の庶長子永義に始まる家で、常陸真壁山田の乗蓮院に入って法を受け、同院の修験先達職を譲り受ける形で修験化した佐竹氏の庶家である。今宮氏は、修験としての活動ばかりでなく、配下の修験を「葛城衆」として組織して軍事行動に参加するなどの活動も行い、佐竹氏の軍事的な場面にも一翼を担っていた。修験となった後に今宮氏は、式内社の白羽神社（常陸太田市）の別当であったことなどから次第に常陸北部の小里郷（里美村）や保内（旧依上保域、現大子町）に勢力を伸ばしており、天正十三年二月には観養坊に檀那職を与えたりしているように[56]、とくに保内においては八溝山周辺の修験を勢力に取り込みつつあったと思われる。

それに対して、旧来からこの地域（小里・保内）の修験の先達職を保持していたのは高野郡の八槻氏であった。その八槻氏に対して聖護院道澄に仕えていたと考えられる慶忠から次のような書状が送られている。

【史料12】

今度為入峰参洛之段、神妙思召候、就其白川本領之内年行事職之事、如前々無御別儀之旨、被成奉書訖、自然其方拝領之内違乱族候者、此方へ可被申越候、堅可申達候、保内・小里両郷之儀、近年彼表乱入候故不知行之段、無是非次第候、只今被成奉書上者、是又急度可被申付候、萬一非分之儀申輩有之者、重而可被仰付候、恐々謹言

天正拾六
七月廿三日　　二半慶
　　　　　　　慶忠（花押）

（奥ウワ書）
八槻別当御坊[57]

この史料の内容としては、入峰参洛を謝すると共に前々の如くに八槻氏の保持していた白川本領之内の年行事

職を安堵する御教書が出される旨を伝えた書状だが、そこで注目できるのが、「保内・小里両郷之儀」は近年「乱入」の故に不知行になってしまっている事実である。この「乱入」が具体的には何を指すのかは解釈が難しい箇所と思われるが、「被成奉書上者、是又急度可被申付候」とある以上は、佐竹氏による両郷への進出自体のことを指すと考えられなくもないが、むしろ別の修験の勢力による檀那場への「乱入」が行われていて八槻氏の両郷の年行事職が不知行になってしまっていると解釈した方が説得的であり、そう解釈してよいと思われる。では、その別の修験の勢力とは何を指すのかということになるが、それは先に述べたような勢力拡大の動きを考えると、やはり今宮氏の活動を指しているると理解できるのである。今宮氏は常陸北部に基盤を置きながら、八槻氏の勢力圏を侵食する形で勢力を拡大していたと考えることができる(58)。

その今宮氏は佐竹氏の高野郡支配が確立すると、時期的には天正十年代の後半と考えられるのだが、高野郡の中部に位置する寺山城に入部することになる。この時期の今宮氏は、修験としての活動と同時に佐竹氏の一族として軍事行動にも参加しているのであり、天正十七年十一月には宗家の義宣から「野続」における功績を賞する感状を今宮光義の弟義僚が与えられている(59)。また近世期の所伝として「寺山五十五騎」を組織していたと伝えられる(60)。加えて、寺山城は赤館城・羽黒山城と共に高野郡において重要な位置を占める支城であり、今宮氏（とくに義僚）はその城領支配と自らの所領支配を行っていたと考えられ、佐竹氏の高野郡支配において世俗的な面でも重要な役割を担っていたのである。

今宮氏が高野郡においてどのような宗教活動を行っていたかについては、史料が乏しいこともあって詳しいことは不明だが、馬場社の社人であると考えられる峰之坊を今宮氏三代にあたる道義が権少僧都に補任している(61)。同様な補任は勢力を拡大していた保内等でもみられることから、やはり保内・小里と同様に自らの宗教的な勢力を高野郡に浸透させつつあったと考えられるのである。

以上、今宮氏の保内・小里における活動から高野郡入部以降の活動について考えてきた訳だが、高野郡においては八槻と馬場という二つの中核を持つ都々古別信仰が、在地社会において大きな力を持って一つの社会的なつながりとしての意味を持っていたと思われる。しかし、両社、とくに八槻社に対する手厚い保護を与えていた白川氏から佐竹氏への支配の転換は、大きな社会的な動揺を生み出したと考えることができる。そのような中への今宮氏の寺山城入部は、修験としては同じでありながら、都々古別信仰と異なる宗教的な権威の出現を意味した。そして、その社人層に対して個々とはいえ僧位を補任することは、ある意味で今宮氏の権威によって馬場（と八槻）の権威を動揺させ、包摂することを意味したと考えることができる。このように佐竹氏は、今宮氏を介することによって八槻と馬場の両都々古別社の権威を動揺させ、それを受けて、在地社会とのつながりを深めていったと考えられるのである。

〔三〕 支配の進展

Ⓐ文禄三年の馬場都々古別神社の造営

このように佐竹氏の支配下に様々な政策が展開されたのだが、その中で文禄三年三月十五日に馬場都々古別神社の造営が行われた。以下、この造営をめぐる問題を考えていきたい。馬場都々古別神社は先に触れたように新たに建設された赤館城下の地に存在しており、城下はその門前集落を改編する形で建設されたと考えられる。また城下の南の寺山には修験である今宮氏が入部し、高野郡内における修験勢力への浸透を企てていたと思われ、地理的にも人的にもあるいは門前集落に持っていた権利等、様々な意味で佐竹氏の施策に最も影響を受けたものと思われる。

その造営に関わる史料が次の史料である。

【史料13】

文禄三年甲午三月拾五日　本社造営主

神主

馬場之宮御造営之時分、依被入　義信〔義宣〕様御念罷成候、殊ニ　和田安房守殿　一〔人〕見主膳正殿御扱之時分郷村之勧進之事、御奉公之衆、依ぶけん二一段も又三ノ一俵も其下つもりを以被仰付候て、一百姓ます三宛わきなこます一つゝ、其郷之肝煎被指添候、一安藤左馬助殿、菊池掃部助殿、小沢弥衛門殿代官にて候、

次第不同

一うさミ又左衛門殿　五百文　　一井上信濃守　一くわん

一安藤左馬助殿　五百文

一掃部助殿　一くわん文　　一内藤次左衛門　五百文

（中略）

一成就院　二百文　　一ますとり与衛門　百文

一ますとり筑後守　百文　　一井上備後　百文

（後略）(62)

この史料から、造営が佐竹氏が「御念」を入れられることによって実現したこと、実際には和田安房守と人見主膳正が「御扱」を行ったことがわかる。従って、造営料の徴収は、「御奉公之衆」と「百姓」双方から徴収され、奉公の衆については分限によって賦課され、また百姓については従来からの神事の際の頭屋組織に依拠(63)して一村（旧来の単位でいえば在家）については升三ずつ（永禄十二年の例から考えると代三〇文）、脇村等の小村（同じく半在家

または脇在家）については升一（代十文）ずつ徴収されたと思われる。また百姓の勧進分については、「其郷之肝煎」によって徴収によって納入されたことがわかる。

ここで注目できるのが、「郷村之勧進之事」として列挙されている箇所である。具体的には「ますとり与衛門」「ますとり筑後守」といった「ます」（郷村の勧進）の徴収に携わった百姓層であったと思われる者の名が、井上信濃守や近藤対馬守・金藤六郎兵衛といった佐竹氏の家臣達と同じように並んでいることである。神仏の前ではすべて人として同列であるという認識が存在したであろうことはもちろんのことだが、ここでは佐竹家臣として支配者層に属する存在と、被支配者層に属する百姓層との勧進の際における身分的な階層差が記載に表れていないことを重視したい。そのことは、両者の間では、異なる階層に属しているとほとんど認識されていなかったことが反映していると思われるのである。そういった認識を生み出した背景には、佐竹氏による頭屋組織を担ったような村落上層の知行人化があったのであり、その事態は佐竹氏の秋田移封後になって明確に現れる。正保期の馬場社と八槻社の祭場相論の文書をみていくと、従来では一つの村で神事が行われる際に「頭百姓」として神事において重要な役割を果たしていた村落の上層百姓が、佐竹氏給人となって高野郡を離れてしまい、神事が滞りがちとなり、そこへ江戸期の新田開発等のため新たに加わった他社の氏子の活動によって、祭場の維持が困難になるといった事件等が起きている。[64]このことは、佐竹氏によって旧来では在地社会に属していた上層百姓層の給人化が行われていたことを具体的に示す事実であり、従来では地域的な結合的性格をも保持していた都々古別社の頭屋組織も動揺をみせつつあったことを示している。また、そのような中でこそ、上台集落の移動や根小屋川の開削等が計画され実現し得たと考えられるのである。そして、佐竹氏はそのような在地社会の動揺の、文字通り渦中にあった馬場社を造営し保護することによって、自らの権力基盤を確立させたのである。

また八槻社についても造営のための懸銭賦課の免許[65]が行われたり、慶長二年に「修繕」が行われたことが「縁起」にみえることから、[66] 佐竹氏による一定の保護が行われたと考えることができる。

Ⓑ文禄の知行割替

次に、文禄三年の太閤検地を受けて、同四年七月から九月に佐竹氏の全領国規模で知行割替[67]が行われたが、高野郡においてはどのような意味を持っていたのかを吟味する。

まず高野郡における太閤検地についてであるが、この検地に関する検地帳類は管見の限りでは現存していない。従って、その検地の具体的な様相はわからないが、近世期の伝承では、佐竹家臣の牛丸氏と石田三成家中の者によって行われたとされており、[68] 他の佐竹氏の領国と同じように行われたと考えることができる。

さて、高野郡に関する知行割替についてであるが、充行は八月二十八日付の和田昭為と人見藤道の連署奉書によって行われている（表6参照）。彼らが高野郡に関する奉書を発給したことは、この知行割替において重要な役割を果たしていたこともあるが、すでに述べたように彼らが表向きは赤館城の城代として高野郡の支配に関与していたことも重要な要素であったと思われる。

次に奉書をみていくと、たとえば堤では一〇人、伊香では九人の給人といったように、一つの村（現在でいうと大字）が複数の給人に対して石高を用いて充て行われている。これに対しては藤木氏がすでに検討を加えており、[69] それに付け加えることは少ない。しかし、第一章でみた「抱」知行のような知行の二重構造を前提とする貫高編成を廃して、知行制が石高に収斂された意味は大きいと考えられる。

充行が実施された地域についてみていくと、まず堤・逆川・一色・玉野・板橋・花園・馬場といった赤館城周辺地区は、天正十七・十八年に充行が集中してみられた地区の隣接地区であり、玉野堰の設営・根小屋川の開削や赤館城下の整備によって開発が大きく推進されたと考えられる地区である。また手沢・山本地区は、八槻社の社領が多く存在したと考えられる地区であり、渋井・常世地区に関しては、羽黒山城周辺域にあたる地域である。

表6　文禄4年8月28日付高野郡関係知行充行奉書目録

No	宛　　所	充行対象	備　　考
①	石井丹波との	50石(堤内18・手沢内22)	家蔵三、石井六文書
②	栗原蔵人との	40石(いかうの内)	家蔵三、栗原文書
③	西宮織部との	40石(いかうの内)	家蔵三、西宮喜文書
④	圓井主税との	40石(渋井内)	家蔵三、圓谷文書
⑤	椎名讃岐との	40石(いかうの内)	家蔵三、椎名文書
⑥	吉成勘解由との	40石(いかうの内)	家蔵三、吉成五文書
⑦	吉成豊前との	40石(いかうの内)	家蔵三、吉成十文書
⑧	天神林玄番殿	150石(堤内50・手沢内50・山本内50)	家蔵五、天神林文書
⑨	安嶋美濃守との	50石(堤内25・手沢内25)	家蔵五、安島文文書
⑩	神部監物との	70石(ひの木内35・手沢内35石)	家蔵五、神部文書
⑪	滑川隼人との	40石(逆川内4・山もと内36石)	家蔵五、滑川七文書
⑫	根本掃部右衛門尉との	50石(花その内25・堤内25)	家蔵五、根本正文書
⑬	上遠野美濃殿	70石(いつしきの内)	家蔵五、上遠野文書
⑭	太野左馬亮との	50石(板橋内25・手沢内25)	家蔵五、大野文書
⑮	黒沢日向との	50石(花その内25・堤之内25)	家蔵五、黒沢新文書
⑯	芳賀讃岐殿	70石(玉のゝ内27石・う井内43石)	家蔵五、芳賀小文書
⑰	芳賀大蔵との	50石(玉のゝ内)	家蔵五、芳賀六文書
⑱	和知雅楽助との	50石(う井之内)	家蔵五、和知文書
⑲	岩堀清十郎	6石(いのゝ内)	家蔵五、岩堀文書
⑳	生田目孫一郎との	50石(堤内10石・いのゝ内40石)	家蔵五、生田目文書
㉑	斉藤河内との	40石(いかうの内)	家蔵五、斉藤多文書
㉒	萩庭弥右衛門尉との	50石(いかうの内竹の内)	家蔵五、萩庭又文書
㉓	滑川新蔵人殿	100石(堤内50石・手沢内50石)	家蔵五、滑川権文書
㉔	大野弥七郎	5石(守山内)	家蔵五、大野半文書
㉕	萩庭藤八郎との	60石(八槻内50石・渋井内10石)	家蔵五、萩庭弥文書
㉖	船尾大学との	40石(渋井内)	家蔵五、船尾茂文書
㉗	石井因幡との	50石(板はし内17石・手沢内33石)	家蔵五、石井仁文書
㉘	斉藤善七郎との	40石(ひの木内7石・天王内33石)	家蔵五、斉藤強文書
㉙	あわう次右衛門との	40石(富岡内12石・山本内28石)	家蔵五、阿王文書
㉚	近藤六郎兵衛との	70石(こわなし内)	家蔵六、近藤権文書
㉛	藤田佐渡守との	40石(山本内36石・逆川内6石)	家蔵六、藤田五文書
㉜	白坂主水との	40石(山本内)	家蔵七、白坂文書
㉝	近藤掃部助との	40石(留岡内)	家蔵七、近藤新文書
㉞	佐藤與次右衛門との	40石(一しき内6石・山もと内34石)	家蔵七、佐藤与文書
㉟	向新九郎との	40石(常世内)	家蔵二二、迎文書
㊱	青木弥一郎	5石(山本内)	家蔵二九、藤田又文書
㊲	石川主税との	40石(逆川内・山もと内)	家蔵二九、石川清文書
㊳	石井宮内少輔との	40石(いかうの内)	家蔵三三、石井三文書
㊴	吉成豊後との	40石(東館内)	家蔵三三、吉成三文書
㊵	石井左馬亮との	40石(いかうの内)・10石(ひなたの内)	家蔵四十、石井市文書
㊶	吉成内蔵亮との	50石(堤の内25石・手沢内25石)	家蔵四五、吉成文文書
㊷	田崎新次郎殿	100石(堤内50石・手沢内50石西之内)	家蔵四五、田崎文書
㊸	山崎修理との	100石(常世内60石・渡瀬内40石)	家蔵四八、山崎藤文書
㊹	馬場別当	200石(近年抱内)	高松文書(『棚倉町史』二所収)
㊺	八槻大膳亮殿	200石(渋井内100石本知行・渡瀬内100石)	八槻文書(『棚倉町史』二所収)
㊻	面川掃部助殿	60石(堤五石・いの20石・山本35石)	馬場都々古別神社文書(『棚倉町史』二所収)

註1:奉書は、すべての文書が人見藤道・和田昭為の連署によって発給されている。
　2:石高は、小数点以下を四捨五入した。
　3:秋田藩家蔵文書は、家蔵と表記した。

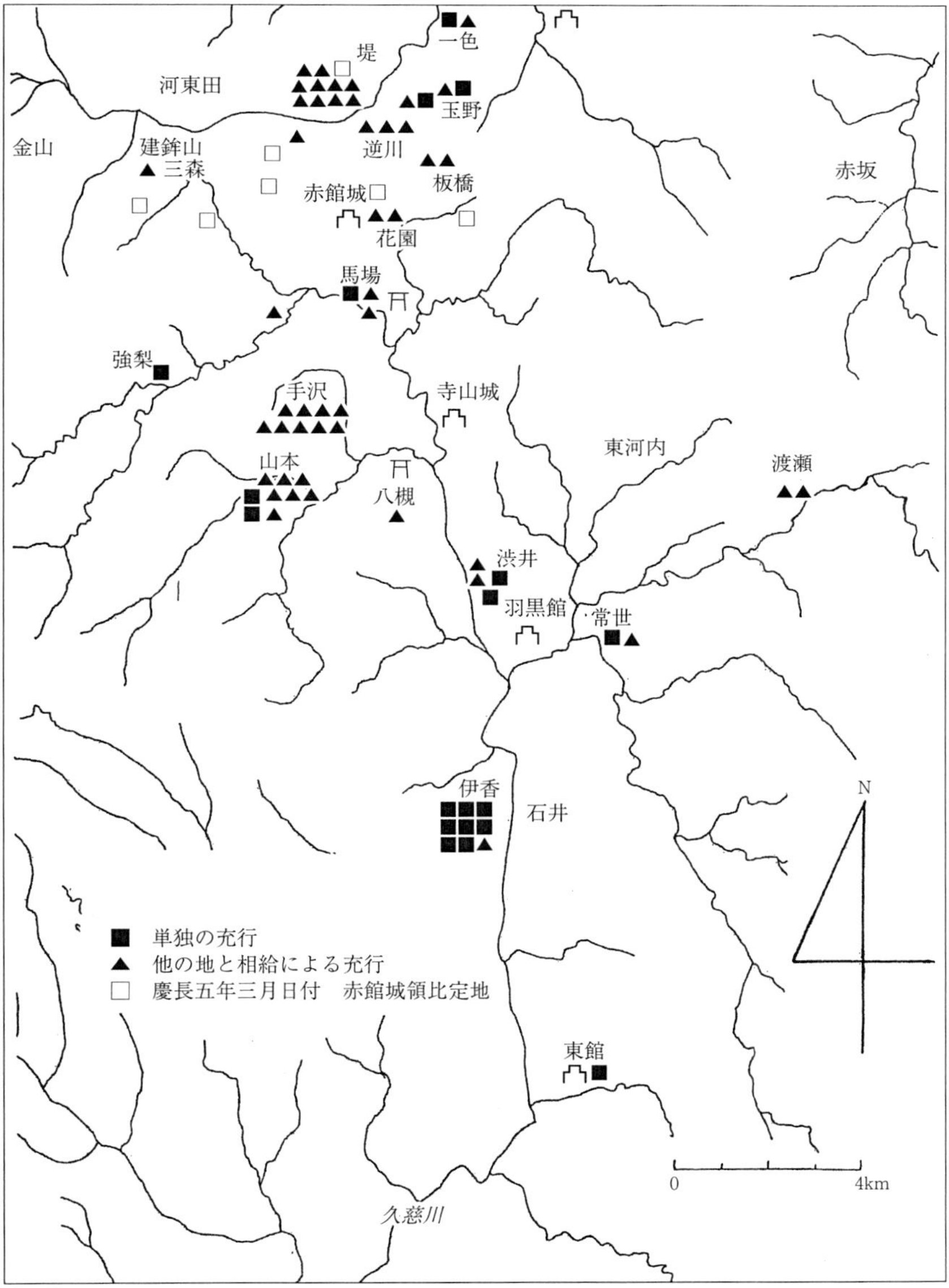

図13　文禄4年知行印判奉書比定図

あるいは同じく充行が集中している伊香地区に関しては、近世期に入って今宮氏の配下である「寺山五十五騎」であったという家系を伝える者達が集中して充行を受けているのである。このようにみると、充行が集中してみられる地域は、前述したところの佐竹氏の展開した諸政策と密接に結びつく地域に一致していることがわかるのである。従って、文禄期に行われた充行とは、佐竹氏の諸政策を受けて比較的に掌握の進んだ地域に出されたものであることがわかる。

もちろん、地域の一致が史料の残存の状況に規定されていて偶然のものであるとみることもできるが、ここでは一致が必然の中で生まれたものと考えたい。つまり、佐竹氏が文禄期に高野郡に行った知行割替は、佐竹氏が戦国期から高野郡域で展開してきた諸政策を踏まえて実現したものなのであり、そのような諸政策の推進を通じての在地領主権の解体や有力百姓層の掌握の実現を受けて、初めて実行できたものと考えるのである。諸政策の展開の中で、先に触れた「抱」に代表される知行の二重構造が整理・解体され、「石高」制に一元化されていったのである。(70)

佐竹氏が文禄期に行った知行割替は、佐竹氏が戦国期以来展開してきた（この段階でも同時並行的に推進されているのだが）諸政策の達成点として位置づけることができるのである。この知行割替が統一政権の政策を受けて展開された要素を否定する訳ではないが、少なくとも高野郡に限っては戦国期以来の諸政策の展開の上に実現した知行編成であると位置づけることができる。

以上のように、本節では、佐竹氏が戦国期以降に高野郡に展開した様々な施策を検討し、それを佐竹氏の「領」経営全体の中でとらえなおしてきた訳だが、検討した施策はいずれも相互の連関性が予想されるもので、それらは連関・複合することによって効果をあげて佐竹氏の在地掌握を深化させたことを予想できる。個別具体的に政策を検討・分析することを軽視することはできないが、異なる分野の政策が実は絡み合って効力を持つことは現代の社会においても目にすることができる。従って、「領」経営を通して権力の性格を明らかにしていくためには、知行政策や権力構造の分析ばかりでなく、様々な政策の総体の中でとらえ直すことが求められているように考える。

ここでは佐竹氏からみた視点に限定したが、本節でみた施策はすべて、たとえば宗教の面では都々古別信仰を支えていた在家百姓層や城下政策では井上氏といった、旧来では在地社会側に属していた層の変化を求める動きを前提として展開されたものであり、それなくして実現し得なかったものと思われる。そうした意味で、彼らのような在地社会に属していた階層の動向が権力を規定したのであり、彼らの視点に立った権力像の構築が求められているように思われる。

第三節　佐竹氏の南奥進出と船尾氏の存在形態

この節では、佐竹氏の進出に直面した在地領主船尾氏と佐竹氏の間の主従関係について考察する。

船尾氏略系図

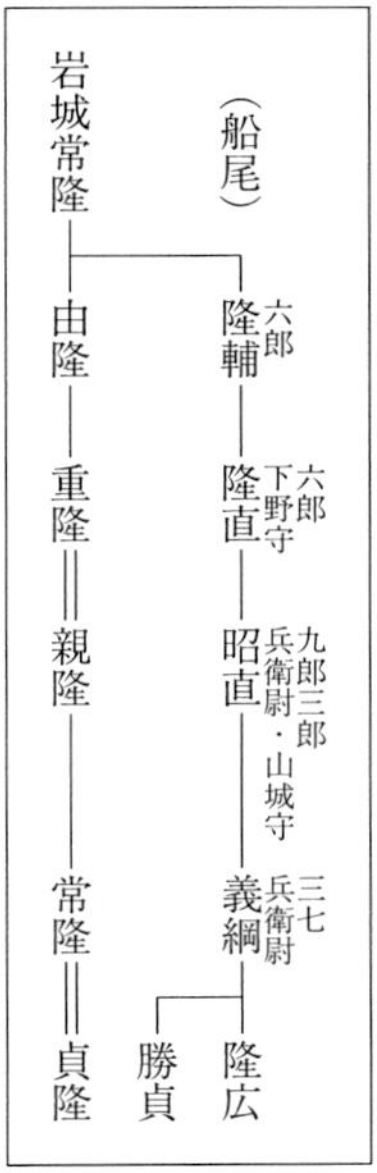

（寛政重修諸家譜・佐竹家臣系図等より作成）

〔一〕　船尾氏の出自と佐竹氏

船尾氏の出自は、陸奥国岩城氏の一族とされる。戦国期初頭に岩城氏は、岩崎氏を打倒して[71]戦国期権力として大きく勢力を拡大する。その後岩崎氏の本拠であった船尾（福島県いわき市）に常隆の子の隆輔（隆相）を庶子家として分出する。船尾氏は、以後隆直・昭直と継承される[72]。

船尾氏は、対抗勢力を打倒した後にその旧本拠に創出された庶子家であるため、当初は岩城氏において領国支配の面で期待されたことが多かった一族と思われる。しかし、必ずしも船尾氏は、岩城庶子家として順調な展開をみせた訳ではなく、誕生してしばらく後に周辺領主との所領をめぐる激しい抗争に巻き込まれていた。そのことがうかがえるのが次の二つの史料である。

【史料14】

船尾方進退無際限様躰傷敷候、哀被致還附候様、御助言念望候、恐々謹言

（弘治二年）九月七日　氏康（花押）

佐竹殿(73)

【史料15】

此般船尾式部太輔方進退之義申届候処、旁々御稼故、有御参会、帰住之儀被相届候、先以本望之至候、今日十五被打越候、至尓向後者、別而御懇切候様、諷諫可為快然候、恐々謹言

（永禄元年）閏六月十五日　義昭（花押写）

（後欠）(74)

史料の内容としては、史料14は、船尾氏の所領支配の困難な状況を知った北条氏康が、佐竹義昭に対して、岩城氏の内政に介入して所領還付を実現することを求めたものである。佐竹氏は、自らの一族内紛を克服した後、縁戚関係にあった岩城氏とその家臣層に影響力を強めつつあり、史料14は、佐竹氏の影響力拡大の状況を情報として得ている北条氏より出されたものと思われる。史料15は、史料14に佐竹氏が対応した状況を示す史料で、船尾式部太輔の所領問題について佐竹義昭が、自らの申し入れに対して岩城家中の働きによって、船尾氏の所領還付と帰住が実現したことに感謝の意を示したものである。二つの史料から、船尾氏が弘治年間の段階で本拠にと

どまることも困難な状況にあり、北条氏康や佐竹義昭の助言によってようやく帰住が実現していることがわかる。船尾式部太輔は、船尾氏の祖隆輔の子隆直と考えられ(75)、庶子家として分出された次の世代で、所領維持も困難になっていることがうかがえる。また船尾氏が所領の維持も難しい状況に置かれていたことは、その帰住後にも確認できる。

【史料16】

今度舟尾・窪田、自訴之儀、申理候長井村之事被相返候、月山如刷可有之候、従十月所務有へく候、舟尾公役之儀、如以前たるへく候、并しゆく近辺ニ五貫所被指添候、窪田へも山方被相返候間、公役之儀、別而可有催促候、依忠信両人共、重而御本所之事、可令意見候、恐々謹言

元亀二年かのとのひつし
六月晦日義重（花押）
上遠野常陸介殿(76)

この史料は、船尾氏と窪田氏より提起された所領問題について、佐竹義重が、「月山」＝岩城重隆が生前に行った裁許のように長井村を船尾氏に還付することを、岩城氏の重臣である上遠野常陸介に指示したものである(77)。史料からわかるように、船尾氏は、元亀年間にも周辺の領主層によって所領を侵犯されており、弘治年間の帰住問題も周辺勢力による侵犯が背景にあったことをうかがわせる。

このように岩城氏において所領維持困難な状況を克服するために、船尾氏がとった方策が、勢力を陸奥国南部に浸透させてきた佐竹氏への接近であった。佐竹氏への接近は、年次が明確なものとしては天文二十二年（一五五三）から確認でき(78)、同年霜月二日に船尾隆直の子である九郎三郎が佐竹義昭から「昭」の一字書出を受け、昭直を名乗る。昭直は、「九郎三郎方昨日当地へ被越候(79)」とあるように常陸に滞在していたようで、のちに陸奥国の川

上（福島県塙町）の内から所領を与えられて佐竹氏に属して行動することになる。[80] 他に佐竹氏への接近を示すものとして、播磨国浄土寺（兵庫県小野市）の壁板落書にある天文二十四年の年記を記す文言の傍に、田所弥三郎などと共に「船尾九郎三郎」の名がみえ、佐竹氏の家臣と共に伊勢参詣のための廻国を行い、播磨国を訪れていたことが確認できる。[81] 勢力を拡大する佐竹氏に従属して親密な関係を築き上げることによって、佐竹氏の影響下に入りつつある岩城氏領での地歩を回復することをめざした船尾氏の姿がうかがえる。

[二] 佐竹氏の南奥進出と船尾昭直

このような形で佐竹氏に接近した船尾氏であるが、船尾昭直のその後の佐竹氏との関係を検討してみることとする。

Ⓐ石川道堅帰住問題

まず昭直の活動がうかがわれるのが、永禄十年（一五六七）に発生した石川道堅帰住問題である。この問題は、佐竹氏や蘆名氏・田村氏などの諸勢力の進出や伊達氏よりの継嗣を迎える問題など、様々な問題に直面していた石川氏の当主道堅（晴光）が、老後の望みとして高野山へ登ることを志して出奔した事件である。[82] 道堅の出奔は、当然石川氏の一族や家中の者など、更には道堅が途中で在滞した岩城氏などが制止する事態となり、道堅は高野山行を断念するものの石川への帰還を承諾せず、平（いわき市）に在留する。道堅が出奔して権力が空白化した石川郡地方は周辺勢力の動きが活発化し、石川氏の一族や家中は、自らの所領の保証を求めて蘆名氏や佐竹氏に急速に接近していく。[83]

佐竹氏は、この問題に対して岩城に使者を派遣して調整に努め、その使者として派遣されたのが、車信濃守と船尾昭直である。両者の派遣は、岩城における外交工作を念頭に派遣されたものであり、車信濃守は岩城氏庶流の好間氏を出自とするとされ(84)、両者の派遣は、岩城における地縁・血縁などを利用した交渉を想定したものであったと思われる。

このような外交交渉の中で、昭直がどのような活動を求められていたのかということを知ることができるのが次の史料である。

【史料17】

態奉啓上候、抑其時分者、條々得懇切之貴札、具ニ貴報候キ、仍御当方・岩城御間、去年義重被及御取介、其以来御通用無之候、依之被申宣候、被遂御一和之上、相互ニ被仰通、可為御干要候、就之舟尾兵衛尉石川へ差越被申候、到御尤者、彼方へ被仰知候者、岩城江も可被申届候、黒川へも自義重所被申宣候、如此被存儀も無御通用候へ者、世間之申事候間、此存分ニ候、御吉事尚重而可申進候、恐々謹言

和田安房守

貮月廿四日　　　昭為（花押）

和知右馬助殿

追啓、御無事候間、無御通用候へハ、世間之申唱如何候哉、被仰下候事行様ニ貴意も可有之候へ共、被申届候(85)

この史料は、佐竹氏の家臣和田昭為より白川氏の臣和知右馬助に宛てられた書状であり、直接的には道堅問題と関わる史料ではない。しかし、永禄九年九月段階で、和田昭為が白川氏から別条なきことを佐竹義重のもとへ申し入れられたことへの返書として白川氏へ起請文を出しており、この時期に佐竹・白川間の和睦が成立していること(86)と、道堅問題が交渉されている永禄十年霜月十五日付の止々斎（蘆名盛氏）起請文(87)に「自白河佐竹へ沢井之地懇望之由、其听候」とあり、蘆名盛氏が、白川氏から沢井の割譲を求める交渉が佐竹氏と行われている情報を得ていることなどから、永禄十年段階の佐竹・白川間の親密な関係を確認できるので、石川道堅の帰住問題が取

り沙汰された時期と同時期の文書であると思われる。

この史料の趣旨は、去年白川・岩城間の和睦を佐竹義重が仲介して成立させたところ、その後も白川・岩城間が没交渉であるため、通交の再会を佐竹氏(和田昭為)が白川氏に求め、承諾する意向であれば石川に派遣した船尾昭直を通じて岩城と通交をすることを求めたものである。この中で注目できるのが、昭直が、佐竹方より白川氏に対して岩城氏への取次として指定されていることである。この史料にみられる昭直の活動は、それぞれが自立した勢力である白川・岩城間の仲介役を果たすことであり、外部の勢力から自勢力への取次役を果たすよりもはるかに困難な活動が求められたことになる。その意味で、岩城氏の一族でありながら、佐竹氏に属しているという特殊な位置にある昭直が指名されたものと思われ、出自の持つ地縁と血縁を生かした活動を佐竹氏に期待されたものと考えることができる。

白川・岩城間の仲介役を果たす昭直の役割は、道堅帰住問題でも同様のものであったと思われる。地縁・血縁を駆使して佐竹氏の主導による帰住実現のための活動を展開したものと思われる。

Ⓑ浅川氏の懐柔工作

次に確認できる昭直の活動としては、南奥における領主層の懐柔工作である。石川道堅帰住工作などで結びつきを深めた石川郡から白川郡にかけての諸領主に、佐竹氏への服属を呼びかけていくことである。また、この地域には、上遠野氏などの岩城氏配下の領主層の進出も多くみられ、彼らとの旧来の関係をも利用した懐柔工作を行っていく。[88]

【史料18】

猶々

今度朝川大和守忠信其方以走廻之儀、無是非次第候、因之赤舘一落居之上、井野之郷成敗之儀任之候、恐々

謹言

正月六日　　　義重（花押影）

舟尾兵衛丞殿

この史料は、福島県浅川町に拠点を置く石川氏の一族浅川大和守の佐竹氏への服属を昭直が仲介したことを義重に賞されたもので、赤館城攻略の上で「井野之郷」（現在の棚倉町市街地周辺）の成敗を約束されている(89)。同様のことは他でも確認でき、「白川衆取刷之儀」を賞されるなど(90)佐竹氏の南奥進出の最前線にあって領主層の糾合に動いている姿をみることができる。とくに史料18にみられる浅川大和守の帰趨は、その本拠である浅川城（浅川町）の地理的位置から、佐竹氏と白川氏の間で争点となっていた赤館城の領有に大きな意味を持っており、大和守の服属は、その争奪を激化させることとなる(91)。また昭直は、浅川氏の一族浅川播磨守の息女とこの前後の時期に婚姻関係を結んでいる(92)。昭直が行っている活動が、このような所縁に依拠したものであることがうかがえる。

そのような活動に対して、昭直は、佐竹氏より天正三年七月に「滑津之地」を与えられており、佐竹・白川間や蘆名・田村氏との対立が収まって以降、滑津城（福島県中島村）に在城することとなる。滑津城は、佐竹氏よりみて最北端の支城であり、天正六年以降急速に影響力を拡大した佐竹氏の活動において重要な役割を持つ城であった。赤館城を確保した佐竹氏は(93)、一族の東家の義久を在城させて南奥方面の指揮を行わせた。昭直は、義久の下において活動し、田村氏の出兵への加勢の代官として出陣を果たすなどしている(94)。

また義久は、元亀三年閏正月前後に兄義喬から南奥における指揮権を引き継いでおり、引き継ぎの際には、佐竹氏の重臣の大縄氏(95)などと共に昭直は起請文を交換している(96)。

Ⓒ白川氏との和睦工作

Ⓑで触れた佐竹氏と白川氏との赤館城をめぐる攻防を終結させたのは、天正六年八月の和睦であった。この和

睦は、結城晴朝の仲介によって白川義親の養子に佐竹義重の次男を入れることによって成立するものだが[97]、注目できる点は、その間の下交渉を行ったのが昭直であることである[98]。佐竹氏より白川氏に起請文が出される前々日の八月十七日に、昭直は義重より次のような起請文を与えられている。

【史料19】

起請文

一、去年会・田へ一味之砌、被及暇、如首尾今度白川・当方無事被相調候、祝着之事

一、於尓向後者、無二可令入魂事

一、自今以後、猶以白・当甚深之所可有馳走事、此義於偽者

（神文略）

天正六年八月十七日　　義重（花押影）「血判」

舟尾山城守殿[99]

内容は難解な部分を含むが、去年の蘆名氏・田村氏へ一味（和睦）した際に昭直が暇に及んで今度の白川氏と佐竹氏の間の和睦をまとめ上げたことに対して、義重が感謝の意を表した起請文である。文言にある「今度」とは、翌々日に起請文が交わされる和睦を指すものであり、結城晴朝の仲介の形をとりながら昭直の働きによって和睦が成就したことがわかる。白川氏との交渉は敵方との交渉を意味し、周囲から様々な憶測を呼ぶものと思われる。そのため、この起請文に先だって七月十五日付で「今度被仰越候透、内儀心得申候」と昭直の活動の真意を了解して進退を保証する文言を含む起請文が、佐竹氏の重臣層六名の連署で残されている[100]。外交交渉にあたる者が、主家と相手の利害関係に挟み込まれて主家における立場を失ってしまうことは、秀吉・家康間の石川数正に代表されるように戦国期によく見受けられる。昭直の活動が、佐竹氏にとって重要なものであると同時に、敵

方との交渉・交流の中で細心の注意が必要であったことがうかがえる。

天正六年の白川・佐竹間の和睦に昭直が大きく貢献したことについては、義重次男喝食丸の入嗣の際にもそのことが認められる。喝食丸の白川氏入嗣は和睦の結果として実現したものだが、天正七年二月に喝食丸の白川入りが行われる際には、「其方所ニ一宿」というように昭直の居所に一宿しており[101]、佐竹氏が、和睦成就の功労者として昭直を評価していることがわかる。

〔三〕 南奥の情勢と船尾氏の帰趨

Ⓐ白川氏への付属

この節では白川・佐竹間の和睦の成就以降の昭直の動向を追うこととする。この時期で注目できることは、昭直が白川城に入った喝食丸(義広)の「守立」を義重自身より依頼され[102]、喝食丸の付人として白川氏に属することである。そのためもあって、天正十三年正月の年記を持つ「白川義親礼式帳[103]」には、大名分の中に「舟尾山城守」の記載がある。また昭直の子である義綱も、元服に際して義親から「義」の一字書出を受けている[104]。傅人の性格を付与された船尾氏が形として白川氏の家臣化していることが予想される。その様子を示すものとして、義親に宛てた昭直本人の書状が残されている。

【史料20】

追上

年々来月自朔日十日迄、町之まね相立申候、如毎年諸賣人横通之儀幷諸役之儀、御札申請度候、何様重而可申上候、以上

自会津重説御座候、御互無御心元奉存候、仍折節之間、松茸十本進上申候、寔御手元澤山ニ可有之候得共、志迄差上申候、幷柿乍軽微令進上候、殊依躰吾等事も当月末時分会津罷越申儀も可有之、御吉左右重而恐々

謹言

九月廿二日　　山城守
　　　　　　　昭直（花押）

御館江
　参人々[105]

この史料は、会津方面への出張を昭直が語っていることから白川義広の蘆名入嗣以降のもので、天正十五年あるいは十六年に年次比定できる。文書の趣旨としては義広のいる会津方面の状況を案じながら、義親に対して松茸と柿を送ることを内容としたものである。注目したいのは追而書の部分で、来月朔日から十日までの期間に例年のように「町之まね」を行い、滑津で市の開設を行うに際して「諸賣人横通之儀幷諸役之儀」の免許を昭直が義親に求めていることである。これは、昭直の所領における諸役免許権が白川氏に属していたことを意味し、昭直自身がそれを認知して免許権の行使を白川氏に求めていることを示している。従って、この史料から、佐竹氏より滑津を与えられながらも、白川氏に付属したことによって義親の領主権に従っている姿を確認することができる。

このように白川氏に付属した船尾昭直は、白川氏の家臣としても活動している。相馬氏から佐竹氏に対して奥口の「惣和之儀」について使者が派遣された際に、白川氏よりも調停のために二人の使者が派遣されており、「舟山」と三森安芸守が差し添えられている。[106]「舟山」は船尾山城守の略と考えられるので、白川氏においても外交面で活動していることがわかる。

しかしながら、昭直は、白川氏に属しながらも完全に白川氏に従属して他氏との接触を断ったわけではない。依然として佐竹氏との関係もまた保持している。佐竹義重から「御加勢之儀義親江申届候、其元可然様取成任入候」と義親への取成を求められたり、[107]義久からも「吉凶共義広御為之所、白ニも可為御同意候間、諸篇被遂御相談候」というように白川氏における意見の調整を求められている。[108] そして、血筋からみれば宗家である岩城常隆からも「累代一味中之筋、何方も一意之外不可有之之由存候[109]」という他意なき意志を表されている。

このように、昭直は白川氏に属しながらも、従来からの他の勢力との関係を継続する立場を保持していたことがわかる。そしてまた、白川氏内部においても、昭直の立場や行動は認知されていたものと思われ、「惣和」に際する使節としての派遣等は、昭直の他勢力との接触を前提に行われたものと考えることができる。

Ⓑ情勢の変転と昭直の帰趨

義広の入嗣に伴って白川氏に付属した船尾昭直は、天正十五年三月の義広の蘆名入嗣には随行せず、以後も白川氏の下に在留することとなる。しかし、その後南奥をめぐる情勢は大きく変転する。天正十七年六月の磨上原の戦いに蘆名義広が敗退したことによって、蘆名氏権力が崩壊現象を起こして、蘆名氏に属していた大半の勢力が伊達政宗に従属する。それに伴って、磨上原の戦い以前は優勢に戦いを進めてきていた佐竹氏を中心とする連合戦線から、連鎖反応的に伊達氏に従属する者が後を絶たなくなる。それを決定づけたのが白川義親の伊達氏帰属である。義親は、磨上原の戦いの直後の六月十七日には佐竹義宣から以後の申合についての起請文を与えられるが[110]、その一ヶ月後の七月二十六日には旧来の所領の回復を条件に伊達政宗と結んでおり[111]、更にこの段階で政宗の条書中には石川昭光の去就についての内容が存在し、石川氏の佐竹氏からの離反も時間の問題となっていることがわかる。

こういった情勢の展開は、佐竹氏から白川氏へ付属されていた昭直の進退に大きく影響を与え、昭直は白川氏を離れ、佐竹氏の下に復帰する[112]。しかし、白川氏の離反のみでは状況はとどまらず、同年十一月には佐竹氏に属していた須賀川城が落城して二階堂氏が滅亡すると、石川昭光も伊達氏従属の旗幟を明らかとする[113]。石川氏の伊達氏帰属は、周辺の領主層へ大きな動揺を与え、昭直が天正初年段階に佐竹氏に従属させるために働いた浅川氏の動向も怪しいものとなる。当時浅川氏には父親の大和守と子の次郎左衛門尉豊純がいたが、まず父の大和守が「不図石へ被懸入候歟」[114]と、没落同然に石川昭光の下に帰属し、子の豊純は情勢をうかがいながら浅川城にとどまった。結局豊純も十二月二十七日には政宗より起請文を与えられ[115]、進退を保証されて伊達氏に帰属することとなる。

昭直が居城とする滑津城は、白川氏・石川氏の伊達氏帰属により佐竹氏の戦線から大きく突出する形となり、浅川氏の伊達氏従属はさらにそれを鮮明にし、伊達氏の勢力圏に孤立する情勢を呈した。当然佐竹氏側もそれを危惧して、石川氏の伊達氏従属前後に「其地抱方事余、父子共ニ内郡へ至尓被引入者、右如首尾、赤館之地へ可相移候[116]」と、昭直に赤館城への撤退を要請している。これに対して昭直がとった行動は、佐竹氏との連絡を保持しながらも滑津城で動静をうかがうことであった。日に日に孤立していく様相を示す状況で、昭直が模索していたことは所領の維持と確保であったようで、赤館への撤退は自らが獲得した滑津を中心とする所領の放棄に直結する。そのため、所領維持の可能性を求めて外交交渉を重ねていたようである。その様子がうかがえるのが、昭直と深い関わりを持っていた浅川氏の帰属を受け、その所領問題の調整を行う天正十七年十二月二十八日付の石川昭光宛の、伊達政宗書状にみえる追而書である。

【史料21】

前達者、為使者薩摩守被相越候キ、祝着之至候、折節取紛故、早々及御回答候ツ非本意ニ候、仍浅河次郎左衛門尉進退之義、書付を以申越旨、何も無拠候条、抛万欝令合点候、依之申事ニ候、白石之義、浅近辺之事ニ候条、白石三ケ一之分、従昭光之あつかりニ申請、年具以下者、聊も不可有相違由申候、三ヶ一結句預ニ与申事ニ候間、合点之御挨拶念願訖候、先度如承候、赤館訖之付城ニも罷成候条、御分別此時ニ候、万慶期重節候、恐々謹言

極月廿八日　　　　政宗（花押）

石川殿

（奥上追而書）
追啓、滑津之舟山、頻ニ進退詫入候、石河御本領・白河御本領除候而、其身手前之所領計ニ而者、召出シ候而も不苦候歟、併打敗より案外人ニ候条、不通ニ申払キ(117)

追而書の大意を示すと、滑津にいる「舟山」＝船尾山城守昭直がしきりに政宗のところに昭直の身柄と所領の保証を求めてきており、これに対して、石川氏の本領と白川氏の本領分を除く昭直が支配する所領ばかりでよければ従属を許してもよいとは思うのだが、「案外」の人であるので交渉を拒否したと、政宗は述べている。この「案外」という政宗の昭直への評価には、昭直が佐竹氏と平行して交渉を行っている事実も含めて、油断ならぬ存在としてとらえているものと考えることができる。しかし、これにより、昭直が滑津周辺の所領維持を求めて伊達氏と交渉していることがわかる。政宗の昭直評からもうかがえるように、この交渉は不調に終わり、翌年正月七日付の政宗書状(118)には「専一之滑津之事者、何与申分候共、不通ニ存詰候」とあり、政宗は断交を決断している。その間には、滑津周辺で激しい外交交渉が繰り返されているようで、「大田ニ好身有之族若候者、相払候得義、其方諷諫可為肝要候」とあるように、浅川氏において佐竹氏に同調する者の追放等を指示する政宗の書状が残されている(119)。この事実は、両勢力からの働きかけが浅川氏や昭直に繰り返されたであろうことを示している。その結果、政宗の決断によって決まったのが、昭直の佐竹氏従属であり、昭直は、滑津に在城しながら正月二十七日に佐竹義宣から義昭期に与えられた川上之地の安堵を与えられている(120)。昭直の旗幟鮮明化によって滑津城をめぐる争いは激化し、佐竹氏と伊達氏に属した石川氏・浅川氏の間で戦闘が発生し、四月段階で滑津城は落城した(121)。落城以前に昭直は、佐竹氏の加勢らと共に赤館城に撤退したものと思われる。

Ⓒ統一政権期の船尾氏

Ⓑでみてきたように船尾昭直・義綱父子は、天正十八年に自らの居城であった滑津城を失った。彼らをめぐる情勢は、滑津落城直後に大きく変化し、豊臣秀吉による小田原城攻撃が行われ、佐竹氏も伊達氏も統一政権に従属することによってその存続を図る。その間にも滑津城と赤館城をめぐる関係は、両氏の激しい緊張状態が続いていた。佐竹氏に与えられた同年七月日付の秀吉禁制にも「奥州内佐竹知行　滑津　赤館　南郷中」と赤館・南郷と共に記載があり、佐竹氏としてはその領有権を主張していたことがわかる。(122) しかし、当知行を失った佐竹氏の主張は、統一政権の受け入れられることとはならず、(123) 滑津領は佐竹氏の支配を離れる。船尾氏は、鹿嶋へ配置替えになった義久に代わって、南奥の支配を担当した北家の佐竹義憲から一族の大学の名代についての指示を受けていることから、その後は川上に在留していたものと思われる。

その後、佐竹氏は、文禄四年七月から九月にかけて、前年の太閤検地の実施を受けて全領規模の知行割替を実施する。(124) この知行割替は、旧来の佐竹領の所領配置に大規模な配置替えを行うもので、その対象は、佐竹氏の一族・直臣層にまで広く及ぶものであった。船尾氏は、昭直の子義綱が常陸国茨城郡「もちゝ」「下谷かけ」「田崎」(那珂市周辺)から併せて一六〇〇石の知行を与えられている。(125) 知行割替以後は、南奥周辺で昭直・義綱父子の知行が継続した徴証は確認できないため、昭直・義綱父子は、この知行割替を受けて常陸国へその居を移したものと思われる。(126)

その後、佐竹氏は慶長七年に秋田へ移封される。船尾義綱は、最初移封に随行して秋田に向かったが、出羽国最上郡で「故有」って佐竹氏を離れて米沢に閑居する。義綱は、寛永七年にその地で死去するが、その子の隆広と勝光は、叔父林勝貞(義綱弟)を頼って秋田に赴き、慶長十九年の大坂の陣で隆広が自ら戦死に及ぶ戦功によって、勝光が帰参を許される。勝光は三〇〇石を与えられることによって佐竹氏の家臣に復帰し、江戸期の出羽久保田藩藩士船尾氏が成立する。(127)

〔四〕　佐竹氏南奥支配と船尾氏の存在形態

ここまで、戦国後期から統一政権期にかけての船尾氏の動向を追ってきた。そこでは、岩城氏の一族という出自を持ちながら、所領の確保を求めて佐竹氏の保護を受け、その従属関係を基軸にしながら、一族であった岩城氏や白川氏・伊達氏などと入り組んだ多様な関係を結びながら、所領支配の存続を図っていた姿をうかがうことができた。そこには、戦国期権力に従属しながらも、一定の自立性を保持して自らの家と所領の存続のために二重にも三重にも従属関係を形成し、自らの勢力拡大と存続を図る領主層の姿がうかがえる。それはまた、「家」の存続のためには、一方の勢力に属しつつも他方と交渉を持ち続ける可能性を示し、一方の勢力に属することが、必ずしも他方と断交しないことを意味し、周辺の様々な勢力もそれを認容していた可能性を示している。そこで、この節では、船尾氏のような事例をどこまで一般的に解釈できるかという問題を考えていきたい。

船尾氏と似た事例としては、岩城氏の家臣であった上遠野氏の例をあげることができる。上遠野氏に関しては、すでに遠藤巌氏が分析を行っているが[128]、上遠野氏は、上遠野庄（福島県いわき市）を本拠としながら鮫川流域を北上する形で戦国期に勢力を拡大していた。岩城氏内での地位も高く、船尾氏の所領問題を調停する役割を果たしたりしている[129]。そのため、上遠野氏の場合には従属関係の基軸は岩城氏との関係にあったが、佐竹氏の南奥進出に伴って鮫川上流域に進出していた一族には佐竹氏に属する者も現れた。上遠野氏の本宗家も、岩城氏とばかりではなく、佐竹氏と盛んに文書を往復させ、義重から「好身」契約によって知行充行を受けている[130]。しかし、上遠野氏本宗家は、佐竹氏より岩城氏へ貞隆が入嗣したのに対し、岩城親隆の血を受け継ぐ政隆に従って仙台に赴き、近世には仙台藩士として幕末に至る。これに対して、早期に佐竹氏に属した一族は、秋田移封に同行して秋田久保田藩士として近世は存続している[131]。近世に入っても両家は、相互に連絡を取っていたとされ、戦国期における両属状態が近世に上遠野氏一族の運命を分かつ形になったことがわかる。

また明応年間の佐竹氏の一族内紛において、岩城氏の家臣として和議の調停を行った岡本氏も、それが契機となって佐竹氏に接近して、戦国末期には佐竹氏の家臣化を果たし、重臣として活動する。他方、岩城氏とも通交を保つ関係を続けている。(132)

その他にも、道堅帰住問題が取り沙汰されていた永禄十年から十一年にかけて、約一年間の間に対立する蘆名盛氏と佐竹義重から計三通の起請文を受ける石川氏の一族上館氏（沢井氏）(133)なども、石川氏との関係を基軸にしながら、一時的には蘆名・佐竹氏に両属状態にあったものと考えることができる。

佐竹氏の南奥進出が、白川・石川氏系在地領主層の吸収と前代に勢力拡大した岩城氏系領主の包摂という性格を持っていたことから、このような事例が南奥に関して頻出するものと思われる。しかし、それ以外にも結城氏に従属しながらも、その勢力拡大と共に佐竹氏と従属関係に近い形で連携した動きをみせる下妻多賀谷氏等の例もある。同様に、水谷氏も結城氏に属しながら、天正十年の徳川家康と北条氏の若神子の対陣に参陣する(134)等の独自の動きを示している。

また、これは若干性格を異にする問題であるが、佐竹氏に属する一族の大山氏(135)や国衆の小野崎氏(136)などは、従属関係は形成しないながらも、佐竹氏以外の白川氏・伊達氏といった戦国期権力と独自に交渉を持っていたことが確認できる。そのため、彼らは必ずしも完全に佐竹氏の統制下に入っていなかったと考えることができる。

右のようにあげた事例は、個々にそれぞれの事情を抱えた存在であるために、船尾氏と同様の事例であると短絡的に一元化した議論を行うことは困難であると思われる。しかし、それぞれが自らの領主支配を存続・発展させるために、多種多様な従属関係を単一の権力以外と結んでいるのであり、その意味で、彼らがそれぞれの上部権力と結んだ主従関係には、船尾氏の場合と同質のものを含んでいるものと思われる。そのように考えると、戦国期における主従結合には、多様な関係を結びうる余地を含んでいたと考えることができる。

前項で確認したように、船尾氏のような複数の勢力とルーズな従属関係を形成して自己の存続を図る領主層は、戦国期にはその度合いを様々なレベルで持ちながら多様に存在していたものと思われる。多くは、「境目」と呼ばれる戦国期権力同士の勢力の境界部の特殊例として見過ごしがちであったものと思われる[137]。この項では、そのような彼らの存在形態が社会的に受容される背景について、考えてみることとする。

鎌倉期における武士の間に取り交わされる主従制は、佐藤進一氏の見解によれば家人型と家来（家礼）型の二種存在したとされる[138]。家人型とは、人身的な支配関係＝隷属関係に縛られた主人と武士の関係である。それに対し、家来（家礼）型は、主人と双務契約関係にあった武士との関係であり、主人が武士との契約を果たせない場合には、家来（家礼）は、その契約関係を自分から破棄できる関係であり、去就・向背の自由を権利として持つ武士であったとされる。そして、上横手雅俊氏は、主従結合の持つ多様性を簡単には収斂することは不可能としながらも、佐藤氏の論を受けて、家来（家礼）型の主従関係は、鎌倉殿と御家人との関係の基調であったとする。家人型とは、族縁関係の拡大擬制によってもたらされる主従結合の最も緊密な形態であり、それは主従結合の中核をなすとともに特殊なものであって、一般的な主従結合を家来（家礼）型としている[139]。

また鎌倉時代初期には、幕府の御家人であると同時に貴族一条家の家人であった後藤基清や、幕府の御家人であり、貴族大中臣家の家司でありながら、後鳥羽上皇の西面の武士となった加藤光員など[140]、複数の主人に二重三重の主従関係を結ぶ武士達が存在していた。そして、室町時代にもそれを継承した存在と考えられる「諸家兼参の輩」と呼ばれた存在が確認できる等、多様な主従結合は依然として様々な様相を示しながら存続していたものと思われる。

戦国期における権力と家臣層との主従関係[141]の前提としては、先にみた家来（家礼）型の主従関係を基調にしながら、家臣層の室町期の幕府に直属する奉公衆・守護に付属する御家人としての立場[142]を出発点にしたものと思われる。御家人の多くが、幕府との主従結合を前提としながら守護に付属される中で守護と主従関係を結んでいた。そしてまた、守護や国人等と主従関係を結ぶ者の中に「内者」と呼ばれる直属家人が存在し、家人型と家来（家礼）型の二重の家臣団の構成が守護や国人の家臣団に内包されていたことが予想される。そのため、大多数の戦国期権力に従属する領主層は、その系譜に応じて、実態としては形骸化している室町公方[143]との主従関係を基軸として、守護や他の権力との主従関係を形成していったのである。その中では、鎌倉期より培われてきた幕府・守護と領主層自らの関係を前提に関係が形作られたのであり、家格が重視されたことにはそのような背景があるものと思われる。そして、主従関係の基軸は、依然として当知行＝自らの実力による所領確保に基づきながら、それに対する保証を双務的関係によって求める性格を持っていたと考えることができる。

そして、また戦国期に出現したもう一つの主従関係の側面として、戦国期権力の領国の拡大や勢力圏の伸張に伴って、戦国大名や戦国期権力の中核をなすことになる、室町期の直属家人に相当する家臣層の量的拡大や実力的な拡大があげられる。戦国期の権力が、場合によっては村落内に踏み込んで村落の上層農民をも家臣化することに対応した事態を含むものである。そのことも含めて、権力が新たに獲得した新領の配分や知行割替等の再配分あるいは作職の安堵等によって、室町期までみられなかったような家人型的性格を持った主従関係が成立し、その関係が質的・量的に増大してくることが戦国期の特色である。戦国期権力が、その勢力を拡大すればそれに応じてこの関係に類する主従関係は増加したのであり、領国の量的拡大が主従関係の質的転換に結びついていく側面をも持っていた。しかし、この家人型の主従関係を基軸に据えた権力を作り得た戦国期権力は、おそらく皆無であったものと思われる[144]。その意味で、家来（家礼）型の主従関係と、この新たな家人型的主従関係のせめぎ合いが、戦国期の武家社会の底流に存在していたのである[145]。

このような主従結合の多様性や双務的関係を内にはらんだ性格を考えれば、戦国期権力が権力の基盤とした主従結合の脆弱性は否定しがたいものであったと思われる。その脆弱性を補うために、自らと家臣層の主従結合を補強する権威が求められ、守護等の公権に由来する地位への依存や幕府・公方との結びつきによる権威の補強が必要とされたのである。その意味で、戦国期権力が、自己の下に強固な主従制を貫徹できた可能性は極めて低いものと思われる。

そのような性格の主従結合を前提として関係が結ばれていたと考えれば、双務的な多様な関係を結んで自己の存続を図る船尾氏のような行動は、その度合いは違ってもそれぞれの領主層が固有に保有していた属性と考えることができる。「境目」の両属の領主層と並んで、自立性の高い行動原理を保持していたものと思われる戦国期権力内部の国衆の多くが、鎌倉・室町期よりの家の歴史を持ち、先に触れた室町幕府との関係をも視野に入れた主従関係を戦国期権力と結んでいたものと思われ、その結合には双務的性格が色濃かったことが予想できる。その意味で、本稿でみた船尾昭直が様々な勢力と結んだ主従関係とは、戦国期に多様にみられる主従結合の持つ性格の一つの顕現であると考えることができる。

以上のように、本節では、船尾氏が、佐竹氏との関係を基軸にしながら白川・岩城・伊達氏に対して極めて多様な関係を結ぶことによって、自らの所領支配を存続・発展せしめようとしていたことを明らかにした。また、そのことから戦国期の主従結合のあり方について考察を試みてきた。そこで、ここでは戦国期以降の主従結合への見通しを述べてみたい。

去就・向背の自由を権利として含む双務的な結合的性格を依然として内在していた戦国期の主従結合に根本的な転換を迫ったものは、少なくとも東国の領主層にとっては、天正十八年の秀吉による軍事的制圧であったものと思われる。そこにおいては、当知行の有無を問わずに所領の没収・配置転換が行われ、一時的に佐竹氏に軍事的に優勢な情勢に立っていた伊達政宗も新領を没収されるに至る。秀吉による天下統一は、中世武家社会における根幹を成すものであった当知行の論理を明確に否定するものであった。その結果として、在地領主制の止揚が大きく推進されることとなった。所領支配の存続のために結ばれていた性格を内包していた主従結合は、当知行の否定に伴ってその性質に根本的に大きく転換を迫られたものと思われる。

戦国期の領主層の自らの所領支配の存続・発展は、所領への当知行支配を前提としていたのであり、公儀により幕府ないし藩主から知行を保証される近世の知行支配とは、本質的に性格を異にしている。そのため、当知行の論理の否定は双務的関係を内包していた主従関係に根本的な変革を迫り、武士の存在形態自体に変質を余儀なくしたものと思われる(146)。秀吉の全国統一によって、武士の主従結合もその性格の変質を迫られたのである。

小　括

第一節では、知行充行状の分析を中心にして戦国期の佐竹氏権力の領域編成について考えてきた。その中で、佐竹氏が発給した充行状の充行対象地の多くが、戦国期に佐竹氏の勢力下に入ってきた新領部分か、佐竹氏の本領常陸北部においても戦国期に戦闘を行われた地域に限定される傾向を確認することができた。

これは、常陸北部が室町期段階から佐竹氏の所領であり、庶子家や家臣に早期に所領として分割され、家固有の所領として存続しており、所領が脅かされる等の充行状の発給が要請される頻度が少なかったことに起因するものであった。これに対して新領部分は、新たに掌握が行われ、他勢力との接触も多いことから、軍事行動の中での在城料・在番料の充行状の発給等も必然的に求められたのである。そのことを踏まえれば、佐竹氏の領域編成としては、室町期以来の関係を踏襲する本領部分より、新領部分の方がその掌握の深度も深いものであり、佐竹氏の指向する政策が現実的に施行された領域は、新領部分であったということができる。

このように佐竹氏の領域編成には、本領部分と新領部分という二重構造的な性格が内包されている。新領部分は、戦国期に掌握が行われたために佐竹氏の政策が反映されやすく、新領への政策が本領部分へも波及していく効果を考えると、戦国期における佐竹氏の政策基調を考察する上で、新領部分への考察は重要な意味を持つのである。

第一節の考察を受けて、第二節では、佐竹氏が戦国期に新領として獲得した高野郡に展開した政策を検討し、それを佐竹氏の「領」経営全体の中でとらえ直すことを試みた。そこで確認できたことは、佐竹氏は、支配の確立期には白川氏時代の在地支配を継承し、確立以後は、赤館城下へ町場を設定し、連動する形で周辺地域の開発を推進し、地域社会に強い影響力を持つ都々古別信仰に対しては統制を試み、さらには太閤検地を実施して、それに伴う知行構造の再編成を行う等の諸政策を同時進行的に進めるのであった。そして、それらが相互に連関・複合することを通じて、佐竹氏の在地支配がより深化していく形で実現されていったことを確認できた。

考察が豊臣政権期に及んでいるため、その点を踏まえて評価しなければならないが、そこには、佐竹氏が、単に白川氏の在地支配を継承しただけではなく、様々な政策を通じて、従来では地域社会を構成する階層をも取り込んで高野郡に新たな支配を行い、自らの下に再編成していく姿を見ることができた。その姿には、佐竹氏が、単に旧来の白川氏の支配を継承するばかりでなく、転換期の新たな社会の動きをとらえ、それらを編成して新たな時代に対処しようとする権力であったことが示されているのであった。

勿論、そのような変化の中には、佐竹氏ばかりの視点ではなく、地域社会側の視点に立った考察も必要であるが、佐竹氏が新たな時代に向かって対処する権力であったことは注目できる事実である。

第三節では、新領部分に存在した在地領主層と佐竹氏の関係に着目し、佐竹氏に従属した船尾氏を中心に、主従結合の様相をとらえることを試みた。

船尾氏は、佐竹氏との関係を基軸にしながら白川・岩城・伊達氏に対して極めて多様な関係を結ぶことによって自らの所領支配を存続・発展せしめていた。船尾氏と佐竹氏他の権力との間で結ばれた主従関係とは、船尾氏にとって自らの所領支配の維持・発展を前提とするものであり、それを行う上での去就・後輩の自由を前提として結ばれたものであった。またそのことを元にしながら、主従結合の変質の見通しを試みた。在地領主層の行動原理を支えた当知行＝「自力」の否定が、豊臣政権によって行われる。このため、当知行によって支えられてきた主従結合の双務的性格も止揚を余儀なくされ、武士の主従結合は、当知行の論理・在地領主制の止揚を通じて、大きく性格の変質を迫られることを明らかにした。

（1）『大日本史料』第六編一九、文和四年二月十一日条（佐竹家蔵古文書）。
（2）沙弥浄喜佐竹義篤譲状写（秋田藩家蔵文書七、大山義次家文書『茨城県史料』中世編Ⅳ所収、二一号文書。以下『茨県』Ⅳと略す。また、秋田藩家蔵文書を家蔵と略す）。
（3）「古本佐竹系図　酒出季親所蔵」（秋田県公文書館所蔵）。
（4）『新編常陸国誌』参照。小里郷（小佐都郷）・町田郷については応永三十一年四月二十六日付足利持氏御教書から山入氏の佐竹尾張守（小田野自義）と佐竹刑部大輔（山入祐義）がそれぞれ所領としていたことがわかる（結城錦一氏所蔵結城家文書『白河市史』五所収、四五六号文書。以下『白市』と略す）。また依上保の一部についても、応永年間まで山入氏の庶流依上氏が知行していたことが応永三十一年六月十三日付足利持氏御教書（東京大学白川文書『白市』五所収、四五六号文書）から確認できる。
（5）家蔵七、大山義次文書（『茨県』Ⅳ所収、二二号文書）。
（6）「古本佐竹系図　酒出季親所蔵」（秋田県公文書館所蔵）参照。
（7）応永二十九年正月十八日付佐竹義憲充行状（阿保文書『茨県』Ⅳ所収、六号文書）。
（8）佐竹義憲書下（阿保文書『茨県』Ⅳ所収、一五号文書）。
（9）『角川日本地名大辞典』8　茨城県（昭和五八年、角川出版社）参照。

(10) 家蔵八、滑川半兵衛文書（『茨県』Ⅳ所収）。
(11) 東京大学白川文書（『白市』五所収、四五八号文書）。
(12) 家蔵四五、田所直利文書（『茨県』Ⅴ所収）。
(13) 表中の27～30号文書参照。
(14) 家蔵十七、小田野正安文書（『茨県』Ⅳ所収）参照。
(15) 『大宮町史』参照。
(16) 義篤期の部垂の乱、天文十年頃の佐竹・江戸間の争闘等。
(17) 「江戸氏の水戸地方支配」（『水戸市史』上巻所収、一九六四年）。
(18) 家蔵四八、福地貞則文書（『茨県』Ⅴ所収）。
(19) 家蔵十六、和田為重文書（『茨県』Ⅳ所収）。
(20) 家蔵四三、小野崎友右衛門文書（『茨県』Ⅴ所収）。
(21) 義昭・義重連署の充行については、義昭に含めた。
(22) 義重から義宣への家督相続については、天正十四年に行われたとする「佐竹家譜」に基づく説が通説である。しかし、天正十五年三月段階でも義宣発給のものより多くの義重発給の充行状が発給される事実から考えて、十五年の段階で義重がなお家督であった可能性がより現実に近いものと思われる。十五年四月以降義重発給の充行状は激減し、義宣発給の充行状が中心となる。
(23) 「一跡」を充て行った例は、一〇〇号文書の一例のみであり、一跡を没収された野上氏は、追放された和田昭為の家風であった。
(24) 秋田藩家蔵文書については、市村高男「いわゆる『秋田藩家蔵文書』についての覚書」（『小山市史研究』三号、一九八一年）、根岸茂夫「元禄期秋田藩の修史事業」（『栃木史学』五号、一九九〇年）参照。
(25) 市村高男「戦国期東国における在地領主の結合形態」（『歴史学研究』四九九号、一九八一年。のち改題して同『戦国期東国の都市と権力』所収、思文閣出版、一九九四年）。
(26) 三家については、『茨城県史』中世編、前掲市村論文参照。

(27) 図9参照。目録中の元亀五年(一五七四)期の充行状が代表的である。
(28) 佐竹氏は高野郡に対してその全郡を指して「南郷」と称しているが、高野郡は大きく分けて北郷と南郷が存在するのである。従って叙述の不都合が生じるため、本文では佐竹氏が「南郷」と称した時期を含めて、一貫して高野郡を高野郡の呼称に統一することとする。また、佐竹氏よりみれば佐竹氏の高野郡支配は、「南郷」支配を意味するのであり、従って、論文の題には南郷の呼称を用いることとした。
(29) 「白河結城氏と修験組織」(『地方史研究』一六五号、一九八〇年)。
(30) 「結城白川氏と八槻別当」(『福島の研究』2、一九八八年)。
(31) 石倉孝祐「中世後期における聖護院在地支配の展開」(『神道宗教』一四五号、一九九一年)、新城美恵子「聖護院系教派修験道成立の過程」(『法政史学』三二号、一九八〇年)参照。
(32) 『棚倉町史』一巻参照。
(33) 拙稿「戦国権力佐竹氏の南奥支配の構造」(『年報日本史叢』一九九五)、今泉徹「戦国大名佐竹氏の地域支配体制」(『国史学』一五七号、一九九五年)、今泉氏は、天正三年頃を南郷領支配の開始期とするが、その後も白川・蘆名氏等の再三にわたる赤館城奪還も含めての高野郡への攻撃を考えると、微妙な問題ではあるが、佐竹氏が天正三年から安定的な支配を展開し得たとは思えないため、天正六年八月の和睦をもって佐竹氏の高野郡への安定的な支配が確立したと考えたい。
(34) 前掲拙稿参照。
(35) その活動ぶりをよく示すのは、文禄四年八月期の佐竹氏の全領国に発給された奉行人奉書への署判を彼ら二人が多く行っていることである。
(36) 家蔵五十、安藤右貞文書(『茨県』V所収)参照。
(37) 羽黒山城・寺山城については(おそらく東館も)、統一政権の城わり政策によって破却されたことになっているが、発掘調査等からその後も使用されていた状況が想定されており、従って、破却以後もこれらの城が以前と同様の政治的な機能を持っていたものと思われる。
(38) 天正三年六月二十二日付佐竹義久書状写(家蔵二九、加藤田熊之介文書)参照。

(39) 第三章第一節参照。
(40) この問題に関しては、別の視点から第一節でも検討を加えた。
(41) 第二章第一節参照。
(42) 家蔵六、近藤権之亮文書（『茨県』Ⅳ所収）・家蔵七、近藤安左衛門文書（同所収）。
(43) 家蔵四十、井上定規文書（同右所収）。
(44) 同右。
(45) 『棚倉町史』一～三巻参照。
(46) 赤館城覚書（井上文書『棚倉町史』二巻所収）。
(47) 前註参照。
(48) 城郭自体の構造については佐伯正廣「佐竹氏の南奥進出について」（『中世城郭研究』第六号、一九九二年）を参照。
(49) 「白川古事考」参照。
(50) 慶長八年陸奥国南郡赤舘の内伊野村検地帳（『棚倉町史』三巻所収）。
(51) 正保三年二月近津明神祭礼につき中井村祭礼破り一件（八槻文書『福島県史』十巻下所収）。
(52) 『棚倉町史』三・四巻参照。
(53) 天正三年八月三日付佐竹義久書状（八槻文書『棚倉町史』二巻所収）。
(54) 霜月二十一日付佐竹義重書状（八槻文書、同右所収）。
(55) 天正二年霜月日付某判物（馬場都々古別神社文書、同右所収）。
(56) 天正十三年仲春吉日付今宮光義書状（吉成勤所蔵文書『大子町史』資料編上所収）。
(57) 八槻文書（『棚倉町史』二巻所収）。
(58) 保内と小里の両郷については、天文十一年にも聖護院側から連署奉書が発給されており、この時期の前後頃から両郷への今宮氏の進出が八槻氏にとって深刻な問題として考えられるようになっていたことがわかる。なお同時期の天文十年には佐竹氏は、両郷よりも北にあたる高野郡の最南端の要衝東館を破却させることに成功している。
(59) 天正十七年霜月十一日付佐竹義宣判物写（家蔵十七、今宮処以文書『茨県』Ⅳ所収）。

(60) 彼らと今宮氏とのつながりはかなり強固なものであったようで、秋田移住以降に彼ら寺山五十五騎の寄親を交代する際に訴状が出されるなどしている(旧秋田県庁所蔵文書)。
(61) 慶長三年八月吉日付法印道義補任状写(高松文書『棚倉町史』二巻所収)、また八槻社の隣接する鶴生に二代光義の母の芳松院の菩提寺芳松寺を建立している。
(62) 文禄三年三月十五日付馬場都々古別神社造営勧進書上(馬場都々古別神社文書『棚倉町史』二巻所収)。
(63) 馬場社の頭屋組織を示すものではないが、永禄期の八槻社の祭礼の際の頭屋からの役銭の徴収を記した永禄十二年霜月三日付近津都々古別神社祭礼日記(金沢文書、同右所収)等が現存しており、近世以降の史料から考えて、馬場社もほぼ同様な頭屋組織からの役銭徴収を実現していたと想定できる。
(64) 正保三年二月　近津明神祭礼につき中井村祭礼破りの一件(八槻文書『福島県史』十巻下所収)参照。
(65) 年欠六月十七日付小野崎通興・和田昭為連署書状(八槻文書)。
(66) 慶長二年都々古別神社縁起(八槻文書『棚倉町史』二巻所収)また『八槻古記』(武文書)。
(67) これに対しては藤木久志「知行制と家臣団」(『水戸市史』上巻所収、第十一章第五節)参照。
(68) 「かみのはかき」(秋田県庁所蔵)。
(69) 前掲藤木「知行制と家臣団」参照。
(70) この時期の関東地方における「石高」が実際の石高を示してはいないことへの指摘は枚挙に暇がない。
(71) 『福島県史』一・『いわき市史』一参照。
(72) 「多賀津免」(内閣文庫蔵)・「舩尾氏系図」(秋田県立図書館蔵)参照。
(73) (弘治三年)九月七日付北條氏康書状(『戦国遺文』一所収、五五五号文書)。
(74) (永禄元年)閏六月十五日付佐竹義昭書状写(「色川本岩城文書抄出」『いわき市史』八所収、一六号文書)。
(75) 「磐城系図」(『続群書類従』巻六上所収)参照。小林清治「佐竹勢力の浸透と岩城氏の衰微」(『いわき市史』一、中世第三章第三節)参照。
(76) 元亀二年六月晦日付佐竹義重書状(上遠野秀宣文書『茨県』V所収、二号文書)。
(77) この文書については、すでに『いわき市史』一、中世第三章第三節で、書状形式でありながら年記を持ち、所領問題の裁許を下す文書の性格から、岩城親隆の病気と佐竹義重による仕置の実施が指摘されている。

(78) 天文二十二年霜月二日付佐竹義昭一字状写（家蔵二五、船尾昭陳文書二号『茨県』Ⅳ所収、以下、単に「船尾家文書」と略し、同書の文書番号を付す）。

(79) 年欠除夏十九日付佐竹義昭書状写（「船尾家文書」五号）。

(80) 天文二十四年七月十日付佐竹義昭印判状写（同右四号）・（天文二十三年）拾月十日付佐竹義昭知行充行状写（同三号）。

(81) 浄土寺文書（『兵庫県史』史料編中世五所収、六四号文書）。

(82) （永禄十年）十月五日付明徹（岩城重隆）書状写（「船尾家文書」三三号）。

(83) 佐竹東義喬の上館左衛門太夫宛永禄十年六月二十四日付起請文（沢井八郎文書『茨県』Ⅴ所収、一号文書）には「道堅御帰城ニ而者勿論、無御帰城候共」、蘆名盛氏の同年九月二日付判物写（家蔵五、上遠野藤兵衛文書『茨県』Ⅳ所収、三五号文書）には「道堅於無還住者」といったように、佐竹氏と蘆名氏という対立化しつつある両勢力に道堅の動向によらない石川系領主への所領や進退の保証が見受けられるのは、道堅出奔に対する動揺が石川家中に存在したことがうかがえる。小林清治「戦国期の石川氏」（『石川史談』第五号、一九九一年）では、「還住」の意より「三蘆城を開き、他領に身を寄せていた」ことを想定するが、ここでは、「還住」を前注の明徹書状写と関係させて解釈することとした。

(84) 『新編常陸国誌』参照。

(85) 和田昭為書状（仙台結城文書『白市』五所収、九三九号文書）。『白市』は天正七年前後に年次比定するが、船尾昭直の官途により永禄段階に比定できる。

(86) 永禄九年九月九日付白河御館宛和田昭為起請文写「佐竹義重等誓紙写」（東京大学史料編纂所蔵）所収。

(87) 永禄十年霜月十五日付蘆名止々斎起請文（沢井八郎文書『茨県』Ⅴ所収、二号文書）。

(88) 遠藤巌「上遠野氏と上遠野文書」（『福島地方史の展開』所収、一九八五年）参照。

(89) 佐竹義重書状写（「船尾家文書」一〇号）、また年次は天正二年に比定できる。

(90) （天正二年）正月十五日付佐竹義重官途状写（同右一四号）・年欠二月四日付佐竹義久書状（上遠野秀宣文書『茨県』Ⅴ所収、一号文書）等参照。

(91) 従来天正三年とされてきた白河天正事変について、近年今泉徹氏によって天正二年正月とする説が提起された（「白河天正の変再考」『戦国史研究』四一号、二〇〇一年）。引用史料は、この事変と関係させて考えることが可能である。

(92) 年欠正月七日付佐竹義重書状（「船尾家文書」七号）。

(93) 天正六年の和睦に際する起請文に、赤館城は白川氏に渡される旨の文言がみられるが、前後の情勢より考えて返還は行われず、佐竹氏が領有するものとなったと思われる。

(94) 年欠二月十八日佐竹義重書状写（「船尾家文書」一七号）・年欠三月四日付田村清顕書状写（同三八号）。

(95) 元亀三年閏正月六日付佐竹（酒出）義久起請文（大縄文書『茨県』Ⅴ所収、六号文書）。

(96) 元亀三年閏正月十日付佐竹（酒出）義久起請文写（「船尾家文書」四〇号）。

(97) 天正六年八月十九日付佐竹義久起請文（早稲田大学白川文書『白市』所収、九三六号文書）・（同日付）佐竹義重起請文（同所収、九三七号文書）。

(98) 船尾昭直の働きによることは、渡部正俊「戦国大名白河結城義親について」（『福島地方史の展開』所収、一九八五年）がすでに指摘している。

(99) 「船尾家文書」一八号。

(100) 同右五一号。

(101) 二月二十一日付佐竹義重書状写（「船尾家文書」一九号）。

(102) 天正七年三月十四日付佐竹義重書状写（同右一五号）。

(103) 東北大学国史研究室保管白河文書（『白市』所収、九五六号文書）。

(104) 年欠十二月吉日付白川義親一字状写（「船尾家文書」三〇号）。

(105) 年欠九月二十二日付船尾昭直書状（瀬谷文書一五号、『茨県』Ⅵ所収）。

(106) 年欠五月十九日付佐竹義久書状（同右七号、同右所収）。

(107) 年欠三月二十日付佐竹義重書状写（「船尾家文書」二〇号）。

(108) 年欠卯月十六日付佐竹義久書状写（同右四三号）。

(109) （天正十五年）三月十三日付岩城常隆書状写（同右三六号）。

(110) 天正十七年六月十七日付佐竹義宣起請文（早稲田大学白川文書『白市』所収、九九九号文書）。

(111) 天正十七年七月二十六日付伊達政宗起請文・同契状・同条書（共に熱海白川文書、同右所収、一〇〇〇～一〇〇二号文書）。
(112) 天正十七年七月二十八日付佐竹義宣起請文写（「船尾家文書」二七号）。
(113) 天正十七年霜月四日付伊達政宗起請文（石川文書『仙台市史』資料編一〇所収、五四〇号文書、以下『仙市』と略す）。
(114) 年月日欠伊達政宗書状（浅川家文書、同右所収、五九二号文書）。駈け入った日時は、天正十七年霜月十日付伊達政宗証状（同所収、五四四号文書）の存在より考えて、十一月四日より十日の間と思われる。
(115) 天正十七年十二月二十七日付伊達政宗起請文（浅川家文書、同右所収、五八五号文書）。
(116) 天正十七年十一月朔日付佐竹義宣起請文写（「船尾家文書」二八号）。その他、同趣旨の十月晦日付佐竹義久起請文写（同四七号）がある。
(117) 天正十七年極月二十八日付伊達政宗書状（石川家文書『仙市』所収、五八八号文書）。
(118) 天正十八年正月七日付伊達政宗書状（浅川家文書、同右所収、五九五号文書）。
(119) 年月日欠伊達政宗書状（浅川家文書、同右所収、五九三号文書）。
(120) 正月二十七日付佐竹義宣知行充行状写（「船尾家文書」一五号）。
(121) （天正十八年）四月九日付浅次宛伊達政宗書状写（浅川家文書『仙市』所収、六六二号文書）・『中島村史』参照。
(122) 天正十八年七月日付豊臣秀吉禁制（佐竹文書）。
(123) 秀吉による小田原北条氏攻撃と時期的に接していることもあり、滑津をめぐる領有問題は、宇都宮仕置で決着をみることとなった（天正十八年九月二十八日付佐竹義重書状〔奈良文書『茨県』V所収〕）。
(124) 『水戸市史』上巻参照。
(125) 文禄四年七月十六日付佐竹義宣黒印状写（「船尾家文書」二九号）。
(126) 昭直は、文禄四年の段階で隠居するか、死去していたものと思われる。
(127) 「平姓舩尾氏系図」（秋田県立図書館蔵）・「舩尾氏系図」（秋田県立図書館蔵）。
(128) 「上遠野氏と上遠野文書」（『福島地方史の展開』所収）・『遙かなる流れ』。
(129) 史料三参照。

(130) 年欠七月十一日付佐竹義重書状（上遠野秀宣文書『茨県』Ⅴ所収）。
(131) 所蔵文書は、上遠野秀夫家に伝えられている（同右所収）。
(132) 『水戸市史』上巻・『茨県』Ⅳ「解説」・今井雅晴論文。
(133) 小豆畑毅「沢井・上館氏ノート」（『石川史談』二号、一九八六年）参照。
(134) 斎藤慎一『戦国時代の終焉』（中央公論新社、二〇〇五年）参照。
(135) 年欠二月十日付大山義在書状（『白市』五所収、九〇三号文書）。
(136) 天正十八年正月十日付伊達政宗判物写（『図説十王町史』所収、八九頁写真）。
(137) 戦国期は、時代として様々な中世社会の諸矛盾が顕現化した、様々な意味での「境目」の時代ととらえうる。
(138) 佐藤進一・大隅和雄「時代と人物・中世」（『日本人物史大系』二所収、朝倉書店、一九五九年）参照。
(139) 上横手雅敬「主従結合と鎌倉幕府」（『法制史研究』二〇号、一九七一年）参照。
(140) 前掲佐藤・大隅論文参照。
(141) 戦国期の武士の主従関係について、高木昭作氏は、太郎冠者ないし出頭人型と家老型の二類型があったと定義（「『秀吉の平和』と武士の変質」『思想』七二一号、一九八四年）する。本稿では、両者の関係は、佐藤進一氏の所論にその原型を遡らせることができるものと考え、ここでは佐藤氏の定義に従うこととする。
(142) 『日本史辞典』（平凡社）参照。
(143) 東国においては、鎌倉公方も同様の地位として含めることができるものと思われる。
(144) 毛利氏や北条氏にみられる国衆統制への細心の配慮等からそれがうかがえる。また国衆も、自己の家臣団の中に同様の主従関係を重層的に内在していたものと思われる。
(145) 戦国期権力の家臣団編成の二重構造については、すでに池上裕子が、「戦国大名領国における所領および家臣団編成の展開」（『戦国期の権力と社会』所収、一九七六年、東京大学出版会、のち『戦国時代社会構造の研究』所収、校倉書房、一九九九年）において、「本途」収取者・「内徳」収取者の二様の概念を用いて指摘するところである。
(146) 前掲高木論文参照。

終章

以上のように、三章にわたって戦国期佐竹氏の考察を試みてきた。

第一章においては、佐竹氏の戦国期権力形成の過程を、政治的画期ごとに検討することを試みた。佐竹氏が室町期から戦国期にかけて経験した「佐竹の乱」と呼ばれる一族内紛が、室町幕府と鎌倉府の対立と結びついて展開し終息することに注目し、幕府と鎌倉府という上部権力による宗家の認定が当該期の武家社会において重要な意味を持っていたことを指摘した。乱の終息によって、佐竹義舜は佐竹宗家の地位を確立するが、古河公方権力が依然として大きな権威を保持しており、一族や国衆の動きの中で宗家の地位を保持するためにも上部権力である古河公方権力との結びつきは維持されなければならなかった。「佐竹の乱」後に行われた佐竹氏の下野東部への永正期の出兵は、古河公方足利政氏と高基の父子の対立に連動したものであった。そして、そこには依然として自らの権威の補完のために古河公方権力を必要とする関係が継続していたことが示されている。佐竹氏が、常陸北部において、地位を確固としたものとするのは、天文年間に起きた再度の一族内紛である「部垂の乱」の克服と江戸氏との争いをへた段階であったと考えられる。

次に古河公方権力の止揚の大きな画期となる越相同盟に連動する形で、佐竹氏とそれに共同する勢力が小田城を攻略することに注目した。佐竹氏は、越相同盟以前は公方―管領体制を継承する立場に立つ上杉謙信に結びついて行動していた。しかし、同盟を契機に別の途を歩み始め、それはまた周辺勢力である「東方之衆」の支持を受けたものであった。これをもって佐竹氏は、同盟関係を基軸とする勢力圏を形成する。そこでは、北条氏との争いの中で次第に佐竹氏の影響下に入りながら周辺勢力は個別に自立した存在であり、佐竹氏は、連合勢力の盟主としての立場から、常陸・下野にまたがる戦国期権力の途を歩むのであった。

第二章では、戦国期の佐竹氏において顕著な活動がみられる佐竹氏の一族三家の活動を、佐竹氏の権力編成上において位置づけることを試みた。

南・北・東の三家は、例外的には佐竹氏の地域支配を担当する者もあったが、基本的には佐竹氏の意志決定の場に参画する存在であった。三家は、血縁的に当主と近しい存在でありながら、同時に別の人格であるという特殊な彼らの地位に基づき、自らの要求実現を求める一族や国衆層と佐竹氏の間の取次を果たす役割を果たしていた。これは特殊な彼らの地位を利用しようとする一族・国衆と、彼らを権力の中につなぎ止めて包摂することを望む佐竹氏双方の要求に基づく活動であったと考えることができる。そのため、佐竹氏の勢力拡大に伴って三家の活動の比重は増すこととなり、佐竹氏の常陸北部における地位確立後も、「東方之衆」他の諸勢力と佐竹氏を結びつける役割を果たしたのであった。武家社会的秩序では、佐竹氏と並ぶ地位にある領主層の連合勢力という性格を持つ佐竹氏の勢力圏において果たした彼らの役割は、極めて重要なものであったということができる。

第三章では、佐竹氏権力と地域社会との関わりを考察した。佐竹氏の領国は、本領部分における、所領把握については基本的に室町期以来の状況を継承しているため、戦国期に領国化した部分に比して把握が進んでいない性格を持っていた。そのため、その領国は、新たに領国化が行われて知行充行や諸政策の展開が進む新領部分との二重の構造を持つものであることを明らかにした。確認できた佐竹氏の領国の二重の性格を考えると、佐竹氏が展開しようとする政策基調は、新領と本領部分を比べた時には、政策が展開されていく進度のより速い新領部分に反映されやすく、進度の遅い本領部分に遅れて反映される傾向があるのであった。それを受けて、南郷支配を検討し、諸政策の連関的な展開の中に佐竹氏の在地掌握が深化することを明らかにした。

また新領部分の縁辺部に存在した岩城氏庶流の船尾氏との主従関係について注目して、佐竹氏と国人領主・在地領主層との間に結ばれた主従結合のあり方について考察を試みた。船尾氏は、佐竹氏との主従関係を基軸としながら周辺の勢力と多様な主従関係を形成しており、船尾氏のような在地領主層が戦国期権力と結んだ主従結合は、先祖伝来の所領や当知行の安堵を基軸とする結合であったことを明らかにした。そのために、その結合は、双務契約的性格の強いものであり、進退の自由をも容認する性格を持っていた。その結合を維持・強化するためにも、戦国期権力は、上部権力や公権に基づく諸権限や権威による補完が必要であり、新領配分等の絶えざる関係強化も必要とされていたことを明らかにした。

このように、三章にわたって戦国期権力佐竹氏について考察を加えてきた。そこには、佐竹氏が、室町期に端を発する同族結合を権力編成上の中核にしながら常陸北部を統合し、その後の勢力拡大を通じて同盟勢力を擬制的血縁集団に位置づけつつ、次第に包摂していく権力編成のあり方をうかがうことができた。佐竹氏に統合・包摂される在地領主層は、自らの所領の保証と家の存続を目的に佐竹氏と結ぶのであって、佐竹氏は、それに対する保証を与えると共に、所領拡大の保証や新領充行を通じて、次第に統合を強化していくのであった。そのような両者の関係の基底にあるのは、中世の社会的な基底にある当知行の原則に基づいていたのであり、個別的な性格のものであった。

そのような在地領主層との主従関係を基軸に権力を構成する佐竹氏の権力編成のあり方をみる上で見過ごすことができないのが、佐竹氏が、中世的な公的な権威に依拠して権力編成を行わなかったことである。主に第一章でみたように、佐竹氏は、古河公方権力から自立を果たし、連合勢力の盟主的立場から権力化を図る。そこに中世的な権威を背景として在地領主層の結集を図った形跡をみることはできない。第三章でみた在地領主層との主従結合の性格を考える時、上部権威等によって結合の脆弱性や求心力の弱さを補う必要性は欠かせないものである。それなくしては、領主層を糾合していく上で求心力に欠ける部分があったことは否めない。

この点に関しては、東国において越後の上杉謙信が公方—管領体制の継承を名目として領主層の結集を図ったことや、北条氏や里見氏が古河公方権力を擁したことに比べて著しい対照をなしている。佐竹氏にとって、自らの権威を補完すべき存在に欠けたことも想定しなければならないが、越相同盟の交渉や第三次関宿合戦の状況を考えると、古河公方権力へ接近できる可能性は存在したものと思われる。しかし、現実に佐竹氏がそのような工作を試みた形跡を確認することはできない。佐竹氏の場合、山内上杉憲政が名跡継承を持ちかけたとする伝承[1]や、甲斐武田氏に対して同じ新羅三郎義光に始まる家系における優位性を主張したとする伝承[2]より考えれば、自らの家系の貴種性に自負心を抱いていたものと思われる。そのことよりあえて権威を求めなかった側面すらも想定することができる。

一方で北条氏は、古河公方の権威の傘の下で、次第に自らの家秩序＝家産制的秩序の中に従属下の領主層を位置づけていったのであり、いい換えれば「公儀化」を果たしたの[3]に対して、佐竹氏は、権力の実力的な部分と家の貴種性のみによって、その実現を図ったことになり、権威の傘のない状態で「公儀化」を図ったのであった。連合もしくは同盟勢力から出発して戦国期権力として大きく飛躍した、佐竹氏のような権力形成過程をたどる他の存在としては、毛利氏をあげることができる。毛利氏は、安芸国衆の連合勢力の盟主として大内・陶氏を打倒して戦国期権力化を果たす。毛利氏の戦国期権力への飛躍を考えると、大内氏体制を打倒することによって周防・長門領国を掌握し、その新領を連合勢力下の国衆等に配分することによって、連合勢力的性格の濃かった安芸国衆に対して優越性を確立し、権力の基礎を固めている。状況より考えれば、北条氏に対峙した佐竹氏は、毛利氏が大内・陶氏と対峙した段階に比すべき段階であり、その連合勢力の求心性は低い段階であったのである。[4]

ここで、佐竹氏を権力としてどのように評価すべきなのかということを考える上で、この研究で戦国大名等の権力に対して用いてきた「戦国期権力」という概念について触れておきたい。戦国期権力については、序章で示したように、戦国期の領主権力全般に適用できることからこれを用いてきた。戦国期の権力については、現在様々な概念が提起されており、その多くが、一九七〇年代まで「戦国大名」という一つの概念を通じて把握されてきた権力について、国ないし数カ国規模の地域的統合を実現した権力については、「戦国大名」「地域的統一権力」[5]「戦国期守護」[6]等の概念を用い、一郡ないし数郡規模の支配領域を形成していた領主層については、「国衆」[7]「地域領主」「戦国領主」等の概念を用いて、二つの集団に分けて把握することを試みるものである。佐竹氏については、第一章で分析を行ったように、権力の形成過程すら十分な分析が行われていない研究状況にあったため、本研究を通じて把握した権力としての存在形態を踏まえなければその適用が困難であるのが、「戦国大名」概念を適用しない理由であった。分析の結果として、文中にも数カ所で示したように、佐竹氏は、現在の研究上での「戦国大名」概念を適用しうる内実を示しており、「戦国大名佐竹氏」と呼んでよい存在であったと考えることができる。

しかし、現在の研究状況の中で「戦国大名」概念を適用させた時に、その概念規定の前提となるのが、勝俣鎮夫氏の「戦国大名『国家』」論であると考えられる。[8]勝俣氏は、その所論の中で「戦国大名」は「国家」を支配理念とし、役の体制への出発点となる貫高制を基礎に、社会身分として「百姓」「町人身分」を成立させて、「以後の日本国家における国家と国民の関係の体質的原型ともいうべき国家」[9]を形成したとして、「戦国大名」が創出した『国家』を論じている。しかし、その『国家』を論じる上で、「戦国大名」の「国家」を「地域国家」と位置づけるとしても、朝廷や幕府との関係、日本列島全体をどのように把握するのかという点で不十分な観を否めない。[10]むしろ聞く者にとって強力なイメージを残す「戦国大名」と「国家」という二つの語を接合して用いることは、勝俣氏の提起した研究上の概念として用いることは許されても、一般の人間にも通用する概念用語として不適当なように思われてならない。また、戦国期の権力が作り上げた領国支配体制を積極的に評価しようとするあまりに、勝俣氏の概念を適用できる戦国期の権力は、無数といってよいほど存在した戦国期の権力の中で、非常に限られた数しか存在しないように思われる。(11) 少なくとも一五九〇年以降を除く十六世紀を通じて適用できる概念が戦国期の権力をとらえる上で求められるのに対して、とらえうる権力の存在時期が末期に集中しており、著しい偏りがあるように思われてならない。

この研究では、戦国期の権力がその家臣層と形成した主従制の脆弱性・非完結性を明らかにしてきた。それは、勝俣氏が「国家」を論じる上で述べた「戦国大名」の「家」の基幹を成す部分である。その基幹となる主従制においても、多くの「戦国大名」が前代以来の権威による補完を必要とする以上、その「国家」の非完結性を否定しがたいものと思われる。そのため、勝俣氏の所論への批判の意味を込めて、現在の研究概念として「戦国大名」を用いて佐竹氏をとらえることを行わなかった。多くの研究者によって、様々な概念が定義されているように、荘園制の解体・村町制の成立という社会構造の変化とそれに伴う動揺の中で成立する「戦国大名」・戦国期権力を一律に把握することは、困難なことと思われる。しかし、矛盾するのだが、転換期としての戦国期自体の日本史上の位置づけを行っていく上で、戦国期に存在した多様な権力をとらえ直す作業は欠かせない課題である。その意味でも、最も一般的に用いられてきた用語である「戦国大名」を中心としながら、戦国期に存在した様々な権力を概念的にとらえ直す作業は必須であり、今後の課題としたい。

ただ議論の中で留意しなければならない問題として、研究における視角の相違をあげなければならない。現在の研究状況は、主に史料の実証的な検討に基づいて多くの研究が進められており、本論も実証的な検討の上に佐竹氏の権力像を追求してきた。こういった研究状況に対して、勝俣氏の「戦国大名『国家』論」は、安良城盛昭氏等の多くの研究者と議論を展開しながら提示されたものであり、「戦国大名『国家』」が、中世社会の到達点であり、近世以降の社会の原型を成す概念として提示されたものである。その視角は、中世社会ないし戦国期、ひいては日本史全体を問う視点に立つものである。その意味で、勝俣氏の概念が、現在多く行われている実証的な検討の中で析出された概念と、議論の出発点を異にすることを十分に踏まえなければならない。

本論からみた戦国期の権力を把握する見通しとしては、戦国期の権力を従来指摘される二種の集団に分けるのではなく、郡規模の支配を実現していた領主層、その領主層を統合して地域支配を展開していた権力、その地域支配を展開していた権力に広い意味で含まれるものの、勝俣氏が指摘した近世的支配体制の基礎を形成しつつあった権力の三種に区別すべきではないかと考えている。理由としては、東国の権力の分析を数多く行った黒田基樹氏[12]が、「国衆」の分析を行っている中で、概念の動揺という形で逆説的に示しているように、現在「国衆」概念が適用されている領主層の中には、郡規模の支配を実現していた領主層を複数統合している領主層が少なからず存在している。また勝俣氏の提起した「国家」概念を厳密な意味で適用し得ない郡規模以上の領域を統合している領主層は、実は数多く存在しているのである。それら勝俣氏の概念を適用し得ない領主層こそが、戦国期を通じて多様な存在形態を持ちながら存在していた領主権力であり、一般的な意味で「戦国大名」と考えられている存在である。彼らの存在形態は多種多様であるが、それゆえに日本史の転換点としての戦国期の諸矛盾を象徴する存在なのである。それら領主権力をとらえ直すことこそが、勝俣氏の展開した「国家」成立の問題も含めて、戦国期の領主権力の研究において追求されなければならない課題であると考える。

今まで述べてきたように、連合勢力をいまだ自らの下に統合しきることのできない佐竹氏にとって、自らの血縁論理より出発した擬制的な族縁集団的結合の外縁部に連合勢力を位置づけ、軍事行動の中で次第に影響力を増し、求心力を強めていく状況であったと思われる。その意味で、佐竹氏の権力編成に族縁集団的性格は色濃いものと思われる。しかし、連合した勢力に対して「公儀化」を果たしていないからといって、佐竹氏の戦国期権力としての性格を過小に評価することはできない。権威の傘のない状態で連合勢力の統合を図り、古河公方の下で「公儀化」した北条氏と対峙する佐竹氏の存在形態には、荘園公領制から大名領国制への転換点で、在地領主制の止揚を実現しきれない戦国期の権力のあり方の生の姿が示されているのであり、それゆえに、佐竹氏は、日本史上の転換期である戦国期の権力として、今後も追求され、位置づけられなければならない存在である。

上部権力の権威に依拠せずに戦国期権力化を図っていた佐竹氏にとって、結果的に古河公方の権威にかわる権威となったのが、豊臣政権への従属であった。政権による当知行の原則の否定によって、在地領主層は、その存立基盤である在地領主制の止揚を迫られる。当知行を前提とする佐竹氏と在地領主・家臣層の主従結合自体が変革を迫られたのであった。佐竹氏は、政権に従属した後に奥州出兵や文禄の役の過重な軍役負担を受け、その負担に対応しうる体制の確立のため、領国支配の中心として水戸城を建設し、太閤検地を政権の意向を受けながら実施する。そして、検地の実施の後に、領国内部の家臣層の大規模な知行割替を実施し、知行替えを拒否する者の知行を没収しながら、多くの家臣層を先祖伝来の所領から切り離すことを実現する。(13) その結果、家格・身分的な秩序については、従来の関係は佐竹氏の秋田移封後まで残存するものの、知行を通じた家臣層との主従結合においては根本的な変革が実現するのであった。

（1）「義昭家譜」（『佐竹家譜』上巻所収）参照。

（2）『奥羽永慶軍記』参照。

（3）久保健一郎『戦国大名と公儀』（校倉書房、二〇〇一年）。

（4）ここで、毛利氏を比較例としてあげる理由としては、毛利氏が、室町期的な武家秩序において同格であった領主層を、連合勢力という形で糾合していく典型例として研究史上で扱われており、その点において、佐竹氏に類似した側面を持つことからである。しかし、また中国地方に領国を築いた毛利氏と佐竹氏には異質な側面も存在し、佐竹氏が連合勢力を擬制的な族縁秩序に位置づけていく形をとったのに対して、むしろ毛利氏は、大内氏の地位を継承する形で朝廷への官途推挙等を通じて領主層への優越性を確認していくことを行っている。そして、現実の収穫高とは遊離する形ではあるが、統一基準高として貫高制を整備して領国としての体制を整備していき、安定的に連合勢力を編成していく（池享『大名領国制の研究』校倉書房、一九九五年）。このような異質な側面を持つ毛利氏と佐竹氏を単純に比較することに困難な面も存在するが、大内・陶氏に対抗することを通じて、安芸国衆の連合勢力の盟主として戦国期権力化した点に注目し、比較例として取り上げることとした。

（5）「地域領主」と共に、市村高男「東国における戦国期在地領主の存在形態」（『歴史学研究』四九九号、一九八一年。のち『戦国期東国の都市と権力』所収、思文閣出版、一九九四年）参照。

（6）「戦国領主」と共に、矢田俊文「戦国期甲斐国の権力構造」（『日本史研究』二〇一号、一九七九年）参照。

（7）黒田基樹『戦国大名北条氏の領国支配』（岩田書院、一九九五年）・『戦国大名と外様国衆』（文献出版、一九九七年）・『戦国大名領国の支配構造』（岩田書院、一九九七年）参照。

（8）勝俣鎮夫『戦国大名国家論』（岩波書店、一九九六年）。

（9）同右。

（10）勝俣氏は、豊臣政権によって「日本国家」が形成されたとしているが、それ以前をどのように定義するのかという点に欠けている。前掲『戦国大名国家論』参照。

（11）この点については、勝俣氏も前掲『戦国大名国家論』の註で触れている。

（12）前掲註（6）参照。

（13）『水戸市史』上巻参照。

【参考文献一覧】

著書

荒川善夫『戦国期北関東の地域権力』岩田書院　一九九七年
荒川善夫『戦国期東国の権力構造』岩田書院　二〇〇二年
有光友學『戦国大名今川氏の研究』吉川弘文館　二〇〇六年
有光友學編『戦国期印章・印判状の研究』岩田書院　二〇〇六年
家永遵嗣『室町幕府将軍権力の研究』東京大学日本史学研究室　一九九五年
池享『大名領国制の研究』校倉書房　一九九五年
池上裕子『戦国時代社会構造の研究』校倉書房　一九九九年
井上鋭夫『上杉謙信』人物往来社　一九六六年
市村高男『戦国期東国の都市と権力』思文閣出版　一九九四年
伊藤喜良『中世国家と東国・奥羽』校倉書房　一九九九年
江原忠昭『中世東国大名常陸国佐竹氏』私家版　一九七〇年
荻野三七彦『印章』吉川弘文館　一九六六年
笠谷和比古『関ケ原合戦と近世の国制』思文閣出版　二〇〇〇年
勝俣鎮夫『戦国法成立史論』東京大学出版会　一九七九年
勝俣鎮夫『戦国時代論』岩波書店　一九九六年
久保健一郎『戦国大名と公儀』校倉書房　二〇〇一年

黒田基樹『戦国大名北条氏の領国支配』岩田書院　一九九五年
黒田基樹『戦国大名領国の支配構造』岩田書院　一九九七年
黒田基樹『戦国大名と外様国衆』文献出版　一九九七年
黒田基樹『戦国期東国の大名と国衆』岩田書院　二〇〇一年
斎藤慎一『戦国時代の終焉』中央公論新社　二〇〇五年
佐藤進一『花押を読む』平凡社　一九八八年
佐藤博信『古河公方足利氏の研究』校倉書房　一九八九年
佐藤博信『中世東国の支配構造』思文閣出版　一九八九年
佐藤博信『続中世東国の支配構造』思文閣出版　一九九六年
佐藤博信『中世東国　足利・北条氏の研究』岩田書院　二〇〇六年
永原慶二『日本封建制成立過程の研究』岩波書店　一九六一年
福島正義『佐竹義重』人物往来社　一九六六年
藤木久志『戦国社会論』東京大学出版会　一九七四年
藤木久志『戦国大名の権力構造』吉川弘文館　一九八七年
藤木久志『雑兵たちの戦場』朝日新聞社　一九九五年
峰岸純夫『中世の東国―地域と権力―』東京大学出版会　一九八九年
矢田俊文『日本中世戦国期権力構造の研究』塙書房　一九九八年
山田邦明『鎌倉府と関東』東京大学出版会　一九八九年
山本博文『幕藩制の成立と近世の国制』校倉書房　一九九〇年

渡辺世祐『関東中心足利時代之研究（改訂版）』新人物往来社　一九九五年

論文

小豆畑毅「沢井・上館氏ノート」（『石川史談』二号　一九八六年）
新井浩文「永禄十二年の越相一和に関する一考察」（『駒沢史学』三九・四〇合併号　一九八八年）
荒川善夫「戦国期東国政治史考察の一視点―方位呼称からのアプローチ―」（『千葉史学』二一号　一九九二年）
荒川善夫「中世下野の多気山城に関する一考察」（『歴史と文化』二号　一九九三年）
粟野俊之「戦国末期南奥羽における伊達氏包囲網について」（『流域の地方史』所収　雄山閣出版　一九八五年）
石倉孝祐「中世後期における聖護院在地支配の展開」（『神道宗教』一四五号　一九九二年）
市村高男「鎌倉公方と東国守護」（『歴史公論』八一号　一九八一年）
市村高男「いわゆる『秋田藩家蔵文書』についての覚書」（『小山市史研究』第三号　一九八一年）
市村高男「越相同盟の成立とその歴史的意義」（『戦国期東国社会論』所収　吉川弘文館　一九九〇年）
市村高男「京都将軍と鎌倉公方」（『古文書の語る日本史4　南北朝・室町』所収　筑摩書房　一九九〇年）
市村高男「戦国期の地域権力と『国家』・『日本国』」（『日本史研究』五一九号　二〇〇五年）
伊藤勝美「『秋田藩家蔵文書』の成立の過程」（『秋田公文書館研究紀要』第三号　一九九七年）
伊東正義「講和の条件―領境の城郭破却―」（『帝京大学山梨文化財研究所報』一三号　一九九一年）
今泉徹「佐竹東義久の花押について」（『戦国氏研究』三〇号　一九九五年）
今泉徹「戦国大名佐竹氏の地域支配体制」（『国史学』一五七号　一九九五年）
今泉徹「戦国大名佐竹氏の家格制」（『国史学』一七七号　二〇〇二年）

今泉徹「白河天正の変再考」(『戦国史研究』四一号　二〇〇一年)
今岡典和・川岡勉・矢田俊文「戦国期研究の課題と展望」(『日本史研究』二七八号　一九八五年)
岩沢愿彦「越相一和について」(『郷土神奈川』一四号　一九八四年)
遠藤巌「上遠野氏と上遠野文書」(『福島地方史の展開』所収　名著出版　一九八五年)
大石直正「戦国期伊達氏の花押について―伊達稙宗文書を中心に―」(『東北学院大学東北文化研究所紀要』二十号　一九八八年)
荻野三七彦「戦国武将と印章」(『史観』七五号　一九六七年)
奥野中彦「戦国大名佐竹氏の南奥進出過程―東国戦国大名と民衆―」(『民衆史研究』二四号　一九八三年)
奥野中彦「白河結城氏と修験組織」(『地方史研究』一六五号　一九八〇年)
奥野中彦「戦国大名佐竹氏の領国形成と支配構造」(『米沢史学』創刊号　一九八五年)
上横手雅敬「主従結合と鎌倉幕府」(『法制史研究』二〇号　一九七一年)
栗原修「北条高広と佐竹氏・後北条氏」(『戦国史研究』三三号　一九九七年)
黒田基樹「常陸小田氏治の基礎的研究」(『国史学』一六六号　一九九八年)
小林清治「結城白川氏と八槻別当」(『福島の研究』2所収　一九八八年)
斎藤慎一「遵行状・打渡状の獲得と相伝」(『今日の古文書学』三所収　雄山閣出版　二〇〇〇年)
佐伯正廣「佐竹氏の南奥進出について―赤舘城を中心に―」(『中世城郭研究』第六号　一九九二年)
佐伯正廣「常陸山方城について」(『中世城郭研究』第七号　一九九三年)
佐々木銀弥「常陸・下総における戦国のはじまり」(『茨城県史』中世編　第四章第一節　一九八六年)
佐々木倫朗「戦国期権力佐竹氏の支配の一断面」(『日立史苑』五号　一九九二年)

佐々木倫朗「佐竹東義久の発給文書とその花押」(『日本史学集録』一八号　一九九五年)
佐々木倫朗「佐竹北義斯に関する一考察」(『茨城県史研究』七八号　一九九五年)
佐々木倫朗「戦国期権力佐竹氏の南奥支配の構造―東家義久の活動の位置付けを中心として―」(『年報日本史叢』一九九五
一九九五年)
佐々木倫朗「佐竹氏の陸奥南郷経営―戦国期から統一政権期にかけて―」(『歴史人類』二五号　一九九七年)
佐々木倫朗「佐竹義舜の太田城復帰と『佐竹の乱』―戦国期権力佐竹氏研究の前提として―」(『関東地域史研究』第一輯　一
九九八年)
佐々木倫朗「永正期における佐竹氏の下野出兵について」(『那須文化研究』一一号　一九九八年)
佐々木倫朗「佐竹氏の小田進出と越相同盟」(『戦国史研究』四二号　二〇〇一年)
佐々木倫朗「戦国期権力佐竹氏における三家の政治的位置」(『茨城県史研究』八八号　二〇〇四年)
佐々木倫朗「秋田県公文書館所蔵『古本佐竹系図』に関する一考察」(『中世武家系図の史料論』下巻所収　高志書院　二〇
〇七年)
佐々木倫朗「戦国期権力と在地領主の主従結合」(『中世東国武家文書の研究―白河結城家文書の成立と伝来―』所収　高志
書院　二〇〇八年)
佐藤進一・大隅和雄「時代と人物・中世」(『日本人物史大系』二所収　朝倉書房　一九五九年)
佐藤進一「常陸」(『室町幕府守護制度の研究』上所収　東京大学出版会　一九六七年)
志田諄一「佐竹氏の領国経営」(『歴史手帖』十巻三号　一九八二年)
新城美恵子「聖護院系教派修験道成立の過程」(『法政史学』三二号　一九八〇年)
高木昭作「『秀吉の平和』と武士の変質」(『思想』七二一号　一九八四年)

立花京子「後北条・伊達同盟前期の展開」（『地方史研究』二四一号　一九九三年）
立花京子「後北条・伊達同盟中期の展開」（『三浦古文化』五四号　一九九四年）
田辺久子「京都扶持衆に関する一考察」（『三浦古文化』一六号　一九七四年）
外岡慎一郎「使節遵行に関する覚書」（鶴賀女子短期大学紀要『鶴賀論叢』第七号　一九九二年）
外岡慎一郎「将軍・御家人・奉公衆」（『今日の古文書学』三所収　雄山閣出版　二〇〇〇年）
永原慶二「大名領国制の史的位置」（『歴史評論』三〇〇号　一九七五年）
永原慶二「大名領国制の構造」（『岩波講座日本の歴史』中世四所収　岩波書店　一九七六年）
新田英治「中世後期の東国守護をめぐる二・三の問題」（『学習院大学文学部研究年報』四〇輯　一九九四年）
根岸茂夫「元禄期秋田藩の修史事業」（『栃木史学』第五号　一九九〇年）
羽下徳彦「室町幕府侍所頭人付山城国守護補任沿革考証稿」（『東洋大学紀要』文学部篇一六集　一九六二年）
長谷川博史「戦国期西国の大名権力と東アジア」（『日本史研究』五一九号　二〇〇五年）
藤木久志「戦国大名の和与と国分」（『月刊百科』二四八号　一九八三年）
松本一夫「常陸国における守護及び旧族領主の存在形態」（『国史学』一四〇号　一九九〇年）
矢田俊文「戦国期甲斐国の権力構造」（『日本史研究』二〇一号　一九七九年）
福島正義「東国における戦国大名領の成立過程」（『史潮』七一号　一九六〇年）
吉田正幸「永正期における宇都宮氏の動向」（『地方史研究』二〇五号　一九八七年）
渡部正俊「戦国大名白河結城義親について」（『福島地方史の展開』所収　名著出版　一九八五年）

市町村史

『茨城県史』中世編　一九八六年
『茨城県史』近世編　一九八五年
『神奈川県史』通史編1　一九八一年
『新編埼玉県史』通史編2　中世　一九八八年
『栃木県史』通史編3　一九八四年
『福島県史』第一巻　一九六九年
『いわき市史』一巻　一九八六年
『金砂郷村史』一九八九年
『棚倉町史』一巻　一九八二年
『大子町史』通史編　上巻　一九八八年
『筑波町史』上巻　一九八九年
『塙町史』第一巻　一九八六年
『常陸太田市史』上巻　一九八四年
『水戸市史』上巻　一九六三年
『矢祭町史』第一巻　一九八五年

あとがき

本書は、二〇〇八年十一月に筑波大学に提出した博士（文学）請求論文「戦国期権力佐竹氏の研究」に補訂を加え、刊行するものである。本論文に対して二〇〇九年二月に学位が授与された。

学位申請では、同大学の山本隆志（主査）・浪川健治・徳丸亜木・谷口孝介の各先生が審査にあたって下さった。審査に多大な労力を割いていただいた諸先生に、まずは御礼申し上げたい。公開審査の席上、各先生から多くの御助言をいただいた。これらを十分踏まえて、今後の研究に取り組んでいきたいと思う。なお本書の刊行にあたって、御助言により訂正・加筆した部分があること、諸般の事情で省略した部分のあることをお断りしておきたい。

思い起こせば、卒業論文で佐竹氏の研究を始めて以降、約二十年の歳月が過ぎてしまっている。研究を始めた当初は、佐竹氏の関係史料の多くが刊行されていない状況であったため、しばらくは、秋田藩家蔵文書のマイクロ写真と格闘する日々が続いた。その中で、研究の初心者であった自分が直面したことは、少なくとも当時目にしていた戦国大名研究やその発給文書論で示されていたものとはどうしても違う戦国期の権力像を、文書群が示しているように思われてならないことであった。そのことを未熟な私はどうにも表現ができず（いまだ十分ではないが）、それが内心口惜しく、結果的に研究の道に入ることを志すことになった。

振り返ってみて幸運に恵まれたとしみじみと思うことは、当時の筑波大学の日本史コースが、私のような学生を受け入れてくれる度量の広さを持っていたことである。指導教官として私の大学の三年次に赴任されて以降本書刊行に至るまでご指導いただいている山本先生には、無言や有言の様々な形で何度もお叱りをいただいたが、そのような不埒な学生である私を見捨てることなく、終始一貫して温かい眼ざしで見守っていただいた。先生の今になっても衰えない研究に対する姿勢に、現在も多くを学ばせていただいている。

田沼睦先生には、学類時代より長い間にわたってご指導いただいた。先生の、山本先生とは違ったスタンスのご指導は、学生としては有り難かった思いがあり、とくに助手時代に後輩の学生諸氏を含めて先生と「看聞日記」を読む機会を持てたことは、現在も史料を解釈する時の大きな自信になっている。

また田中圭一先生には、史料というものは現地に則して読み、理論より史料の語ることの方が正しいのだと熱く教えていただいた。その教えは、依然として史料が語っていることを表現することに自信が持てなかった私にとって大きな力となった。田中先生や歴史地理学コースの様々な方と一緒に調査に行かせていただいたことは、様々な意味で財産となっている。

大濱徹也先生には、公私にわたってご指導いただいているが、先生に教えていただいた中で最も印象深いものは、「歴史学は文学だ」という言葉である。現在この言葉を私なりに勝手に解釈すると、科学的手法をいかに用いて研究を進めようとも、研究を行う視角や史料を読む視点は研究者個人によって必然的に限定されるものである。そのため、研究は、最終的には研究している人間の人間性に規定されるものであって、研究の内容自体が、その人間性を問うものであると、私なりに考えている。研究の潮流から離れる内容に関心を持っているように思っていた私としては、自分なりのものの見方に従って研究していく道筋を示していただいたように思い、大変感謝している。

そして、私と同年代の多くの研究を志す同志の人々に恵まれたことも、大変幸運であった。人に負けたくない思いもあって勉強したことを覚えている。その他、多くの先輩・後輩の有形無形のご指導やご助力を得て、自らの研究を深めることができたのであり、大学で学んだことを母体に研究を続けることができた。記しきることはできないが、すべての方々に御礼申し上げたい。

また常磐大学の糸賀茂男先生には、同じ常陸を研究するというだけの者でしかなかった私を、『新編日立市史』の編纂を初めとして様々な研究の場に誘っていただき、先生との市町村史の作業や、先生が主催する茨城中世史研究会の中で、多くのことを学ばせていただいた。とくに助手退官後の非常勤時代には、公私にわたってお心遣いをいただき、感謝の言葉もないほどであり、現在も研究を続けていられるのは、糸賀先生の御蔭であるといっても過言ではない。御礼を申し上げたい。

現在奉職している大正大学では、世代の違う若い人と向き合う難しさを学びながら、諸先生に励まされて何とか日々を送ることができている。博士論文と本書をまとめることができたのは、職場における有形無形のご配慮があったからであり、御礼申し上げたい。

出版については、思文閣出版の原宏一・大地亜希子氏にお世話になった。常に入稿が遅く、色々ご迷惑をおかけしてしまった。記して御礼申し上げたい。

最後にここまでの私の我が儘を許してくれた両親と妻と長男、更には私たちの家庭を見守っていただいている多くの方々にも感謝申し上げげたい。

二〇一一年二月吉日

佐々木倫朗

なお本書は、平成二十二年度大正大学出版助成金の交付を受けている。

【初出一覧】

本書の各章各節を構成する論文の初出は、以下の通りである。

序　章　新稿

第一章　第一節「佐竹義舜の太田城復帰と『佐竹の乱』―戦国期権力佐竹氏研究の前提として―」（『関東地域史研究』第一輯　一九九八年）を補訂・改稿

第二節「永正期における佐竹氏の下野出兵について」（『那須文化研究』一一号　一九九八年）を補訂・改稿

第三節「佐竹氏の小田進出と越相同盟」（『戦国史研究』四二号　二〇〇一年）を補訂・改稿

第二章　第一節「戦国期権力佐竹氏の南奥支配の構造―東家義久の活動の位置付けを中心として―」（『年報日本史叢』一九九五　一九九五年）を補訂・改稿

第二節「佐竹北義斯に関する一考察」（『茨城県史研究』七八号　一九九五年）を補訂・改稿

第三節「戦国期権力佐竹氏における三家の政治的位置」（『茨城県史研究』八八号　二〇〇四年）

第三章　第一節「戦国期権力佐竹氏の支配の一断面」（『日立史苑』五号　一九九二年）を大幅に補訂・改稿

第二節「佐竹氏の陸奥南郷経営―戦国期から統一政権期にかけて―」（『歴史人類』二五号　一九九七年）を補訂・改稿

第三節「戦国期権力と在地領主の主従結合」（『中世東国武家文書の研究―白河結城家文書の成立と伝来―』所収　高志書院　二〇〇八年）を補訂・改稿

終　章　新稿

索　　引

【人　名】

か

き

く

こ

さ

【事　項】

あ

い

う

え

お

か

き

く

◎著者略歴◎

佐々木倫朗（ささき　みちろう）

1966年静岡県生まれ
筑波大学第一学群人文学類卒業
同大学大学院博士課程歴史・人類学研究科中退，博士（文学）
筑波大学歴史・人類学系助手，松江市観光振興部歴史資料館整備室副主任などの勤務をへて，2008年より大正大学文学部准教授
〔主要業績〕
「東国『惣無事』令の初令について」（『中世下野の権力と社会　中世東国論③』所収　岩田書院　2009年）・「秋田県公文書館所蔵『古本佐竹系図』に関する一考察」（『中世武家系図の史料論』下巻所収　高志書院　2007年）・「戦国期『境目』における領主層の動向」（『戦国史研究』50号　2005年）等

戦国期《せんごくき》権力《けんりょく》佐竹氏《さたけし》の研究《けんきゅう》

2011（平成23）年３月18日発行

著　者　佐々木倫朗
発行者　田中周二
発行所　株式会社　思文閣出版
〒606-8203 京都市左京区田中関田町2-7
電話 075-751-1781（代表）

印　刷
製　本　株式会社 図書印刷 同朋舎

ISBN978-4-7842-1569-0　C3021

佐々木倫朗(ささき　みちろう)…大正大学文学部教授

戦国期権力佐竹氏の研究《せんごくきけんりょくさたけしのけんきゅう》(オンデマンド版)

Digital Publishing

2016年11月25日　発行

著　者　佐々木　倫朗
発行者　田中　大
発行所　株式会社 思文閣出版
〒605-0089　京都市東山区元町355
TEL　075-533-6860　FAX　075-531-0009
URL　http://www.shibunkaku.co.jp/

装　幀　上野かおる(鷺草デザイン事務所)
印刷・製本　株式会社 デジタルパブリッシングサービス
URL　http://www.d-pub.co.jp/

AJ834

ISBN978-4-7842-7025-5　C3021　Printed in Japan